sapientia
サピエンティア 33

歴史的賠償と「記憶」の解剖

ホロコースト・日系人強制収容・奴隷制・アパルトヘイト

Making Whole What Has Been Smashed

ジョン・トーピー［著］

藤川隆男・酒井一臣・津田博司［訳］

法政大学出版局

John Torpey
Making Whole What Has Been Smashed: On Reparations Politics

Japanese translation published by arrangement with Harvard University Press
through The English Agency (Japan) Ltd.

「新しい天使」と題されているクレーの絵がある。それにはひとりの天使が描かれており、天使は、かれが凝視している何ものかから、いまにも遠ざかろうとしているように見える。かれの眼は大きく見ひらかれていて、口はひらき、翼は拡げられている。歴史の天使はこのような様子であるに違いない。かれは顔を過去に向けている。ぼくらであれば事件の連鎖を眺めるところに、かれはただカタストローフのみを見る。そのカタストローフは、やすみなく廃墟の上に廃墟を積みかさねて、それをかれの鼻っさきへつきつけてくるのだ。たぶんかれはそこに滞留して、死者たちを目覚めさせ、破壊されたものを寄せあつめて組みたてたいのだろうが、しかし楽園から吹いてくる強風がかれの翼にはらまれるばかりか、その風のいきおいがはげしいので、かれはもう翼を閉じることができない。強風は天使を、かれが背中を向けている未来のほうへと、不可抗的に運んでゆく。その一方でかれの眼前の廃墟の山が、天に届くばかりに高くなる。ぼくらが進歩と呼ぶものは、この強風なのだ。

——ヴァルター・ベンヤミン「歴史哲学テーゼ〔1〕」

目次

日本語版への序文

一九九〇年代の後半に、本書（原題 *Making Whole What Has Been Smashed*）の研究をはじめたときには、歴史的不正行為に対する賠償という観念は比較的不明瞭であった。歴史的不法行為に対する補償を得ようとするいくつかの活動がすでに行なわれていたが、その数は比較的少なく、間歇的であり、けっしてすべてが成功を収めていたわけではなかった。しばらくするうちに、状況は劇的に変化した。多くの集団が過去に被った損害に対する補償やその確認を求めるようになった。二〇〇五年に国連は、人権法および人道法の重大な違反の被害者が、「救済や賠償を受ける権利」に関する一連のガイドラインを採択した。「移行的正義」に関する大きな研究領域が誕生し、賠償請求の根拠を分析し、その進歩や関係する分野の展開を追求しはじめた。こうした研究の大部分は印象に依存しており、単独の事例に焦点を合わせるものであった。賠償請求のもっと体系的な分析と、どのようにしてそれが成功もしくは失敗するのかの分析が待たれる状況にある。

本書は、エラザー・バーカンの重要な書物『諸国民の罪』(1)とほぼ時を同じくして、国際関係における新しい展開だと考えられる現象、すなわち多くの集団が過去にその集団自体もしくはその祖先に行なわれた不法行為に、何らかの補償を得ようとする活動が広がっている状況に、注目した最初の研究であった。これらすべてを、決然と未来を志向した共産主義運動の崩壊という観点から眺めると、過去に対する異様な関心と、普遍主義的な観点からアイデンティティに根ざす狭い関心への転換に驚かざるをえなかった。私が賠償政治と呼んだものは、当時「アイデンティティの政治」と呼ばれていたものの一側面、もしくはその一種のように思われた。

こうした点は、賠償を得ようと活動するさまざまな集団の特徴であり続けている。これはほとんど驚くべきことではない。いくつかの集団の人びとは、何かをしたというよりも、まさにその集団に属しているという理由で、汚名を着せられ、抑圧され、搾取され、あるいは絶滅させられた。こうした集団の人びとは、ある程度、犠牲者になったという特殊な経験のレンズを通して世界を見ざるをえないし、その補償を要求せざるをえない。しかし、それでこれらの集団の要求の重要性が減じるわけではない。フランクフルト学派の批判的理論家、マックス・ホルクハイマーが述べたように、「虐殺されたものは確かに虐殺された」のである。不当に命を失ったり、苦しんだりした人びとは、認知されて賠償を受ける権利がある。しかも、人類の歴史は驚くほど多くの権利の侵害を生み出しており、私たちがこの惑星に住み続ける限り、賠償要求がなくなることはない。違いがあるとすれば、このような要求に、昔にはなかった一定の法的基盤がいまや生まれたという点である。

実情はおそらく、世界が他者を尊重する方向に動きはじめているという流れの一部なのであろう。戦争や搾取や暴力が続いているにもかかわらず、世界は昔と比べてずいぶん安全な場所になった。私たちは領土を征服するために、互いに殺し合うことをいくぶんか控えるようになった。[2] 権利の侵害の犠牲者には、それに相当する補償を提供する方向に少なくともゆっくりと歩みはじめている。権利の侵害がいたるところに存在しているために、私たちは正義を見いだす方法を追求し続けるだろう。「賠償」は、この追求のきわめて重大な一面として近年登場した手段のひとつである。本書がこの過程がどのように起こったのかを明らかにする一助となるならば、私たちの認識と、望むべくは正義自体の追求に何らかの小さな貢献ができたことになろう。

二〇一三年七月　ニューヨーク市

ジョン・**C**・トーピー

謝辞

本書が扱っている研究は、過去数年間にわたって多くの組織や研究機関の惜しみない協力を受けてきた。以下ではそれらの機関名を記して謝意を表したい。カリフォルニア大学アーヴァイン校の平和・紛争研究プログラム、カリフォルニア大学グローバル紛争・協力研究所、カリフォルニア大学ドイツ・ヨーロッパ研究所、ヴァンクーヴァーのメトロポリス移民・統合研究所（ＲＩＩＭ、別名「メトロポリス」）、カナダ社会科学・人文学研究評議会、二〇〇三年の一〇月から一一月にかけて客員研究員として受け入れていただいた、ベルギーのルーヴァン・カトリック大学のフーヴァー経済・社会倫理講座などがそうした機関である。また、二〇〇〇年二月末にブリティシュ・コロンビア大学のヨーロッパ研究所とピーター・ウォール高等研究所の共催のもとで私が組織した、「政治と過去――歴史的不正行為の補償」に関するシンポジウムで戦わされた議論からも多くのものを得た。

本書で論じている諸問題について、私は過去数年間にわたっていろいろな場所で発言してきた。こうした意見の交換の場に参加してくれた多くの人びとの識見にも感謝したい。さらに他の多くの人びとのアイディアが本書のなかに含まれていることは確かであり、また、これまでにご協力いただいた人びとに対して、十分に感謝できたことを願うばかりである。

しかしながら、より直接的に謝辞を述べたい人たちがいる。とりわけつぎの人びとにお礼を述べたい。それは、テニスコートでの闘いだけではなく、本書で提起した問題をめぐって過去数年間にわたって大いに議論したヘルベルト・アダム、私が本当に必要なときに後押しをしてくれたマルコム・アンダーソン、初期の草稿に辛らつなコメントを加えてくれたクリスチャン・ヨプケ、ここ二、三年にわたってこれらの問題や他の問題について貴重な意見交換をしたり、ときどきホッケーの試合を見るのを忘れないよう釘を刺してくれたボブ・ラトナー、ブリティシュ・コロンビア大学の歴史意識研究所を通じて、これらの問題に対する私の関心を維持するのに協力してくれたり、いっそう多くのテニスができるように体調を整える手伝いをしてくれたピーター・セイシャスである。さらに、チャールズ・メイヤーには特別の恩義がある。初めて彼に会ったのは、東ドイツの研究に関連してハーヴァード大学ヨーロッパ研究センターで博士研究員をしていたときで、この研究にとって彼のアイディアは知的刺激と知恵の泉であった。また、ジャンヌ・バタロワ、シャロン・マコーネル、ジョゼフ・タンの三人には、この研究計画の遂行に協力してくれたことを、ローザ・セヴィには、第3章に関する研究と執筆に努力してくれたことに感謝したい。

本書は私の最初の娘、ゾウイが生まれる直前に完成した。この機会を利用して彼女に感謝したいのは、本書の完成を早めるのに貢献してくれたことと、政治と過去について考える以外の楽しみを与えてくれたことだ。ゾウイとその母が、本書によって、いっそう容易に現在を理解できるようになり、より良い未来を得られることを願っている。

歴史的賠償と「記憶」の解剖

——ホロコースト・日系人強制収容・奴隷制・アパルトヘイト

凡　例

一、本書は、John C. Torpey, *Making Whole What Has Been Smashed: On Reparations Politics*（Cambridge, MA: Harvard University Press, 2006）の全訳である。

一、原文中のダーシおよびパーレンは、一部取り外して訳出した。

一、原文中の引用符は「　」で括り、大文字で記された文字についても「　」で括った箇所がある。

一、原文中でイタリック体で記された箇所には、原則として傍点を付した。

一、訳文中の（　）および——は原著者によるものである。

一、訳者による補足および簡単な訳註は、すべて〔　〕で括って挿入した。また、説明註が必要と思われる箇所には〔1〕というかたちで通し番号を付し、原註の末尾に掲載した。

一、原著で引用されている文献のうち、既訳のあるものに関してはできる限り参照するよう努めた。ただし、訳文については必ずしも既訳に拠らない。

一、原著の引用および参考文献について既訳のあるものは、わかる範囲で書誌情報を併記した。

一、原著の明らかな間違いや体裁の不統一については原著者に確認したが、一部、訳者の判断で整理した箇所もある。

一、索引は原著にもとづいて作成したが、訳者のほうで整理した箇所がある。

序論

二〇〇一年末に雑誌『ニューヨーカー』に掲載された一コマ漫画には、一つの机を挟んで向かい合っている二人の男が描かれている。そのうちの一人は椅子に腰掛け、もう一人は立っている。座っている男は白人のように見えるのに対して、立っている（そして話している）男は、どういう人種かはわからないが、浅黒い肌をしているように見える。立っている男は二人のうちの部下だと思われるが、もう一人の男、おそらくその上司に対してつぎのように言った。「いいでしょう。特別手当がもらえないなら、賠償金ならどうでしょう」[1]。すぐにこれに続いて、あっぱれなほど礼儀に欠けるウェブ週刊誌『オニオン』は、「四世代にわるアメリカ人が連ドラ賠償金を請求」という見出しで偽の記事を掲げた。ネットワークのキー局は、何十年にもわたってテレビのたわ言に時間を浪費してきた人びとに補償すべきだと提案することで、過去の過ちに対する支払いの請求を揶揄したのである[2]。

漫画と諷刺記事からは二つのことがわかる。ひとつは、「賠償（金）」（reparations）という概念が十分に広く流布するようになり、『ニューヨーカー』や『オニオン』の(いくぶんトレンディではあるが)幅広い読者層にも、なじみのある表現だとみなされているということ。もうひとつは、何らかの過去の不正の補償を行なう活動と関連してふつうは用いられる「賠償」という概念が、おそらく単なる金銭欲を連想することから、それを軽々しく特別手当にたとえてみたり、諷刺で酷評してみたりしてもよいほど、十分にいかがわしく、汚れているということだ。ともかく、ここで指摘しておきたいことは、「賠償」という概念が、こういう取り扱いの対象になるほど、私たちの文化のなかに十分に広い空間を占めるようになったということである。

ナイジェリアの作家で、ノーベル賞の受賞者でもあるウォレ・ショインカが「千年紀末の贖罪熱」と呼んだ絶頂期にあって[3]、歴史家のエラザー・バーカンはつぎのように主張した。賠償政治の広がりは、「新=啓蒙思想」現象のひとつであり、それは「二〇世紀末に自由主義的啓蒙思想の原則が卓越したグローバルなイデオロギーとなった」事実を反映している[4]。賠償政治の拡大を熱狂的に受け入れるこうした状況は、ホロコーストの生き残りやナチスの強制収容所にいた奴隷労働者が、スイス、ドイツ、オーストリアなどの銀行や会社とそれらの政府に対して行なった賠償請求の決着がもたらした、世紀末の興奮に付随するものであった。

これらの決着がついたのは、広く喧伝されたあの南アフリカ真実と和解委員会(TRC)の直後であった。TRCは、「移行のための正義」(transitional justice)という、いくぶんすわりの悪い名前で知られることになる制度を監視するすべての組織の「母」でもあった。TRCの設立許可状は、国家が関与した暴力の犠牲者たちに賠償金を支払う権限を認めており、一九九八年末にその支払いが始まった[5]。アフリカ統一機構が過去の不正行為に対する賠償を求める可能性を検討するための委員会を組織した、少なくとも一九九〇年代初め以来、永続的な貧困に苦しむアフリカへの賠償に関する議論がなされてきた。ビル・クリントンは、賠償の要求に屈することはなかったけれども、奴隷貿易にアメリカが関与したことに対して、少なくとも「遺憾の意」を表した。他方で、国際連合教育科学文化機関（ＵＮＥＳＣＯ）は、このきわめて重大な過去を明らかにしようとして、奴隷貿易の経路地図の作成に取り組んできた。クリントンのアメリカの奴隷貿易への関与に関する控えめな発言にもかかわらず、合衆国各地の市議会は、アフリカ系アメリカ人に対する賠償を要求する決議を採択した。また、調査委員会が、オクラホマのタルサで起こった一九二〇年代の人種暴動の生存者に、賠償を行なうよう州に対して勧告すると、長年にわたって無視されてきたにもかかわらず、全国紙がこれを一面でとりあげた[6]。さらに、扇情的な宣伝活動に長けたネオコンのデイヴィッド・ホロウィッツが、合衆国各地の大学新聞に広告を掲載すると、大騒ぎとなり、ホロウィッツとアメリカ黒人への賠償を支持する人びとが討論を行なう講演旅行が行なわれた[7]。国際通貨基金や世界銀行の改革を訴える活動家たちさえ、いわゆる「構造調整」政策が引き起こしたとされる損害に対する賠償を要求しはじめた[8]。要するに、一九九〇年代には、賠償が進歩的なグループのあいだで正当な要求になったように思われた。

　しかしながら、そうするうちに、過去の不正行為に対する補償要求を取り巻く雰囲気は冷淡になった。部分的には、二〇〇一年九月一一日の攻撃によって、世界の視線が誰の目にも明らかなテロの危険と、見たところ際限のない合衆国のテロとの戦いに注がれたために、賠償政治の見通しが悪くなったからである。この攻撃のわずか二カ月前には、国連による人種主義に関する会議、それは南アフリカのダーバンで二〇〇一年の晩夏に開催されたが、この会議に備えて、名の通ったNGOであるヒューマン・ライツ・ウォッチが、「賠償問題の手引き」というタイトルの文書を公表して、人権侵害の犠牲者に対する補償という、いまでは伝統のようになった枠組みを、奴隷制に由来するもっと古い権利侵害にも基本的に拡大するよう求めた。この文書は、真実委員会に相当する調査委員会を設置して、合衆国、ブラジル、南アフリカにおける奴隷制、奴隷貿易、アパルトヘイトから生じたさまざまな経済的不平等を解明するように要求するものであった(9)。それは、賠償をめぐる議論における注目すべき斬新な方向を示していた。しかしながら、九・一一事件の後、ヒューマン・ライツ・ウォッチは別の課題を優先し、この提案に関する新しい進展は見られなくなった。

二一世紀に入って賠償政治が比較的沈静化したもうひとつの理由としては、過去の不正行為に対する補償を求めていた人びとの努力がかなりの成功を収めたことがあげられる。スイス、ドイツ、オーストリア諸政府が設立した基金から、不適切に管理されていた銀行預金口座の所有者や、ナチスのもとで奴隷労働や強制労働に従事した人びとに補償するための支払いが始まり、第二次世界大戦中の強制収容に対する補償を求めていた最後の日系人のグループ、「ペルーの」すなわち「南アメリカの」日系人が、日系アメリカ人に支払われた額の四分の一、つまり五〇〇〇ドルの補償金を受け取った(10)。こうして、賠償政治の流れの重要な源流であった第二次世界大戦に関係する事例は、ある種の「終結」に至ったような外観をいっそう示すようになったのである。

アフリカからの賠償の要求も同じように沈静化したが、これは要求が実現した結果ではなかった。そうではなくて、アフリカの賠償請求が破綻した原因は、少なくとも部分的には、賠償の追求自体が本質的に決着しがたい問題だったからである。とりわけ、賠償が、奴隷貿易自体に対するものなのか、それとも植民地主義に対するものなのか明確ではなかった。その選択によって、まったく異なった戦略が必要となるはずであった[11]。また、奴隷制に対する責任の所在がはっきりしていなかったために、とくにアフリカ人自身が奴隷貿易に関与していたために、はるか昔の不法行為に対して、西洋諸国がアフリカ諸国に対して補償するべきだという要求の実現は間違いなく困難になった[12]。このキャンペーンから得られる唯一のものは、一定程度の債務の免除くらいだと思われる。少なくとも一人の有力なアフリカ人、セネガルの大統領アブドゥライ・ワッドは、賠償という考え方、債務の免除にさえも公然と異を唱え、アフリカの経済的苦境の解決策として自力で努力する道を推奨した[13]。

しかし、賠償の追求は、さまざま集団にとって、けっして消滅したテーマではなかった。「南京の強姦」に対する償いを求めて集結した人びとや、第二次世界大戦で日本軍の性的奴隷となり生き残った人びと、つまり慰安婦の多くは、十分な償いを受けずにいた。アフリカ系アメリカ人に対する賠償の問題は収まる気配はなく、依然としてアメリカ政治における重要な論争の対象になる可能性があるが、奴隷制に関する裁判やタルサ人種暴動に対する賠償の請求でさえ、法廷では大きな困難に直面している[14]。北アメリカのインディアン集団による、土地や他の未解決の権利要求の問題も継続している。なぜなら、居留地にいるインディアンは、そのネイション（民族あるいは部族）のなかでもっとも困窮し、しかももっとも周縁化された人口集団であるばかりでなく、民族自決を要求し続けているからだ。オーストラリア政府が、本土の先住民に対する虐待を思い起こすための「謝罪の日」以上にはほとんど何もしない状況で、「盗まれた世代」、すなわち、白人のオーストラリア人に変えるために、しばしば強制的に生まれた家族から引き離された先住民アボリジナルの子どもたちの問題をめぐって、公的な論争が引き続き行なわれている。オーストラリアにはまた、先住民の土地権要求に対処するという課題もある。他方で、南アフリカに関係する弁護士や活動家は、アパルトヘイト時代の不法行為に対する賠償請求に新たな局面を切り開いた。二〇〇二年六月、これらの人びとは、スイスの裁判所で、シティグループ、UBS、クレディ・スイスに対して五〇〇億ドルを請求する集団訴訟を起こした。[15] さらに南アフリカの状況を複雑化するかのように、南アフリカの先住民集団であるグリカ人（Griqua）、コイ人（Khoi）、サン人（San）も土地権の要求を行なったのである。それは、アフリカ人の土地を収奪したアパルトヘイト時代の法律の発布に単に遡るというよりは、むしろこの地域の最初の入植にまで立ち返るものであった。

このようにして、二一世紀に入ると賠償政治のペースと密度は低下してきたように思われるが（とりわけ九・一一以来）、この概念は依然として生気を失っておらず、多くの集団の政治活動を生み出し続けている。賠償という概念は、私たちの政治的語彙に強固に根を下ろし、以前ほどは目立たなくなったとしても、多くのキャンペーンが続いている。街頭よりもむしろ法廷で行なわれるようになった賠償政治は、進歩主義が麻痺し混乱する時代にあって、行動主義にとっての魅力的な活動の場になっている。

しかし、異論を差しはさむ余地はあるが、賠償政治の活動力は低下しており、それは、ホロコーストに関連する賠償請求、すべての賠償政治の原型がすでにほとんど決着し、ホロコーストを生き延びた人びとが徐々に亡くなって、その要求とともに墓に葬られた事実に主に由来している。[16] この点は、第二次世界大戦中に合衆国やカナダで「敵性外国人」として強制収容された日系人についても当てはまる。日系人の補償要求運動もまた、ほかの賠償請求のモデルを提供した点で重要であった。要するに、第二次世界大戦に関連する犯罪行為に対する賠償請求は、賠償という概念の拡散を大いに刺激したけれども、問題の犯罪に関して、たとえ提訴期限の制限がなかったとしても、ほどなく退職期を迎えると思われる。

この間、現代の政治や知的文化においては「過去と折り合いをつける」ことに対する関心が広く浸透してきた[17]。過去の犯罪を償うために設けられた主要な革新的制度である真実委員会は、おそらくこうした関心をもっともよく表現している。このテーマに関する包括的な書物を飾る宣伝文句「世界の真実委員会はいかにして過去に挑み、未来を形成しているか」は、いまや広く認められているとされる過去の不法行為を一掃することの重要性と、それが未来を建設するのに果たす意義を示唆している[18]。

前世紀末に賠償政治が沸騰し、政治的活動としての賠償が日常化すると、政治的目的を達成する手段としての賠償の意味と妥当性の問題が生じてくる。過去の不法行為を正すことに対する関心はしばしば見上げたものではあるが、賠償政治の激増が完全に良いことなのかという疑問は残る。社会主義が崩壊し、国民国家の存続に疑問符がついた直後に、賠償政治の激増が起こったのには、単なる偶然以上の何かがあるのではなかろうか？　賠償要求の世界的な拡大とそれとともに深まった過去への関心は、賠償活動よりも明示的に未来を志向する政治がまぎれもなく衰退したことを反映しているのである。

実際、賠償政治が啓蒙主義的思考様式の勝利だとする見解とは対照的に、この現象は、政治的な期待が縮小する時代に合わせて切り抜かれた、啓蒙思想と関連する進歩的政治に対する一種の過渡的な代用品だと主張したい。過去への関心というのは、しばしばさまざまな「ルーツ」（roots）を志向する政治活動と結びつきをもち、啓蒙思想の倫理的普遍主義だけではなく、ロマン主義の集団的帰属の観念とも密接な関係がある。過去と折り合いをつけることを主張する人たちは、この批判に対して、自分たちは過去ではなく未来に執着しているのだという反論を概して行ないがちである。もちろん、こうした主張にも、その立場から見れば一理はある。そのうえ、その集団内の倫理とさまざまな過去への賠償を要求することのあいだには幅広い関係もある。しかし、過去に「破壊されたものを集めて元に戻す」という今日的な関心は、かつて犠牲になった多くの人びとにとって、そしておそらく将来の犯罪を防ぐためにも貴重なのかもしれないが、二〇世紀の歴史の破片から人間の未来に関する新しく進歩的な理想像を練り上げようとする努力の代わりになることはないである。

それとは逆に、賠償政治は、未来への道は過去の惨事を通して開くという前提から始まっている。それは、輝かしい明日へ向かう道としては遠回りではあるが、ユートピアが消滅し、民営化が進み、ビジネスに熱狂する時代に利用可能な数少ない道のひとつでもある。問題になるのは、人種、肌の色、あるいは信条にかかわらず、すべての人間にとっての進歩と救済の見通しを提示する政治とは違って、賠償政治は、一部の限られた利害関係者だけに奉仕するものだという反応を必然的に引き起こすので、反駁されやすいという難点があることだ。賠償は、すべての関係者、すなわち罪を犯した者と犠牲者の両方にとって有益だとしばしば主張されるにもかかわらず、賠償政治は犠牲者のために権利の主張を行なうので、必然的に党派色を帯びるようになる。しかし、これは必ずしも反論のしようがない難点ではない。意味のある政治活動の大部分は対立を招くものだからだ。重要なのは、賠償でどういう目的を達成しようとしているのか、さらに賠償政治がこうした目的を達成するのにうまく適合しているかどうかという点にある。

本書では、賠償政治の拡大と、それに付随して、過去の不法行為の清算を要求することで、人間の将来の見通しを改善しようとする活動を検討する。第1章では、賠償政治が大きな影響力を行使するに至った幅広い政治的背景を検討する。第2章では、賠償という概念が正当性を拡大した結果、世界中に現われたさまざまな形態の運動を分析する。続いて賠償政治の三つのケーススタディに進む。第3章では、ローザ・セヴィとともに、第二次世界大戦中に「強制収容」された日系アメリカ人と日系カナダ人に関する「補償」問題の決着を検討する。その主な目的は、こうした解決が実際どの程度まで、罪を犯した者と犠牲者の「和解」という明示的な目標を達成したのかを検討することである。というのは、十分な証拠がないにもかかわらず、賠償がこういう目標を達成することが、当たり前のことのように一般に考えられているからだ。そのうえ、非常に興味深いことに、黒人がマイノリティにおける政治的な革新を創始し、他の集団がその経験を模範にするのが、アメリカの状況では一般的であったの対して、日系アメリカ人の事例は、他の賠償請求の運動に顕著な影響を与えたからである。(19) 第4章では、アメリカ黒人への賠償の事例を検証する。アメリカ社会に住む黒人を現在も悩まし続けている困難の多くは、奴隷制や分離政策〔南北戦争後の分離すれども平等という原則にもとづく差別〕に由来するかもしれないが、「賠償」戦略は、黒人の福利を目に見えて向上させるのに有望だとは言えないことを論証したい。第5章では、現在のアフリカ南部におけるさまざまな賠償政治、とりわけナミビアと南アフリカの事例を検討する。南部アフリカの事例からは、賠償政治がとりうる形態の範囲を知ることができる。補償や認知を求める対象となる不法行為がきわめて多様であるにもかかわらず、これらの事例は重要な点で歴史的にお互いに依存しつつ展開してきた。実際、多くの非常に異なった過去と折り合いをつけようとするさまざま活動を包含できるところが、「賠償」という概念の強みでもあり、欠点でもある。最後に政治活動の一様式としての賠償について考察することで本書を締めくくりたい。

本書を貫く主張は、賠償政治が、まさしく政治の一形式、つまりこの世界で何らかのものを成し遂げたり、獲得したりしようとして、事実を構築するために集結した人びとの政治活動だという議論である。実際、マイケル・イグナティエフが人権活動についてもっと一般的に述べているように、それはいわば隅から隅まで政治活動だ。[20] もちろん、道徳的な問題が重要ではないという意味ではない。けっしてそういうわけではなく、争点になっている本質的に苦痛に満ちた過去のことを考えると、これらに関する活動の多くにおいて政治と道徳は密接に結合しており、それは国民健康保険や老齢年金のような他の重要な政治問題にかかわる活動の場合よりも強力である。しかし、この結びつきの強さのゆえに、これらの運動によってなされる権利の要求の一部は、批判者の厳しい目を免れる傾向があり、こうした状況はそれ自体が紛糾の種になる。マックス・ヴェーバーにならって、政治と道徳を切り離すほうがよいのかもしれないが、現実にはめったにそれはできない。責任の倫理は、規範として望ましいものが歴史的に可能なものと出会う縫い目を見つけるように命じる。[21] それゆえ、一歩退いて、できるだけ先入観にとらわれずに、それらすべてが何を意味するのかを考えることこそ、社会分析をする人間の課題だと、私には思われる。それはけっして、その結果が私たちに関係がないという意味ではない。それはただ、参加者が何をしているのか、また、なぜそうしているのかに関する参加者自身の主張によって、必ずしも私たちの判断が導かれる必要がないことを意味するにすぎない。私の見解では、結局のところ、賠償政治の拡大は特殊な歴史的状況の所産である。とりわけ、それは、ユートピアを失った状況への対応であり、しかもこの状況はそれ以前の時代とははっきり異なっている。賠償政治は、かつての推進力であった人間の未来に関する理想像にもとづくというよりは、過去を正常化することに焦点を合わせることで、進歩主義的行動指針が掲げた目的の一部を実現しようとしたのである。

第1章　浮上する水面下の歴史

近年の国際関係に見られる顕著な特徴のひとつは、国家、教会、私企業に対して、かつてそれらが不当に扱った相手に「賠償金」を払うように強制するべきだ、あるいは、少なくともこうした犯罪に対して謝罪するように圧力をかけるべきだ、という要求が激増していることである。[1]「賠償（金）」（reparations）という言葉は、かつては、ふつう戦争中に生じた損害に対して支払う、事実上、国と国とのあいだの罰金に関してだけ使われる用語であった。[2]この言葉には、現在でもこうした意味が残ってはいるが、他方で、この用語は、国家ではない集団や個人に対して行なわれる償いに関連する種々雑多な活動に対しても使われるようになった。しかしながら、賠償は、近年「過去と折り合いをつける」ために行なわれている活動の氷山の一角にすぎない。過去と折り合いをつけることへの注目を、関心や懸念の複合体として理解したときに、私たちが政治について考えたり、話したりする様式に大きな変化が生じていることが見えてくるだろう。それはどのように生じてきたのだろうか？　どういう力が働いているのだろうか？

本章では、この興味深い状況の概略と、過去の悪霊を払うことに対する今日的関心を説明しうる要因を検討する。最初に、過去の不法行為に関する正義の規準についての「西洋」(3)の見解の軌跡を簡単に吟味し、続いて、私たちの時代の歴史的コンテクストを決定する要因が、時代の「ポスト」性にあると論じたい。「ポスト」性とは、とりわけ知的世論を形成する人びとの多くが、他のもっと未来を志向する事業の「あと」だとみなしているという性質のことである。ここでの事業とは、何よりも社会主義と、少なくとも形式上は平等な市民を形成するための媒体としての民主的な国民＝国家のことである。過去二世紀にわたって、こうした事業への関心にもとづいて、膨大な人びとが活発に政治的活動を行なってきた。ところが、過去と折り合いをつけることへの関心が、知的・政治的分野で幅広くこれらの未来を志向する事業に取って代わり、もっとユートピア的なものへの専心と広範に入れ替わった。多くの過去と折り合いをつけることへの関心は、世界各地にホロコーストに関する認識が深まったことと手を携えて進んだ(4)。ホロコーストは、過去と折り合いをつけることに関係するすべての政治活動にとっての突出したモデルであったので、他の同種の事業を大いに促進し、それがなかった場合を考えると、はるかに大きな成功を収めるのに役立ったと思われる。この意味で、ホロコーストが、過去を記憶にとどめようとする他の事業の存在感を希薄にしたと主張する人びとは間違っている。もしくは、せいぜい半分しか正しくない(5)。ホロコーストは、こうした活動と単に競合したり、それを阻害するどころか、「破壊されたものを集めて元に戻す［破壊されたものを弁償する、癒す］こと」に関連するすべての政治活動の象徴的な中心に位置することになったのである(6)。

過去を償う：簡略な思想史

ここ一〇年から二〇年のあいだに賠償要求に対する認識が高まるとともに、古くからある現実主義的な考え方にはっきりと疑義が生じるようになった。こうした現実主義的な考えをおそらく最初に明確に述べたのは、「強者はその望むことを行ない、弱者は甘受すべきことを受け入れる」と書いたトゥキディデスである。(7) この立場は、多くの方面で影響力を持ち続けているが、とりわけ啓蒙思想とそれが刺激を与えた諸革命から生じた平等主義的理念の流布のために、少なくとも一九世紀以来しだいに侵食されてきた。それ以来、過去の悪行、とりわけ国家が行なった悪行の結果をもっと深刻に捉える着実な動きが起こり、さらにそれが、「過去と折り合いをつける」ことが倫理上相当な緊急性を帯びた問題だという認識へとつながった。(8)

過去の不法行為を扱うかどうかという問題は、フランス革命期に、革命家たちが過去を清算して、未来に飛び出そうとしたときに（たとえば、第一年から始まる新しい暦を創始したときに）はっきりと姿を現わした。これと関連して、フランスの革命家たちの歴史とその犯罪への態度に対するエドマンド・バークによる批判は検討に値する。なぜなら、それは、その間に横たわる二世紀間に私たちが旅をしてきた距離を図る計測器になるからだ。バークは、イギリス海峡の向こう側に起こっていた革命に関する多くのことを毛嫌いしたが、なかでもとりわけ革命家たちが過去の不正行為に対する責任を同時代人に問うた点を糾弾した。

［革命家たちは］抑圧や迫害のすべての事例を求めて、昔の歴史（彼らはそれを放蕩者の悪意に満ちた勤勉さで荒らしまわった）をくまなく調べなければならないと感じる。他のあらゆる血統や家系を破壊した後に、彼らは一種の犯罪の血統を発明する。本当の先祖の犯した罪を理由に人を罰することさえあまり正しいとは言えないが、団体としての継承にもとづく先祖という虚構を生み出して、名前や一般的描写以外に、犯罪行為とは何の関係もない人間を処罰する理由にするのは、この開明的な時代の哲学に属する不正の一種の洗練化である。……法人は成員の利益のために不滅なのであって、その処罰を目的とするのではない。国民それ自体もこうした法人である。イングランドにおいて私たちが、相互に敵対してきた時代にフランス人が私たちにもたらした悪事を理由に、全フランス人に対して説明のつかない戦争を仕掛けることを考えるのと同じようなものだ。……私たちは引き出せそうに見えても、歴史から道徳的な教訓を得ることはない。反対に、注意をしないと、歴史は精神を損ない幸福を破壊するのに使われるかもしれない。歴史において、過去の過ちや人間の弱点から未来の知恵の素材を引き出して、私たちの教育のために大きな書物が紐解かれる。悪用されれば、それは弾薬庫となって、教会と国家の諸党派に攻撃的・防御的武器を提供したり、意見の相違や敵意を存続させたり蘇らせたりする手段となったり、内戦の狂乱に油を注いだりすることもある。(9)

バークが具体的にどういう罪を問うているのかについては、テキストからは必ずしもはっきりわからないが、政治的な目的で過去の不法行為を蒸し返すことに対するこれほど辛らつな批判は、ほかではまずお目にかかれないだろう。しかし、バークのこうした問題に対する見解は、彼のフランス革命に対するもっと一般的な立場と同じように、時代の波に逆らうことはできなかった。歴史的自覚が「民主革命の時代」とそれに続くロマン主義的反動にともなってすさまじく拡大すると、過去の出来事がますます綿密かつ自覚的に検証されるようになった。

一七八九年の革命家たちにとって、また後のカール・マルクスにとっても、過去は、まさに不正行為に満ちた重荷となった。それは、進歩を阻害するブレーキであって、約束された未来に通じる道では捨てなければならないものだった。ルイ・ナポレオンのクーデターに関する考察のなかで〔『ルイ・ボナパルトのブリュメール一八日』〕、マルクスはつぎのような有名な言葉を発している。過去は「悪夢のように生ける者の脳髄にのしかかる」[10]。そして、とりわけ「自己と物事を劇的に変革しようとするかに思われたまさにそのときに」、そうなる。歴史は一連の不正行為として理解されるが、こうした不正行為はこだわるべきものではないし、「補償」すべきものでもなかったのである。むしろ不正行為は、確認し、克服し、置き去りにすべきものであった（あるいは少なくとも価値がなくなった［aufgehoven］、すなわち、より進歩した時代の構造のなかに包摂されたものだった）。あまり現実的ではないが、過去の犯罪を、抑圧や搾取の形態変化として理解したときに、よりよい未来への道の一過程だとみなすことができるかもしれない。断固として未来に向かって歯を食いしばるマルクス主義は、過去の際限のない不法行為のなかに未来の理想郷の土台を見た[11]。人間がこれまで生きてきた過去によって「心的外傷を負う」、あるいはそれによって何らかの障害を負うという考え方は、マルクスの思考法とはまったく無縁である。そうではなくて、マルクスは、人間が不当な社会関係のもとで搾取され、生活していることを単に主張しているだけである。さらに、彼が言うには、これらの社会関係を撤廃すれば、人間は自由の領域に入り、種としての完全な能力を実現することができるのだ。人間自身の本質的存在の達成を妨げているものは、現在の不当な関係であって、過去を処理する事業が完了していないからではない。新しい時代がそこまで来ているという希望を、虐げられた人びとに与えることによって、マルクス主義は、良くも悪くも、その後、何百万人もの人びとをその旗のもとに従えることに成功するのである。

フリードリヒ・ニーチェも同じように、過去を重荷だとみなしていたけれども、マルクスとは異なって、未来への安易な逃げ道を見いだすことはなかった。ニーチェは「生に対する歴史の利害」の評価によって、彼が同時代人の病と診断した、法外な大きさになった歴史的教養を、徹頭徹尾辛らつに批判した。この「歴史熱」を、ニーチェは、自在に変わる英雄的な「生」の目的に反する、活力を削ぎ、衰弱を招くものだとみなしていた。それでも、ニーチェは、過去とのさまざまな係わり方の可能性を分析するなかで、「批判的」歴史を推奨している。それは、「人間の暴力と弱さがいつも強力な役割を果たしている「がゆえに」、あらゆる過去が」どれほどまで「糾弾に値する」のかを明らかにする歴史である。しかし、糾弾に値するのは過去だけではない。「なぜなら、われわれはこれまでの世代の所産であるので、その逸脱、情熱、過失、その犯罪の所産でさえもあるからだ。われわれはこの鎖から完全に自由になることは不可能なのだ」[12]。過去から飛び出すというよりもむしろ、ニーチェはここで、私たちが過去から逃れられないこと、そのうえ、現在が勝利や優しさよりもむしろ失敗や残酷さの結果であることに、私たちがもっと注意を向ける必要があることを、想起させてくれている。こうした見方を主張するニーチェの早熟さには驚ろかされるが、こうした見解は、必要以上の大惨事を経験した、もっと後の時代の刻印となるのである。

ヴァルター・ベンヤミンの、歴史に対する私たちの姿勢とその犠牲者に対する責任に関するコメントは、マルクスの未来に関する楽観主義とニーチェの現在にある過去に関する節度を組み合わせたものである。「歴史哲学テーゼ」においてベンヤミンは、パウル・クレーの一枚の絵を描写している。その絵では一人の天使が空を飛びながら、足下に積みあがる過去の残骸を見つめている。「その天使は、とどまり、死者を目覚めさせ、破壊されたものを集めて元に戻そうとする」、しかし、天国から吹く強風が彼を未来へといやおうなしに後ずさりさせる。「この強風が、私たちが進歩と呼ぶものだ」とベンヤミンは簡潔に書いている(13)。このベンヤミンの警句は、これより前にある「テーゼ」の広く引用された、文化の記録で同時に野蛮の記録でないものはないという発言を反映したものである。

ベンヤミンは、人間の文化的偉業のもとに横たわる苦難を十分に認めているにもかかわらず、これこそ「進歩」である、あるいはこれが少なくとも「進歩」にとって本質的だという考えを受け入れようとしている。これらの犠牲がどれだけ記憶に値するものだったとしても、人間の進歩はある程度の苦難と喜びの放棄なくしては考えられないのだ。フロイトも、人間が文明社会で経験する「不満」に関する考察において、すでに同じように述べている(14)。彼もベンヤミンのように、犠牲によって可能になった偉業を祝福する一方で、苦難を過小評価することを望んでいた。

人間の苦難がかつてなかったほど深刻になった第二次世界大戦の直後に、カール・ヤスパースは、過去の犯罪の継承に関するニーチェの議論をナチスの犯罪に拡張した。しかしながら、ヤスパースは、同国人に対して、ナチスの犯罪に自分も加担していたことを直視するよう説得に努めたときに、そうするためには、こうした犯罪に対する責任を類型によって区別する必要があることに気づいた。明白に非難に値する行為を何もしていないにもかかわらず、集団的犯罪に問われるのではないかという同国人の恐れを取り除くために、ヤスパースは、犯罪的、政治的、倫理的、形而上学的罪として示したものを特定しようとした。人間の制度は最初の二種類の罪にだけ関係する一方、残る二種類の罪は純粋に個人的かつ（もしくは）神学的な性格のものだとされた。ヤスパースは、ナチス体制が傷つけた人びとに賠償を行なうドイツの「政治的」責任を必然的に生じさせるような罪の概念を普及させようとしたのである。(15)

ユルゲン・ハーバーマスは、これらの問題に関するヤスパースの見解を多くの著作で復唱し、補強した。ハーバーマスはしばしば国民的共同体と伝統の宿命的な連続性というテーマについて繰り返し語り、とりわけドイツの場合には、これにともなって過去と折り合いをつける必要性を訴えた。(16) ヤスパースが最初にこの観点を明示したときには、理解されず、嘲笑されたが、彼とハーバーマスが擁護した過去に対する全体的な姿勢は、結局のところ過去と折り合いをつけることに関して、戦後西ドイツの公式の自己理解のようなものになった。この立場に対しては、一九八九年以前の連邦共和国の知的・政治的世界で批判がないわけではなかったが、第二次世界大戦終結の四〇周年にあたって大きな注目を浴びる演説を行なった、リヒャルト・フォン・ヴァイツゼッカー大統領のような人物がこの立場を明確に表明した。東ドイツの政権は、この問題に関して著しく異なる態度をとった。信じられないことだが、ナチスの過去を、資本主義、つまり西側に原因があるとして、それとは何の関係もないと称した。(17)

二〇世紀半ばのヨーロッパの全体主義体制が示した恐るべき残虐性を前にして、ヤスパースの教え子であったハンナ・アーレントは、いっそう幅広い応答を行なった。いまでは古典となった『全体主義の起源』の序文で、アーレントは、バークの立場、つまり後の世代が自由に、かつて行なわれた悪事を不用意に無視して、過去の勝利にだけ注目することができるという意見を簡単に切り捨てた。むき出しの恐怖によって支配する体制が空前の規模で勃興したために酔いからさめた後では、過去に対するかつての無邪気な態度はいまや許されないと力説した。彼女はつぎのように書いている。「過去のよいものをとりあげて、無邪気にもそれを私たちの文化遺産と呼び、過去の悪いものを捨てて、それを時とともに忘れ去られてしまう役に立たない重荷だと単に考えることはもはやできない。西洋の歴史の地下に隠れた水脈がついに地表に現われて、私たちの伝統から尊厳を奪い取ったのだ。これこそ私たちが生きる現実である。そして、これこそが、現在の残忍さから、いまだ損なわれていない過去への郷愁や将来予想される忘却に逃れようとするすべての試みが無益な理由である」[18]。過去と私たちの関係についてのアーレントの見解、とりわけ、西洋の「地下に隠れた」側面が葬られたのちにふたたび現われたという理解は、異論はあるかもしれないが、私たちの時代の支配的な見解になった。こうした展開は、かなりの程度まで、「サバルタン」のグループが歴史のなかにその位置を要求し、とうとう「歴史を持たない人民」の薄暗闇から脱出したことで生じてきたのである[19]。

しかしながら、過去と折り合いをつけることに対する関心が高まった結果、厄介な問題がもちあがった。それは、過去に、しばしばとても遠い昔に行なわれたとされる不法行為に関して、今日生きている人びとがどのような義務を負うのかという問題である。ルーカス・マイヤーのような人びとは、たとえ

「過ちを犯していない人びと」であっても、公正な社会を作るというもっと大きな倫理的な義務の一部として、過去に不法行為を受けた人びとに賠償を提供する責任があるとすることが可能だと主張してきた。マイヤーはつぎのように簡潔に述べている。「過去の不正行為を生き延びた犠牲者にも、過去の公的な悪事の長期的影響の結果として今でも不利益を被り、現在も生きている人びとに対しても、補償を行なう必要がある」[20]。「生き延びた犠牲者」と「今でも不利益を被り、現在生きている人びと」の両方を含めることで、マイヤーは、賠償金を払うことへの（もしくは単に謝罪をすることに対してさえ）反対理由としてあげられる「どこまで私たちは過去に遡るべきか」という難問を、部分的に克服したのである[21]。対照的に、ジェレミー・ウォルドロンは、過去に行なわれた不法行為が時間の経過によって意義を失うことがあると主張している。しかしながら、彼の主要な論点は、「［過去の不法行為を償う］過程で導き手となるべきは、現在の正義への衝動であって、もはや通用しない条件に主に関連してその不正が理解されるものの賠償ではない」というものである[22]。これはおそらく、「過去の不正行為は終わって、処理済みだ。つまり虐殺されたものはたしかに虐殺された」というマックス・ホルクハイマーの言葉の真意だろう[23]。問題となるのは、どの程度まで過去の不法行為が現在まで影響を及ぼすのかということであろう。実際的な問題として、こうした過去の不法行為に由来する今日の不公平な状況を改善するために、私たちに何ができるのかということである。

アンドリュー・シャープが指摘しているように、ヤスパースとアーレントは、とても親密であったにもかかわらず、過去の罪が政治にとってどんな役割を持ち、どんな結果をもたらすのかについては異なった意見を持っていた。ヤスパースは、犯人が罪を受け入れ、倫理的に浄化されることを、分裂した倫理的秩序の更新に不可欠だとみなしていた。ヤスパースにとって、賠償のもっとも重要な神学的理解には、癒しを必要としている共同体の再建が含まれていた。しかし、そもそも元に戻すべきこのような共同体がかつて存在していたのかどうかが疑わしい。対照的に、シャープが論じるように、アーレントは、過去を扱うのに際してもっと前向きなアプローチに傾いていた。それは、「侵害された想像上の倫理的秩序の再建を求めるのではなくて、一つの政治組織の構成員間に新しい関係を創始することを求め……〔また〕和解の時は、最終的な共通理解や世界観の一致としてではなく、多様でおそらく和解できないさまざまな観点から、共通の世界を発見することだと理解されるのである」[24]。過去と折り合いをつけるためのアーレントのアプローチには、賠償によって実際にはけっして存在しなかった、何らかの神話的なかつての政治的状況（status quo ante）を回復できる、もしくは、私たちが誰もが合意できる一つの過去に到達できる（あるいはすべきだ）という間違った観念が含まれてはいない。そのかわりに、彼女のアプローチは、将来市民のあいだにより満足のできる関係を構築するように要求する。それは、公的な空間で戦い抜かれるものであって、かつての状況の回復として遡及的に（ex post facto）もたらされるものではない。したがって、アーレントの観点からは、「私たちは人種的暴力が破砕した共同体をどのようにすれば再建できるのか」と問うことは不可能になるだろう[25]。彼女の著作が示すところによれば、「再建すべき共同体」などは存在せず、初期の公民権運動に生気を吹き込んだあの「友愛の共同体」の理念のようなものへの、いまやますます後退しているが、漸近的アプローチにおいて、創造すべき共同体があるだけである。

　しかしながら、時とともに、過去を処理するにあたってのアーレントの共和主義的なアプローチよりも、ヤスパースのより神学的な観念や、より治療的、より法規主義的で、個別補償的なアプローチが勝利するようになった。神学的な面に関しては、今日では歴史がしばしば贖罪的な調子で議論されることを指摘できよう。この点はまさしく、南アフリカ真実と和解委員会の審議の顕著な側面のひとつであり、その委員長をデズモンド・ツツ大主教が務めたのは単なる偶然ではない。イアン・ブルマが書いているように、「私たちは、私たちの「世俗的な」時代の多くがそうであるように、歴史を宗教に擬したやり方で扱う。過去は贖罪の問題になった」のである。(26) 過去と折り合いをつけるのに関係する治療学的な面については、集団的な歴史的事件を描写するのにトラウマの概念の使用が爆発的に増加し、その普遍的な対処法として、「癒し」が急増したことは言を俟たないであろう。けれども、ニューヨーク大学に設置された国際トラウマ研究センターが「人権問題としてのトラウマ」を論じているのは特筆に値する。(27) 法的な面では、過去の不正行為に何らかの決着をつけるための訴訟が、国際関係においてさえ激増し、国家が支援する犯罪を防止したり処罰したりしょうとする活動も膨張した。その典型的な例は、旧ユーゴスラヴィアやルワンダに対する国際戦犯法廷や国際刑事裁判所の設置に見られる。(28) こうした活動は望ましいものかもしれないが、それらは過去二世紀にわたって進歩主義〔革新主義〕の特徴であった未来をより志向する政治の衰退と共鳴しあう現象であった。より大きな社会的変化を舞台にして、過去と折り合いをつけるための法的、治療学的、神学的な態度が、能動的な市民と活動的な住民によるもうひとつの新しい未来の探求に取って代わる傾向が生まれた。

歴史の雪崩

現在幅広く見られる過去の不正行為への関心は、多くの点で崇高ではあるが、政治に関する進歩的な思考法に変化が起こったことを示している。直截的に明らかな点は、まさに進歩的という言葉自体が、未来志向性を顕著に示しているということだ。ユートピア的未来を目指す千年王国的な活動から、過去の犯罪を補償するための闘いへの変化は、政治に関する思考法の大きな変貌を意味している。それは、部分的には、ちょうど終わったばかりの二〇世紀に行なわれた変革を起こすための事業が、残虐性と破れた夢以外には、ほとんど何もあとに残さなかったという印象に由来している。「涙を催させる二〇世紀の歴史解釈」とも言うべきものが（サロー・バロンを敷衍すると）、労働運動のかつてのスローガン「嘆くのはやめて、団結しよう」から、「嘆くために、団結し」なければならないことを力説する感性への変化を促進した。つまり、過去の不法行為を正すための活動は、部分的には、前世紀の社会主義運動に生気を吹き込んだような、新しい人類の未来に関する壮大な理想像の代替物として現われた。もっとも、その社会主義運動に対する信用は、一九八九年にベルリンの壁が崩壊して以来まったく地に落ちてしまっている。

賠償政治の拡大は、一方では多文化主義やアイデンティティ政治の拡散、他方では犠牲者と犠牲者の権利に対する関心の拡大と、多かれ少なかれ時を同じくして起こった。これらの比較的新しい公的秩序のパラダイムが挑戦した理念は、前世紀半ばの先進工業社会における「フォード主義的」生産工程と手を携えて歩んだ、分節化されていない大衆という理念であった。それに対して、賠償政治は、特別の配慮と関心に値する集団としての抑圧された犠牲者の先頭に立った。「いまや私たちはみんな多文化主義者だ」というネーサン・グレイザーの指摘は、過去の不正行為を補強してきたような差別やその差別のもとになった民族人種的区別は、自由主義的な民主社会ではもはや受け入れることも、公に擁護することもできないと考えられているという意味で正しい。[29]しかし、アイデンティティ主義者の多文化主義の解釈とも呼べるような主張は、さらに歩を進めて、特殊な社会的特徴を持つ者（女性、非白人、ホモセクシュアルなど）を特別に承認するように要求する。こうした考え方は、共通の市民権と法のもとにおける平等という従来の理念と対立するものである。[30]

実際、これと関連する犠牲者の権利という理念とともに、法は、ある特定の個人や集団のために行使されるものではなくて、全社会の道具だという考え方自体が疑問視されるようになった。現代生活では犠牲者であることが格上げされたことは広く注目されているが、それをより大きな「不平の文化」の中心的な要素だとみなすロバート・ヒューズのような人びとがとくにこの点を強調した。[31]しかし、それほど怒りっぽくない観察者でも、近年になって犠牲者のイメージと地位に何か重要な変化が起こったことには同意している。犯罪と処罰に関する大家であるデイヴィッド・ガーランドは、刑法の文脈で犠牲者の地位の変化を余すところなく描写している。

ここ三〇年にわたって刑事司法政策の舞台の中央に、犠牲者が注目すべき復帰を果たした。［かつて優勢であった」刑罰＝福祉的な枠組みでは、個々の犠牲者は、国家の行動を引き起こす告発を行なった国民の一員として現われるのが関の山であった。犠牲者の利益は、全般的な公益のもとに組み込まれ、少なくとも犯罪者の利害と対置されることはなかった。これらのすべてがいまや変わってしまった。……新しい政治的責務として、犠牲者を保護しなければならない。犠牲者の声を聞かなければならない。その記憶に敬意を払わなければならない。その怒りは表明され、その恐れは解決されなければならない。……犠牲者はもはや犯罪の危害を受け取る側に立った不幸な一人の市民ではない。犠牲者の利害が、国家の刑事訴追や刑罰の決定を導く「公益」のもとに組み込まれることもない。犠牲者はいまや、ある意味で、もっと代表的な性格を持ち、その経験は個人的で非典型的であるよりはむしろ共通的かつ集団的である。……逆説的ではあるが、犠牲者を典型的人間として捉える見方によって、昔ながらの公衆（public）という概念は侵食され、いまや再定義されて、構成要素に分割されるようになった。個人の犠牲者の経験を公益のもとに組み込むだけではもはや十分ではなく、公益を個別化し、個々の構成要素に分割しなければならなくなったのである。犠牲者それぞれが発言権を持つべきなのだ。……要するに、犠牲者という新しい文化のテーマ、犠牲者という新しい集合的な意味が生まれた[32]。

ガーランドは、今日の刑事司法では犠牲者の観念に大きな変化があったこと、また、それと公衆の概念との関係を適切に把握している。この文脈では、刑事犯罪はますます政治体それ自体というよりもむしろ個人に対する犯罪だとみなされるようになる。ガーランドによる特徴の描写によって、刑事司法の民営化とでも描写できるようなものに私たちの目は向く。もちろん、そこに他の多くの次元も含まれているのは言うまでもない。

ガーランドが描写した展開が、政治的左翼（文化的左翼に対して）が後退の一途をたどり、とくに公共財の民営化を主張し続けることをその特徴とする政治的右翼が着実に優勢になる時代に起こったことは、単なる偶然の一致ではなかろう。名ばかりの社会民主主義政党やリベラルな政党が一時的に政治的に優位に立ったとしても、この時期に保守勢力がリスペクタブルな政治的言説の領域に大規模な変化を引き起こしたのは覆い隠しようのない事実である。ここには、経済学者の需要曲線に沿って進むのと需要曲線自体が移動することとのあいだに見られる違いとの類似性がある。レーガンやサッチャーという名前は、問題となっている変化の一種の略称として通用している。二人の見解は、それに続く人びとが泳がねばならない海となった。マーガレット・サッチャーの反社会学的な声明「社会というようなものはない[33]」や、ロナルド・レーガンの信条、政府は「解決策ではなく、それ自体が問題だ」を思い起こしてほしい[34]。この見解にもとづいて、レーガンは、それとは反対の見解をもとにするニューディール政策の土台を破壊した。この変化を動かぬものにしたのは、保守的な共和党の政治家ではなく、ビル・クリントンである。彼は一九九〇年代の半ばに「大きな政府の時代は終わった」と宣言した。クリントンの第三の道を取るという名高い能力には、まったく様相が変わった政治的大海で、リベラルな行動指針をわずかに維持する努力が含まれていた[35]。レーガン登場以来の保守勢力の勝利を概観して、キャス・サンスティーンは問題を簡潔に表現している。「かつて中道であったものがいまでは左翼であり、かつて極右であったものがいまや中道になった。かつて左翼であったものはいまや存在しない[36]」。

ますます保守的なこの政治的背景のもとで、犠牲者の必要や懸念に対する関心がいっそう高まった。そこには一般的な意味での犯罪の犠牲者と国家が支援した犯罪行為の犠牲者の両方が含まれていた。[37] ガーランドが刑事法の文脈で述べた変貌と類似した状況が、国家による人権侵害の領域でも見られる。実際、政治的暴力の犠牲者のほうが、単なる犯罪の犠牲者よりも、議論の分かれるところかもしれないが、よりいっそう大きな文化的意義を帯びるようになったと言えよう。というのは、犯罪被害者は、非合理的、非組織的、意味不明の苦痛を味わったとみなすことができるのに対して、対照的に、政治的暴力の被害者は、貪欲な権力狂による意図的な虐待に苦しんだと考えることができるからだ。したがって、この被害者は、特別の注目に値し、虐待を生き延びたことで聖人のような雰囲気さえ持つと（しばしば十分それに値するが）みなすことができるのである。これらの傾向は、過去の不法行為の犠牲者に対する注目を高めるのに役立った。

多くの人びとにとって、紛うかたなき進歩主義者だと自任する人びとにとってさえも、政治について考える時間的視野として、幅広く過去が未来に取って代わった。これは驚くべき変化である。通常の状況では、過去は、束の間に戻ってくるだけで、人びとが生活の意味を理解するために用いる知識の貯庫の一部にとどまっている。したがって、それはめったに支配的な部分とはならない。たいてい人びとは、毎日の生活で前進できるように、過去、現在、未来のあいだでバランスを取っている。過去への過度のこだわりは、個人にとっても社会にとっても、郷愁の抱き方や過去の悩みを解消できないなど、ふつうは何か不都合がある兆候である。

過去、現在、未来のあいだのバランスが近年崩れてしまったように見受けられる。こうした展開は、社会運動理論の用語とその「政治的企業家」という概念を拝借して、私が「記憶の企業家」と呼ぶ人びとの活動によってかなりの程度まで説明がつく。記憶の企業家が、私たちと私たちの政治に関する思考にとって、過去を中核的な存在にしようとしてきたのである。だいたい冷戦が終わったころから、通常私たちと過去を隔てる距離が、私たちの日常的経験の一部として絶えず過去が執拗に存在しているという主張によって強く批判されるようになった。ある程度まで、これは、克服されない過去が私たちの生活をいかに支配し続けるかを強調し、個人の過去と折り合いをつけることが真の人間の解放に不可欠であることを主張した、近代思想におけるフロイト革命が起こした単なる結果にすぎない。しかし、フロイトに言及するだけではあまりに抽象的すぎる。近年の展開に満足な説明を与えるには、この時代に特有の社会学的な要因に言及する必要がある[38]。こうした要因のひとつが記憶の企業家の中核をなすグループが拡大しているという点だ。記憶の企業家たちは、私たちと過去との通常の隔たりは存在しない、実際存在すべきではないと主張し、集団的に克服されない過去は、過去の重荷を背負った人びとにつきまとうために回帰するにちがいないと強調した。もちろん、こうした主張が特定の事例に当てはまることも当然あるだろう。問題は、こうした主張が近年いっそう頻繁に行なわれるようになったということである。

知識社会学が予想するように、記憶の企業家たちは、過去について語る人びとの専門的な世界観と一致するような、過去に関する言説の登場を促進した。この傾向それ自体には何ら驚くべきことも、邪悪なこともない。それは「脱工業化」社会で知識人と専門家の政治的重要性が拡大していることを単に反映しているだけだ[39]。企業家という言葉は、軽蔑をこめて使っているのではなく、こうした人びとが、他の人びとよりも、より頻繁に、より執拗に、より公然とこの種の要求を行なうということを単に示すために使っている。その身分はさまざまで、こうした人びとを私が一体として扱うのは、単にひとつの傾向に貢献している人びととして同一だと考えただけで、その取り組みの対象となっている問題の実在性に疑問を投げかけるためではない。以下の人びとが記憶の企業家である。

・犯罪を犯した国家のいわゆる「免責の文化」に終止符を打ち、よりよい未来を建設することに関心を持つ人権活動家[40]。
・歴史を贖罪的に見る神学者で、過去の不法行為への救済策として宗教的に定義された和解の理念を推奨する人びと[41]。
・過去の「トラウマ」を取り扱うことを専門とし、「癒し」と「終結」という目的が支配する治療上の用語で歴史を見るセラピスト[42]。
・集団訴訟をとりわけ専門とし、過去を潜在的に司法判断に適する罪だと考える法廷弁護士。
・過去と折り合いをつけようとする政治的・法的活動において、コンサルタントや専門的な証人として重要な役割をしばしば果たしてきた歴史家[43]。
・現在にとっての教訓を歴史が暗示すると考えており、過去を若い世代に提示することに関して政治的な行動指針を持つ教育者。
・そして、最後に、傷ついた活動家とも呼べるような人びと。こうした人びととは、しばしばエスニック組織と関係を持ち、過去に不正行為の被害を受けたそのエスニック集団の人びと（時には他の人びと）への認知や補償を求める。

この最後のカテゴリーに関して言うと、過去に不当な扱いを受けた人間のなかに、その経験を人生の主要な使命とする者が現われるのはまったく自然なことだ。しかし、このような人たちは必ずしもその（推定上の）集団を代表しているわけではないことも忘れてはならない。アーヴィング・ゴフマンは、「スティグマ」の周りに動員された人びとに関する議論で、「代表者は代表的ではない。なぜなら、スティグマにまったく関心を持たない人びとはほとんど代表されていないからだ」と記している[44]。「傷ついた活動家」もまさに同じ意味で代表的ではない。なぜなら、このような活動家は、かつての犠牲体験に強くかつ持続的に自己を同一化するけれども、必ずしもそうである必要はなく、また他の人はそうではないからだ。傷ついた人のなかには、けっして全員ではないが、その過去の傷害をもとに運動を起こす人もいる。傷害を天職にするとさえ言えるかもしれない。言うまでもないが、こうした人びとは、しばしば過去と折り合いをつけるために大変な努力をする。しかしながら、こういう活動を避けようとする人びともいる。たとえば、首都ワシントンにある合衆国ホロコースト記念博物館の館長に最初に推挙されたのは、当時のオライオン・フィルム社長、アーサー・クリムであったが、彼は「私は過去よりも未来のための仕事を何かしたい」と言って、この申し出を断っている[45]。

スティグマの政治を論じた際に、ゴフマンはさらに続けてつぎのように言っている。特定のスティグマのまわりに成長する非公式の共同体や組織は、汚名を着せられた状態を共有する個人を、「自分の病気に誇りを感じて、回復することを願わない者として」定義しがちである[46]。スティグマを受けることは、いいかえると、自己意識、仲間意識、政治的目的などを生み出すのに使うことができるのだ。同様に、傷ついた活動家は、こうした団結を促進し、その旗のもとによく似た状況にある人びとを呼び集めようとする。

過去に行なわれた不法行為の償いを求めるための組織に、すべての生存者が参加したり、関わったりしているわけではないけれども、過去の権利の侵害に自己を同一化することが、傷ついた人びとの子孫にとってさえ集団への帰属の試金石となることがよくある。「ホロコーストの生き残りの第二世代」を自任する集団は、この現象の格好の例だ(47)。より一般的には、あらゆるところで民族主義者は、仲間のために独立や国家の形成を要求する根拠として、永遠に続く不平不満をしばしば育てる。こうした後の世代の「生き残り」はおそらく傷ついた活動家自身と同じように、その集団を代表しているかどうかは疑わしい。たとえ、ある集団が直面している不公平が過去の不法行為に根ざすという主張が完全に妥当なものであったとしても、この疑わしさは変わらない。たとえば、奴隷制の時代に先祖をたどることができる黒人のアメリカ人のすべてが、奴隷の子孫だという自己認識をもっているわけではないけれども、奴隷制と法的な分離〔による差別〕に対する賠償の追及は、今日の黒人のアメリカ人がこれらの言葉で理解されるべきだという観念に部分的に依存している。しかも、このような観念は十分に妥当なものである。実際、改良を目指す政策をそもそも擁護することができるとすれば、アメリカ人が黒人を、南北戦争や公民権運動やアファーマティヴ・アクションの受益者ではなく、まずは奴隷の子孫とみなす必要がある(48)。重要なことは、過去の苦難を共有しているという意識が、集団の自己理解や政治的参加を促すように用いられる可能性があり、しばしば実際に用いられているという点だ。しかしながら、すべてのこうした観念と同じように、これらの自己認識は「自然」なものでも、所与のものでもなく、政治的・象徴的活動の所産である。

記憶の企業家の活動と関連して、近年、真の記憶産業が勃興しており、多数の学者や政治活動家がそれに関わっている。ますます多くの集団や組織が、トラウマ、記憶、癒し、移行的正義、和解などによって過去と折り合いをつけるための事業で、何らかの役割を熱心に果たしている。この問題を扱う特別講義、雑誌(たとえば『歴史と記憶』*History & Memory*)、会議やNGOなどは無数にあり、主要な財団が理論と実践の両面で、もっぱらこれらの問題を検討するために行なわれる事業に資金を注ぎ込んでいる。これらの活動は今日の争いを解決するのに貢献するかもしれないが、それにもかかわらず、折り合いをつけることに対する関心の高さはきわだって新しい現象であり、問題をはらんでいる。記憶が学術的・公的な検討事項として、今日これほど力強く登場したのは、ある見識を備えた批評家によれば、「まさしく歴史的な言説に代わる治療学的な代用物として現われたからである」[49]。

過去と折り合いをつけることがますます重要になってきたことは、主要な社会変化の時期に起こる組織上の革新の性質が変化していることを見ればよく理解できる。一九八九年以前の時代と比べて、過去二〇年間に二〇以上が設立された真実委員会は、革命的であろうが、それほど劇的な手段を用いなかった場合であろうが、ともかく独裁的な体制からより民主的な(と期待される)政治形態に移行しようとしている国々に見られる、もっとも特徴的な制度的革新となった。この傾向を確認するかのように、フォード財団や他の人道主義団体は、国際移行的正義センターに資金援助を行なった。この団体は、以前から過去と折り合いをつける活動に深く根を張っていたNGOである[50]。しかし、デボラ・ポウセルとグレアム・シンプソンが指摘しているように、近年の真実委員会の激増は、真実の可能性自体が疑われるポストモダンの背景と照らし合わせて考えると、むしろ皮肉な現象である[51]。

部分的にはさまざまな記憶の企業家たちの活動によって、私たちは近年、歴史の雪崩に直面するようになった。しかし、この場合、歴史は、二世紀にわたって進歩の概念を支えてきた英雄的で、前向きな物語とはまったく異なるものとして理解されている。ヘーゲルの印のもとにある歴史叙述に特徴的に見られる、信心深い者たちの啓発のために現代の修道士が装飾した、彩色された原稿の代わりに、不正と略奪と暴力的追い立てなどの醜い物語が提供される。これらの批判的歴史は、かつての無邪気な神話的歴史よりも、私たちがどのように今日に至ったのかを物語る話としては、しばしばはるかに真実に近く、現在に至る過程で損害を受けたものを「回復する」幅広い試みを促進するのに役立ってきた。その結果、多くの国、とりわけより繁栄を謳歌している国、また、それらの国でより特権的な集団は、累積した歴史の重荷の下から抜け出す責務にいまや直面している。

しかし、過去への関心の拡大がもっと明示的に未来を志向する政治の没落とぴったりと重なっているので、そこには単なる偶然以上のものがあるという結論は避けがたい。集中的でしばしば検閲的な過去への注目は、「未来の崩壊」に対する反応である。つまり、社会主義運動や、より広い意味では、平等な市民の共同体として理解される国民＝国家の事業に具現化された、大胆で進歩的な政治的未来像が衰退したことへの反応である[52]。ここ一〇年から二〇年における過去の熱烈な追及は、有名な批評家であるジョージ・スタイナーが巧みに表現しているように、つぎのようなより大きな認識を背景にしている。希望と進歩の物語として理解できる西洋文化の時代の上にあった「すべての料理は平らげられた」のである。[53] こうした文化の建設（*Building*）の物語、つまり、すべての人間にとってのより良い未来に到達するという物語を奪われて、私たちの時代には「知識があるがゆえの狼狽[54]」という雰囲気が広く漂うようになった。そして、現実に存在する社会よりも優れた社会の展望を示すような確固とした方向性を失ってしまった。私たちは、『ニューヨーク・タイムズ』のコラムニストのトマス・フリードマンが言うところの「大きな理念の政治」の（一時的とされる）休止状態に生きている。すなわち、私たちには、非常に多くの人びとをその目的のために動員することができる政治的な理想像が欠けているのである。

こういう状況のもとで、文化的に定義された集団に対する強い関心が、二〇世紀のフォード主義的階級政治に生気を吹き込んでいた集団主義的な理想像に取って代わった。階級政治は、一般的に言われているように、めったにないその最善期にあっても、「単一の大組合」を優先して、民族的、人種的分裂を抑圧した。社会学的なアイデンティティの基準で定義される推定上の集団との自己同一化が、「友愛の共同体」におけるすべての人間にとっての平等な権利（と仕事）を求める公民権運動の目標を、肩で押しのけるようにして進んだ。政治的自己理解にこのようなさまざまな変化が起こったことには、積極的に評価できる側面もあった。新しい運動は正当にも、労働・社会主義運動や公民権運動のなかにしばしばいた非白人や女性、その他の無視されてきた集団に、注目するよう促したのである。しかし、これらの種々の政治活動は、長く進歩的思想の主要な要素であった共通性にもとづく政治活動の衰退と手を携えて進行した。[55]

したがって、私たちは、記憶および過去と折り合いをつけることへの関心を、共通の運命という活力を与える観念が崩壊したために誘発された方向感の喪失に対する防衛的な反応として、部分的には理解しなければならない。目指すべき地平線を失ったために、過去とその神秘の発掘が現在の欠点を埋め合わせるのである。政治的に言うと、敵対する勢力は、これに対してはほとんど何もできない。政治的闘争の戦場として、また学術的研究の場としての歴史に対して、おそらくこれほど多くの知的・政治的火力が向けられたことはかつてなかったであろう。今日、過去の謎解きの罠にかかった人びとや、その重荷に押しつぶされた人びとのなかに、ロシア構成主義者の「過去の重荷から、老衰した精神を開放するために、すべての書物を焼きつくせ」という忠告を思い浮かべることができるものがいるだろうか？(56)

私が言いたいことは、過ぎ去った情熱への郷愁をかき立てることでもなく、ニーチェが歴史的考察の功罪を議論したときに描写した牝牛の非歴史的な反芻、つまりニーチェの幸福な牛のように、過ぎ去った物事の思い出に悩むことなく、それゆえ現在を活動的に生きることのできる状態を勧めることでもない。私が言いたいのはただ、人間の未来の可能性に関する思想にとって重大なことが起こったことを認識すべきだということだ。(57)歴史の過剰が弱体化を招く結果をもたらすというニーチェの憂慮は、私たちの状況にぴったり当てはまる。未来が崩壊したとき、過去が突然出現する。

未来の崩壊Ⅰ：社会主義

私たちは、共産主義とそれにともなう冷戦の国際的な対立の終焉が、精神的・政治的パラメータを設定する時代に生きている。劇的な瞬間があったにもかかわらず、冷戦はイデオロギーの対立を、相互に排他的な二つの選択肢、つまり資本主義か共産主義か、反共産主義か反ファシズムかのうち、どちらを支持するのかという問題に単純化する傾向があった[58]。このマニ教的思考法は、国際関係においてそれぞれの陣営で個々の友好国の過失に対しては、ほとんど目を向けなくなるという結果につながった。こうした考え方は、冷戦によって分断された両側において、過去の悪事に対する関心を覆い隠すのに役立った。一方では、戦後、ファシストの敵から「自由世界」の同盟国へと転換したドイツや日本の悪事、他方では、同盟国から敵国に一変したソ連の悪事がそれにあたる。こうした古い傷を蒸し返すことは、現実政治の観点から批判され、豊かな資本主義もしくは平等な共産主義の未来という英雄的なイメージを基にして、将来にしっかりと目を向けるという態度が醸成された。冷戦の力学は、この間に過去の犯罪として知られるようになったものに関する議論の多くを、共産主義と自由世界の闘争の暗がりに追放したのである。

この闘争によって、異なってはいるが世界の将来にとっての救世主的な事業を具現化する二つの国が、一対になって現われた。一国は、かつての植民地で、革命によって生まれた国であり、帝国主義的な束縛から自由を求めて戦う多くの人びとにとってのモデルの役割を果たしてきた（一時期にはホー・チ・ミンでさえもそう思ったが、彼の民族主義は結局、非アメリカ的な色彩、共産主義の色彩をあまりに強く帯びるようになった）。もうひとつの国は、新たに影響力を増したユーラシアの大国で、第二次世界大戦後、人類の進歩の指導者を称するようになった。少なくともアレクシス・ド・トクヴィルの「これらの国がいずれの日にか両者のあいだで世界を分割するであろう」という有名な予言以来、両国はともに世界の未来の先兵だとみなされてきた[59]。第二次世界大戦後、ソ連は、反植民地主義の旗印を合衆国から受け継ぎ、その代わりに合衆国は、世界の覇者として没落する旧世界に取って代わるために介入した。

ヨーロッパ外にいる多数の大衆の目から見れば、ソ連はナチスの打倒に（多大な）貢献をするだけでなく、第二次世界大戦後には反植民地主義を擁護したので、一貫した行動を取っていた。結局のところ、マルクスが「本源的蓄積」の議論で記したように、南北アメリカの先住民の虐殺と奴隷化、東インドにおける「略奪」、アフリカの奴隷貿易の大規模な刺激と拡大は、「資本主義的生産の時代にばら色の夜明けが訪れたこと」を告知したのであった[60]。人種と人種主義的支配は、近代資本主義システムの始まり以来、その心臓部にあり[61]、ソヴィエトのこれらの問題に対する姿勢は、人種的に逆行する合衆国やしばしば暴力的に「死につつある植民地主義」にしがみつくヨーロッパの姿勢よりもかなり説得力があるように見えた[62]。したがって、二〇世紀半ばに合衆国の人種的平等の未来に希望を失って、汎アフリカ主義の主要な提唱者になった人物、W・E・B・デュボイスは、つぎのように忠告している。もし、「肌の色の違いを超えて、人種差別を廃止する究極の民主主義を、共産主義以外の手段によって」達成できるのならば、「共産主義を恐れる必要はない」。そうでないならば、地球上の黒い肌をした諸民族は「カール・マルクスが主張した手段」に頼る以外に選択肢はない[63]。

世界の非白人住民は、西洋の大部分は、白人が支配する近代世界を創造する過程で、その強欲さと残虐さによって汚染されていると思っていた。（西洋文明をどう思うかという質問に対するガンジーの「それはなかなかいい考えだ」という皮肉な答えを想起してほしい）。西側の世論形成に影響力を持つ人びとは、人種関係の分野での連合国の欠点が、戦後ソ連を政治的に利することになるのではないかという懸念をかなり強く抱くようになった。ソ連に思想的に近いかどうかは別にして、合衆国や南アフリカなどの黒人の自由を求める闘争にもっとも深くコミットしたのは、しばしば共産主義者であった。この事実は、二〇世紀の大部分を通じて、黒人のアメリカ人のあいだでマルクス主義がかなりの支持基盤を得た背景にあった。[64] 結局、ソ連の存在自体と、もっと一般的には社会主義運動が自称自由世界に挑んだことが、かつての植民地の人びとが独立を達成し、合衆国の人種主義的制度が大きく変化するのに重要な役割を果たしたのである。合衆国においては、その影響はおそらくより間接的であったけれども、反植民地主義と反人種主義運動に対する社会主義者の支持は、黒人の自由を求める運動にとって有利な政治的状況を生み出すのに役立った。[65]

一九七〇年代の初めにブレトン゠ウッズ体制が終わりを迎え、一九九〇年代の初めにソ連自体が崩壊したのに続いて、社会主義運動が活気をなくし衰退すると、世界的な人種関係における進歩はいくつかの点で停滞した。[66] アフリカは、おおむね外交的関心からは外れることになった。ただし、ジュビリー二〇〇〇のような債務帳消しを求める運動によって、支払いきれないほど多額の債務に直面していた多くの第三世界の国々が、その免除を（U2のリードボーカルで活動家のボノからの人目を引く支持もあり）受けるのに部分的に成功した。[67] 同様に、先進国のなかには、世界でもっとも貧しい国々に対してエイズの治療薬を安価に提供することに同意した国も現われた。しかし、これらの対策は、圧倒的に非白人が占める第三世界への富や権力の大幅な再分配だとは、とうてい言えないものであった。他方で、合衆国における人種平等への動きは、アファーマティヴ・アクションに対する反発にあって難渋した。バッキ判決で認められて以来初めて、アファーマティヴ・アクションを高等教育の入学に関して用いることに反対する、本格的な連邦最高裁判所への提訴が行なわれた。公民権運動がアメリカ政府に押しつけた「第二の再建期」からほぼ四〇年が経過しても、黒人住民の生活状況に関する評価は相半ばしており、いまでも激しい論争の対象になっている(68)。

もう少し広く考えると、社会主義の挑戦は、資本主義的な民主主義国家が、市場経済のもっとも鋭い切っ先を鈍らせるような福祉や他の政策を創設するよう仕向けるのに、異論はあるところだが、決定的な役割を果たしたと言えよう。大恐慌の後に、工業化の進んだ諸国では、福祉国家が通常の形態となった。部分的にこれは、経済的崩壊がこれらの国々の住民に引き起こした荒廃に対する自生的な反応であった。これは、ポランニーが「大転換」と呼んだもの、つまり、生活手段と実際は生活自体の商品化が生み出すと主張した「二重の運動」の社会的な自己防衛の側面であった(69)。しかしながら、福祉国家の創設はまた、明白に資本主義を廃止したソ連が、一九三〇年代に世界経済から同じような衝撃を受けなかったという印象に対する反応でもあった。そのうえ、西側のあらゆる国で社会主義や共産主義政党が、資本主義による「創造的破壊」の打撃を緩和するような政策を強く要求した(70)。

初期の、人種を超えた(そして、ベイヤード・ラスティンの指導のもと、社会主義調の)公民権運動が衰退し、社会主義が崩壊すると、かつては未来と同盟を結んでいた諸勢力のあいだに、いうなれば、ポスト共産主義の時代に自己をどう理解するかに関して、広く方向感覚の喪失が見られるようになった。その一部はグローバリゼーションに反対するために結集している。それにもかかわらず、反グローバリゼーション運動が何を代表しているのかは明確でない。いずれにせよ、これらの運動は、社会的変化を求める圧力の主要な源泉として、かつての社会主義や共産主義の諸政党に取って代わるほどの組織的安定性をいまだに獲得していないのである。こうした安定性を生み出すことが困難なのは当然だとも言える。なぜなら、これらの運動のなかには、ロベルト・ミヘルスの「寡頭制の鉄則」は幻想だと主張して、できるかぎり寡頭制を妨害しようと努めるものもあるからだ。この傾向は逆に、「組織的武器」の強みをその運動から奪い取ってしまう。[71] 古きは死につつあるが、新しきはいまだに生みの苦しみを味わっている。

かつて社会主義のもとにあった人びと、とりわけ人類の救済という共産主義の約束にもっとも強く魅了された人びとは、ソ連とその子分たちに裏切られ、その破綻後、共産主義のユートピアニズムの誘惑とそのソ連という権化の惨憺たる現実に対する攻撃を痛烈に行なった。[72] こうした過去をめぐる戦いの目的は、共産主義の棺が二度と開かないように釘でしっかりと閉じること、もう少し広く言えば、フランス革命に由来する革命的伝統を封じ込めることにあった。この反革命の攻撃は、フランソワ・フュレの鋭い知性によって前進し、トクヴィルと全体主義理論の強力な復活と密接に関連しながら強まった。全体主義理論は、共産主義とナチズムを奇形属、すなわち二〇世紀の大衆政治の二つの種だとみなすアプローチであって、最初にその輪郭を描いて見せたのは、もちろんハンナ・アーレントであった。アーレント自身も、ある意味でトクヴィルの理論的な末裔である。

しかし、全体主義理論という考え方をともに熱烈に支持していたにもかかわらず、アーレントと「若きトクヴィル主義者」は、近代の政治文化における革命的遺産に対する態度という点でずいぶん異なっている。アーレントにとって、共産主義の行き過ぎが革命という理念を損なうことはなかった。実際、アーレントは、彼女がナチズムからの避難所を得たアメリカ版の革命をもてはやした。ところが、フュレにとって、共産主義の行き過ぎは革命理念を傷つけるものであった。彼は、トクヴィルがかつてそうであったように、フランス版の革命が自分の祖国に嘆かわしい結果をもたらしたと考えた。アーレントが、「革命的伝統とその失われた宝」を喜んで引き合いに出したのとは対照的に、フュレとその追随者は、革命の残り火と知識人が流布するその他の抽象概念が生み出す慢性的な不安定さを押さえ込もうとする。フランスの伝統では、こうした知識人は、政治的真理に対して特別優れた洞察力のある思想の指導者（*maitre-penseurs*）ということになる。フュレやそのエピゴーネンによれば、抽象概念にこそ、共産主義の幻覚によって道を見失った人びとの誤りがある。それはちょうど、トクヴィルが、フランスの革命家が抽象化をひどく好む傾向をその行き過ぎの鍵だとみなしたのと同じである。[73]

アーレントは、彼女に関してはジェファーソン風に、（アーレントの言葉では）「人間が」（man's）自由のない停滞を避ける才能と、「なにか新しいことを始める」人間の本質的な能力の肯定としての革命的伝統にコミットし続けた。実際、この革命的な創造力のひとつの形態は、ソヴィエトないしは評議会（レーテ）であった。アーレントは一九六〇年代に、それは「一九世紀から二〇世紀にかけて起こったあらゆる真の革命に現われることになった」と記した。彼女は、これらの「人民の自発的な組織」が「革命自体が進展する過程で設立・組織された、自由のための新しい公的空間」を創造したと考えた。[74]一九八九年の「遅ればせの革命」では、いわゆる円卓会議が短期間よく似た役割を果たし、ソヴィエト流社会主義の葬儀の準備をしたり、新しい体制の略図を計画したりするのに、意見のあるさまざまな党派を結集した。[75]それ以来、憲法の作成は、体制の変化にかかわる中心的活動として、過去の犯罪と折り合いをつける活動と張り合うことになった。

問題とすべきは、かなり明白な理由によって、過去に執心するのは一般的に保守主義者の領域だということだ。エドモンド・バークの政治哲学は、問題となっている感性の好例である。現在は、常にまた不可避的に、不必要な苦しみと正当化できない不平等をともない、よりよい新たな時代に克服されるべきものであり続けるので、未来は必然的に人間状況の世俗的な向上の時間的な地平になる。「弱きものが大地を受け継ぐ」、「労働者には鎖以外に失うものは何もなく、ただ手に入れる世界があるだけだ」。しかし、下層の者がこれらの希望を実現するためには、未来が必要である。それがいまだに不当な現在にこうした人びとが持つ最善のものだ。私たちの時代における希望の「問題を含んだ」地位に対するジョージ・スタイナーの懸念が、予言的なユダヤ教の双子の子孫である、キリスト教とその世俗の弟であるマルクス主義が衰退したという見解に起因するのは、けっして偶然ではない(76)。この二つは、それぞれの楽園の像を近づけることに関心を抱いたし、いまも抱いている。前者は天国において、後者は地上において。

未来の崩壊II:国民＝国家

幻想だということが明らかになるのは、しかしながら、共産主義だけではなかった。国民＝国家の理念も、知的・進歩的な人びとのあいだでは広く信用を失った。それはいまや、さまざまな集団が公式に平等な市民権を獲得するための構造として理解されるのではなくて、悲劇へと通じる壮大な幻想の舞台としての歴史的な役割を果たしたとしばしばみなされている。ナショナリズムが悲惨にも失敗した典型的な例として、ホロコーストと世論形成に関わる人びとのその受け止め方は、ヨーロッパ大西洋世界における政治形態としての国民＝国家への信頼を傷つけるのに多大な役割を果たしてきた。人権「革命」は、これによって国際社会は第二次世界大戦の残虐行為に対応したのだが、世界の善なるものを目指す力としての国民＝国家に対する深い猜疑心を醸成した。もう少し思考が複雑な人権の唱道者は、フロイトの議論の力を認めていた。つまり、法の支配を強制することのできる主体（つまり、国家）の必要性がいかほどの苦痛を私たちに与えようと、私たちはそれなしにすますことはできないという議論の力を。なぜならば、そうでなければ、より強いもの以外の「権利」は存在しないからだ[77]。しかしながら、進歩的だと自任する多くの人びとのあいだでは、国民＝国家は、告発を受けている多くの罪を晴らすまでは、今日有罪だとみなされている。これは、二〇世紀初めの国民＝国家の全盛期と比べれば、非常に大きな感性の変化である。

マックス・ヴェーバーは、「国民」を論じて、この現象はふつう特定の集団が成し遂げた文化的成果の優秀性や代替不可能性という観念と関係すると記した[78]。国民についてのこの見解は、とりわけ一つの文化に他の文化に対する優越性を認める限り、開明的な考え方を持つ人びとのあいだでは、自己を強大化しようとする暴力の根本にあった、あるいはそこに流れ込むような傲慢のグロテスクなかたちだと、いまや繰り返し非難されている。この命題の主な例外には、ある種の帝国主義的もしくは半帝国主義的支配から脱出しようとする活動と結びついた国民的な戦いの場合がある。換言すると、フランス革命の基礎となり、第一次世界大戦後のウッドロー・ウィルソンの「一四か条」によって国際的レヴェルで再確認された民族自決の規範を達成しようとするナショナリストは、まだ正当性を持っている。左翼の多くの人が「先住民の」ナショナリズムに支持を与える理由でもある。「先住民」は人権を味方につけたナショナリストだ[79]。しかし、私たちは、すでに強力である者のなかの国民感情に対しては不信のまなざしを向けることになる。

こうした背景のもとでは、ハンナ・アーレントが主張する「国民＝国家の衰退」が、すなわち「国民による国家の征服」が、「人間としての権利の終焉」を招いたという見方に共感することはおろか、考えてみることさえいまやほとんど不可能になった[80]。アーレントは、私たちが生まれながらにして平等だという自然法の観念に疑義を呈し、それにかえて、誰もが等しく扱われる法律の結果として、私たちは平等になるだけだと主張した。それゆえ、アーレントにとって、一九世紀末以来広まった他の人びとに対する国民の有利な処遇は、権利の章典やフランス人権宣言、国民＝国家の真の使命を明示した法的普遍主義に対する裏切りを表わしていた。彼女自身がナチスの人種主義からの難民のひとりであったこともあり、理論的には複雑であったとしても、人種を理由として法的に差別的な取り扱いをすることも、彼女は同様に強く拒絶した[81]。

共通の構成員だという意識が、福祉給付の拡大にとってきわめて重大な付随物だという事実もおおむね忘れられている。福祉給付は、資本主義制度の不公平に直面する受給者に対して最小限の防護を提供するように設計されたものである。共通の市民権という目標を当然のものとして、T・H・マーシャルは、古典的な論文「市民権と社会階級」で彼が分析したような権利から利益を受ける集団の特殊性には、まったく興味を示さなかった。マーシャルの権利を持つ者の「アイデンティティ」に関するオリンポスの神々であるかのような無関心さが、いっそう注目に値するのは、この論文が書かれたのが、かつての植民地からの大量の移民によって生じることになる、大規模なイギリスの民族人種的転換のまさに前夜であったからだ(82)。

国民＝国家が、少なくとも左翼の知的エリートのあいだで、アイデンティティの源泉として降格されたように、今日多くの進歩的な人びとも、それを非合法な存在、「国内の植民地主義」の下劣な物語における単なる獣のような勝者だとみなすようになった。こうした国民＝国家は、（完全に不適切というわけではないが）他者に対する不正行為、つまりかつて活力のあった諸文化の没収、殺害、強姦、破壊によって創造されてきたと見られている。したがって、マイノリティの、とりわけ「先住民」とみなされる人びとの、ただしそれに限定されるわけではないが、「その」文化に対する権利は、近年もっとも広く検討された、自己決定の規範の拡張部分のひとつであった(83)。こうした状況下では、国民＝国家がその住民を、国民的神話を防衛するエリートの姿に似せて形づくる権力は、かつては基本的に制約を受けることがなかったが、ほとんど雲散霧消してしまった。二〇世紀初めの「アメリカナイゼーション」計画のようなプログラムは、今日ではまったく想像もできない。なぜなら、それは支配的な多文化主義の規範を冒瀆するからである。

国民（主義）的歴史は、以前は、想像の国民的共同体の教育的な訓練場であったが、今日では、世界のより教育を受けた階層のあいだでは、小さな差異のナルシズムを無批判に賛美しているという疑いを抱かれるようになった。かつて国民感情の母乳であったこうした歴史は、現在の文化的・民族的・国家的権力の割り振りに至る道のりで行なわれた犯罪を不適切にも美化するものだとみなされている。国民の歴史に関する考え方にこうした大きな変化が起こった格好の例が、ドイツ、日本、合衆国の歴史教科書の内容や博物館の展示をめぐる継続中の論争に見られる。[84] 同じように、アパルトヘイト後の南アフリカも、国の歴史を生徒たちにどのように示すべきかに関する活発な議論に巻き込まれた。伝統主義者に対する陣を敷いたのは、過去の「規格化された捏造」を埋め合わせるために最善を尽くし、単なる「文書による客観的歴史的真実の旧式の追究」ではなく、口承の伝統や先住民の知の様式を含むような歴史を望む人びとである。[85] 要するに、世界的に開明的な人びとの歴史意識はいまや、戦う国民（Volk）の英雄的な建国神話よりも、犯人の捜索と事後的な犠牲者の認知に夢中になっている可能性が高いのである。

国民的な物語の説得力が低下して生じたもうひとつの結果は、多くの人びとが自分をディアスポラの一員だとみなす傾向が強まったことだ。その意味するところは、これらの人びとは、本当はどこか別の場所の出身で、それが忠誠心を抱く主な集団は、その場所もしくはその場所にいるとされる住民だということだ。仮定上のディアスポラに加わったエスニックの活動家は、近年ヨーロッパ大西洋世界において、歴史的不正の経験を強調するのにきわめて重大な役割を果たしてきた。合衆国やその他の地域のユダヤ人による、ナチスの犯罪への賠償に関する活発な運動は、非常によく知られているので、ここでさらに詳しく論じる必要はないだろう。しかし、『ザ・レイプ・オブ・南京』の著者、アイリス・チャンがアメリカへの中国系移民の娘であったことは注目する価値があろう。そのうえ、彼女が、第二次世界大戦中に日本人が犯した残虐行為を宣伝するようになったのは、こうした出来事の記憶を育むのに専念する中国系アメリカ人の活動に参加した結果であった。[86] 同じように、ヨーロッパや合衆国のアルメニア人コミュニティは、一九一五年の虐殺をジェノサイド〔組織的大量虐殺〕として公式に認定されるように宣伝するのに決定的な役割を果たした。[87] 南北アメリカ大陸におけるアフリカ人のディアスポラも同様に重要であった。植民地主義と奴隷貿易や奴隷制自体と、アメリカ合衆国やその他の場所でアフリカ系の子孫に対する差別が継続していることのあいだに関係があることを訴えようとする人びとは、部分的には、アフリカとその他の地域のアフリカに由来する民族のあいだに、アイデンティティと利害の共同体があると主張することで、そうしたのである。(88)

国民感情の衰弱は、合衆国では二〇〇一年九月一一日の攻撃によって一時中断した傾向だが、多くの面で止めることができないように思われる。「グローバル化する」世界に関する語りが広く浸透すると同時に、広く分散した住民が高い地理的流動性を持つという状況は、先進国の世界が、世界中からそれまではあまりなじみのなかった民族を受け入れる、多少とも乗り込み自由な船になったことを示している。ベルリン、ロンドン、パリ、ニューヨーク、トロントの街を歩いている人びとの顔を少し見ただけで、この見解には真実が多く含まれていることがわかる。しかし、人種的、民族的に多様な住民というイメージは、移動する人びととそれを受け入れる人びとの両方で、アイデンティティとルーツ（roots）に対する関心を刺激する役割を果たした。この変貌と放浪という感覚は、私は「本当は」誰なのかという問いに対する関心を強めざるをえないであろう。とりわけ、レーガンとサッチャー以来、世界の強国の政治が政府の活動範囲をますます縮小しつつある状況では、そうならざるをえない。国民＝国家が市民に提供するものがより少なくなり、要求するものもより少なくなれば（たとえば、徴兵制の後退や公的サーヴィスや公的給付の浸食）、市民が自己理解の源泉を別のどこかに探したとしてもほとんど驚くにはあたらない。

自己の拠りどころを求める活動が盛んになったのは、まさしく現代の新しい情勢に対する反応である。

また、こうした展開は、主要な社会的変化が起こるときに過去が復活することに関する、先ほど引用したマルクスの言葉にもとづいて予期することもできよう。過去の存在は、人びとが「自己と物事を劇的に変革しようとする」過程にあるときに、高められる。ちょうど今日がそういう状況のように見える。法の前の平等としての市民権という理想像は、さまざまな集団の取り扱いに関して、この標準に従って行動することに頻繁に失敗したことで、揺らぐことになった。過去においては、こうした失敗は、差別を受けた人びとが平等な取り扱いの要求の履行を求めることにつながる傾向があった。しかし、現在では、救う価値がないとして単に船を捨てたり、これまでの背信行為に対する損害賠償を要求したりする傾向が強まっている。これはまさにアルバート・ハーシュマンの、「離脱」と「発言」の選択に関する議論の、もうひとつの好例である。(89)

未来の後の過去

二〇世紀の歴史を支配した二つの力、すなわちナショナリズムと社会主義/共産主義への信頼感の喪失は、ポストホロコースト、ポスト強制収容所の時代の、人間が生み出した大災害に対する自覚の広範な浸透と平行して進んだ。人間が引き起こした大災害に対して現在顕著に見られるこの自覚は、二〇世紀のヨーロッパ史をこれまでになかったほどの残酷さと惨事の時代だとする私たちの認識と深く結合している。この解釈は、二〇世紀が「短い」ものだとする見解によって、さらに強固になる。それはつまり、ボリシェヴィキによって作られた制度の勃興と崩壊によって区切られ、ほとんど一世紀に及ぶ「ヨーロッパの」あるいは実際「世界的内戦」のかたちをとった、自由主義と全体主義の闘争を特徴とする世紀である。これらのよく知られた見解は、エリック・ホブズボーム、フランソワ・フュレ、エルンスト・ノルテのようなそうそうたる歴史家が表明しており、この時代のもっとも決定的な二つの分水嶺であったロシア革命と冷戦の終結を適切にも指摘するだけでなく、ナチズムや共産主義やその模倣者が生み出した身の毛もよだつほど恐ろしい犠牲者も指し示している(90)。

二〇世紀の歴史解釈は、大量死を生み出す途方もない能力を指摘せずにはおられない。それは疑いなくそれ以前の能力を凌駕している。しかし、「短い」世紀のブックエンドを強調するのは、決定的な転換点を過小評価する傾向にもつながる。すなわち、連合国によるファシズムと日本帝国主義の打倒と、それが切り開いた、その後の歴史と政治に根本的な影響を及ぼした、人道主義的事業や解放のための事業を展開するための空間の影を薄くするのである。ユルゲン・ハーバーマスが指摘しているように、終わったばかりの世紀を破局的な色調で染めると、第二次世界大戦の末から生じた決定的な成果が人目につかなくなる。「その時点で、政治的な啓蒙思想の普遍主義的な精神を、少なくともレトリックとして採用しなかった正当性の要求は、拠って立つ場を失ったのである(91)」。アフリカやアジアの脱植民地化は、ひとつの大きな成果であり、国家権力の濫用に反対する要求としての人権概念の定着は、もうひとつの成果である。この時代の悲惨な特徴を強調する人びとは、ファシズムと帝国主義の打倒の結果として成就した、人間の諸問題のために公平で平和的な組織が活動する新たな機会を一般的に軽視する。現在の破壊されたものを集めて元に戻すための運動〔賠償要求〕は、これらの勝利なくしては考えられなかったであろう。

破局的に二〇世紀を読み解くのは、近年の歴史解釈の傾向に合致している。その解釈によると、ナチスの主要な悪行は、ナチスが、ヨーロッパ人からは比較的抗議を受けずに、非白人で非キリスト教徒の非ヨーロッパ植民地の住民に対して日常的に行なっていたのと同じ暴力行為を、白人でキリスト教徒のヨーロッパ人に対して犯したところにある。いいかえると、ナチズムは、「古典的な」ヨーロッパの植民地主義と連続しているとみなされるわけである。[92]たとえば、二〇世紀のヨーロッパ史を描いた最近の著書『暗黒大陸』で、マーク・マザワーはつぎのような議論を行なっている。ドイツの人種的優越性の主張は、うぬぼれの強いヨーロッパ人にとっては突然の衝撃であった。なぜならナチズムは「帝国主義を逆転させて、ヨーロッパ人をアフリカ人のように扱った」からだ。[93]なるほど、この主張は、本のタイトルに明示されている「暗黒大陸」というテーマにとてもうまくなじんでいるが、その妥当性は表面上のものでしかない。ヨーロッパ人の多くは、自らを文明の化身だとみなすことに慣れているので、一つの住民集団に対してこれまでに経験したことのないような規模で殲滅作戦を行なおうとする一団に直面したのは、たしかに大変なショックであったろう。

それにもかかわらず、ナチズムとヨーロッパの植民地支配を同一視することは大きな問題をはらんでいる。なるほど、ナチスとその協力者による人種主義的な政策によって、ヨーロッパの白人社会が抱く快適な幻想の多くを可能にした搾取を受けていた世界の部分で、「人種」が果たす中心的な役割を、多くのヨーロッパ人が自覚したであろう。けれども、ナチスの事業と植民地の事業の類似点は、明らかに限られている。この論点は、近年の帝国主義の分析でもっとも頻繁にあげられる引用のひとつを簡略に検討することで、はっきりさせることができる。その引用とは、ジョゼフ・コンラッドの『闇の奥』に見られる現状の描写である。「地球の征服、それは大まかに言って、異なった肌の色をしたり、私たちよりも幾分鼻の低かったりする人びとからそれをとりあげることを意味するのだが、あまりこれを深く考えるのは愉快なことではない。それを埋め合わせてくれるのは思想だけである。その背後にある思想。感傷的な言い訳ではない思想である。思想への利己心を排した確信……それは人が作り出すことができ、その前にひれ伏し、そのために犠牲をささげることのできる何かである(94)」。

今日の感性にとって、この文章は帝国主義者の偽善を酷評する皮肉たっぷりの観察のように読める。それは、「圧政を行なう者」の知識と文化的産物を権力行使のための着古したベールと見て、その思想を非道な隠れた戦略を覆い隠す単なるイチジクの葉とみなす、ポストモダン的傾向とぴったりと一致している。ヨーロッパ人が作り出し、その前にひれ伏した思想とは、もちろん、「白人〔男性〕の責務」、文明化の使命や、国家や私企業が自己の利益のために搾取しようとした人種的他者の後進性に関する自画自賛のたわごとに関する思想のことである。

しかし、文明化の使命という観念がかなりの程度まで略奪と残虐性を隠す仮面だったことを認めなければならないけれども、この観念はまた、植民地主義とそうした使命をまったく持たなかったナチズムとを、決定的に区別する目安にもなるのである。植民地に行ったヨーロッパの宣教師や、さらに海外領土や住民の略奪に従事した政府や会社に雇われた人びとでさえ、文明化や他のそれほど向上を目指さない使命の名のもとに犯される悪行に、しばしば驚愕したのであった。この点は、アダム・ホックシールドの『レオポルド王の幽霊』の広く賞賛を受けた悪魔祓いで、かなり強調されている。記憶するに値し、またおそらく賠償にも値するだろうけれども、広範な残虐行為や大規模に行なわれた残忍な搾取は、植民地における略奪をジェノサイドに変えてしまうわけではない。いいかえると、コンゴのアフリカ人をホロコースト流に組織的に絶滅することは、たとえ甚だしい人命の消耗がたしかに見られたとしても、予定されてはいなかったのである。それゆえ、ホックシールドは、ホロコーストとレオポルド王がコンゴ盆地でアフリカ人に対して行なったことのあいだに類似性を見ようとしていたにもかかわらず、結局のところつぎのような結論に至っている。「コンゴにおける虐殺は、厳密に言うと、ジェノサイドではなかった」。なぜなら、「コンゴ国家は、地上から一つの特定の民族集団を意図的に抹殺しようとしたのではない」からだ。[95] 対照的に、ナチスは、生きる価値のない命（lebensunwertes Leben）とみなされた人びとに、即座の死ではないとしても、あくことのない殺人的な苦役の未来を与える計画に関して、相対的に包み隠すことなく語っている。ナチスには、人間以下（Untermenschen）とみなした人びとを「文明化する」意図など少しもなかった。ナチスが異教徒を植民化しようと飛び出したとき、兵士とともに宣教師を送ることはなかったのである。

ジェノサイドの定義が定まらないままに、この言葉は日常の会話や過去の不正行為をめぐる政治的論争でますます広く用いられるようになった。たとえば、オーストラリアで「盗まれた世代」の子どもたちへの損害賠償を求める人びとは、ジェノサイド条約の第二条の最後の項（「強制的に子どもを他のグループへ移す」）を援用して、オーストラリア政府（と教会）が二〇世紀の中期を通じて、これらの子どもをその家から連れ去ったのは、ジェノサイドにあたると主張した。[96] 過去と折り合いをつけるための方法として賠償が広まったことが刺激になって、自分たちが被った過去の不法行為を「ジェノサイド」

だと認めてもらうように活動した集団もあったであろう。なぜなら、その後に補償がついてくる可能性があるからだ。たとえば、アルメニア人の活動家のなかには、もし一九一五年に起こったことをトルコにジェノサイドだと認めさせることができれば、つぎの段階は、損害賠償の請求か、かつてアルメニア人が所有していた土地の返還の要求だと言う者もいた[97]。

何らかの過去の残虐行為を描写するのにジェノサイドという呼び方を得ようとするレトリック上の競争とはきわめて対照的に、国家が支援する進行中の大量虐殺を止めるのに、一九四八年のジェノサイド条約が果たした実際的な影響は、明らかに限られていた。たしかに、ボスニアやルワンダの虐殺に加わった者の多くが、ジェノサイドの罪ですでに裁判にかけられたり、現在も法廷に立ったりしている。こうした展開は、未来の独裁者や野蛮人が、とりわけ血塗られた国から出ようと飛行機の準備をする前に、ためらいを感じるもとになるかもしれない。しかし、条約に規定されたジェノサイドの規準を満たす多くの事例が現われたにもかかわらず、国連は、大量殺戮が実際に進行しているときに、協定を行動に移す手続きをこれまで発動したことはない[98]。条約の条文によると、この手段の発動は、虐殺を阻止するための具体的な処置の引き金となるもので、ほとんどの国が起こらないことを願っている不測の事態である。外交政策の形成に政府外から参加する現象が顕著に拡大し、政府が支援する残虐行為に対する態度に幅広い変化が見られるにもかかわらず、私たちはここで、政治的運営の多くの指針であり続けている現実政治に正面からぶち当たる。私たちは、このようにして逆説的な状況に直面することになる。すなわち、現在のジェノサイドを阻止するために設計された装置よりも、損害賠償要求に対する関心が広がったことで生まれた、過去のジェノサイドの犠牲者（の子孫）だと主張することに対する誘引のほうが、はるかに有効なのである[99]。

要するに、私たちはポストユートピアの「ジェノサイドの時代」にいる。地上の楽園の新しい青写真に懐疑的になり、それに代わって過去の悲惨な出来事や不正行為をまじまじと凝視するのである。二〇世紀共産主義のいかめしい検死報告、『幻想の過去』の結論で、フュレはつぎのように書いている。「もうひとつの社会という思想を持つことはほとんど不可能になっている。今日の世界では誰ひとりとして、この問題に関して助言するものはいないし、新しい概念を練り上げようと試みるものさえいない。私たちは、いまある世界に住むことを強いられる場所に着いた[100]」。この所見は、アメリカの主要大学の多くの経済学部が調合した新しい社会を売り込む大量の助言は言うに及ばず、共産主義が崩壊してから資本主義に晒された多くの社会にとっての市場資本主義の新奇さを過小評価している。しかしながら、フュレの怒りの本当の対象のことを考えると驚くべきことではないけれども、彼は社会主義だけを「もうひとつの」社会だとみなした。しかし、これまで資本主義に遭遇したことのなかった社会では、資本主義の創造それ自体が、たとえそれが新しい思想ではなかったとしても、新しい経験であった[101]。

それでも、代わりとなる社会の理想像に欠けているというフュレの診断は非常に当をえたものだ。ポスト全体主義の警戒心を示す紛れもない雰囲気は、二〇〇二年のポルト・アレグレの「グローバリゼーション」に関するもうひとつの「サミット」の、ある参加者のコメントにははっきりと反映されている。この会議は、世界の指導的な資本主義者が毎年集まるコンクラーベ、つまりダボスの世界経済フォーラムに合わせて開かれたものである[102]。会議の主催者は「もうひとつの世界は可能だ」という標語を採用した。ところが、一人のジャーナリストがもうひとつの未来の計画という点で、ほとんど何も提案していないように見えるのはなぜかと質問したときに、ブラジルの小説家、モアシル・スクリアールは、会議から発する大きな未来像がないことをつぎのように説明した。「魔法の処方箋を手にしてここを去らないほうがいいというのが、二〇世紀の政治的な惨事から私たちが学んだ教訓だ[103]」。

より人道的な未来社会に関する、信頼に値する包括的なヴィジョンが欠けているので、過去と過去に関する人びとの回想の意義が誇張されるようになる。過去の不法行為を正すことが、もっと良い未来像を捜し求めるのに取って代わる傾向が現われるのである。嫌悪感を呼び起こすような過去を数え上げることが、実際、未来探しの慣用句となる。これを、近代史の多くに活力を吹き込んできた進歩への衝動の退化と呼ぶこともできよう。つまり、かつて進歩への前進とみなされたものがゆがみ、保守主義が支配する環境で内向きになり、それ自体に向かうようになったのである。二〇世紀初めの未来に対する楽観主義的な古めかしい表現、イタリアの社会主義者の前進（Avanti!）や、ドイツの社会民主党の前進（Vorwärts）に似た言い方は、いまやどこにも見いだすことはできない。ロマン主義の時代を除けば、これほど多くのエネルギーが、過去を掘り返し、壊れた破片をふるいわけ、人びとが破片について考えていることをあれこれ詮索するのに費やされたことはなかった。この状況は、過去約二〇年間にわたって、私たちの時代の「真の象徴として」ホロコーストを神聖化したことと、切っても切れない関係にある[104]。

標準とひな型としてのホロコースト

ホロコーストは、ヨーロッパ大西洋世界の外にいる者にとってはほとんど関係のない単なる局地的な出来事であるどころか、現代人が過去について考える場合の、二〇世紀の主要な遺産となった。ヨーロッパのユダヤ人に対する攻撃というナチスの裏切りは、他の権利が侵害された例を判定するための、一種の「金本位制」となった。人間の残虐性や圧制の他の事例を清算することを要求する人びとは、この金本位制にそれらをできるだけなぞらえようとした。それゆえ、ホロコーストのことを、過去の不法行為と折り合いをつけようとする別の事業から活力を吸い取ってしまう、歴史的記憶のスポンジだとみなすのは、せいぜい半分正しいだけだ。ホロコーストは、過去と折り合いをつけたいと願っている人びとの膨大な注意を吸収しただけではなく、もっと一般的に悲劇的な過去に注意を向けるのに貢献したのである。

たとえば、『共産主義黒書』は、二〇世紀における世界の共産主義体制の犯罪に注意を促そうとして、共産主義の犯罪がホロコーストよりもいっそう残忍であり、それゆえいっそう償いに値すると主張するのであるが、まさにこれこそ、この論点を裏書している。『共産主義黒書』は、一九九七年にフランスで最初に出版され、激しい論争を巻き起こしたのだが、直後にドイツ語版やイタリア語版が現われたときも同じ状況になった。本のタイトルは、後に「ホロコースト」として知られるようになる残虐行為を記録した、イリヤ・エーレンブルクとワシリー・グロスマンによって編纂された一九八一年の書物に由来している。[105] 他の面では比較的冷静に（たとえ気味が悪いにしても）、国ごとの共産主義の残虐行為を分析した書物の挑発的な序文において、編者のステファヌ・クルトワはつぎのように主張した。「国際的にユダヤ人コミュニティが活発に追悼してきたホロコーストとは対照的に、共産主義の犠牲者とその法的な弁護人が、悲劇の記憶を維持させることは不可能であり、追悼の要請や賠償の要求は無視されている。……ホロコーストを唯一の特殊な残虐行為とみなそうとして、ユダヤ人のジェノサイドにだけに焦点を絞ったのは、共産主義世界におけるそれと同規模の他の出来事を正当に評価するのを阻む結果にもつながった」。[106] この驚くべき発言のために、『共産主義黒書』の著者のなかには、公然とクルトワの序文と距離をとる者も現われた。[107]

ホロコーストの「特殊性」や、ナチスの犯罪と共産主義の犯罪ではどちらが非難に値するのかなどをめぐる近年の論争は、過去二〇年ほどにわたってこれらの問題を追ってきた者には、馴染み深いもののように思われるにちがいない。実際、二〇世紀の歴史に関する私たちの思考法をめぐるこれらの論争は、一九八〇年代半ばにあった歴史家論争（Historikerstreit）の中心的議論の繰り返しである。したがって、『共産主義黒書』がおそらくもっとも扇情的な介入をしたナチスと共産主義者のどちらがいっそう邪悪かをめぐる競争の再現は、後衛部隊の活動のようなもので、二〇世紀のもっと大きな意味に関する私たちの観念を変貌させる可能性は相対的に小さかったのである。ダン・ディーナは、こうした結果が生まれた重要な理由のひとつを示している。ロシアの強制収容所は恐るべきものであったけれども、「階級としてのクラーク層の粛清」や他の共産主義者の残忍性に関する私たちの理解と関連する「知識」は、民族的な自己理解の基礎を提供することはできない。なぜなら関係のある集団の大部分が歴史的に継続していないからだ[108]。階級よりも民族的・人種的な集団を把握するほうが、継続的ではっきりとわかる指示対象を持つ可能性が大きいのである。その結果、階級に関係する不正行為が、被害を受けた人びとの後継者の想像力をとらえ、追悼や損害賠償を求める運動の焦点になる可能性は失われるのである。

『共産主義黒書』が共産主義による圧制に民族人種的次元があったことを必死に示そうとしたことは、ディーナの識見の高さを示す意図せざる証左となっている。たとえばカンボジアに関する章で、ジャン゠ルイ・マルゴランはつぎのように書いている。「クメール・ルージュにとっても、中国共産党にとってもの場合と同じように、一部の社会集団はその性質上犯罪的であり、この犯罪性は、遺伝的な特徴であると同時に、夫から妻へも伝染するとみなされていた。……私たちは社会集団の人種化について語ることができるのであり、したがって、ジェノサイドの犯罪をこうした集団の身体的な抹殺にも適用することができる[109]」。マルゴランは、ホロコーストが現代の歴史意識で支配的になってから理解されてきたようなかたちでのジェノサイドの犯罪における、その解釈の基本的な特徴を指し示している。すなわち、ジェノサイド条約が、国民的・宗教的集団もこの犯罪の犠牲者として取り扱おうとしたにもかかわらず、ジェノサイドという観念が、民族人種的に定義された集団に主に適用されるようになったことを指摘している。経済的に定義された集団の経験から、「利用可能な」歴史的記憶を構築することは困難だというディーナの主張は、したがって核心をついているのだ。

政治的な意味から言えば対照的であるにもかかわらず、共産主義者の悪行にもっと光を当てたいと思っている人びとも、ピーター・ノヴィックのように、アメリカの公的な議論においてホロコーストが着実に成長していることに懸念を抱くような人びとも、ショア〔ホロコースト〕が私たちの精神世界に占める位置があまりに大きくなりすぎたために、人類の他の破局的な災厄にそれにふさわしい関心を抱くことが困難になる可能性を説いた(110)。しかし、過去の他の犯罪にもっと大きな注目を集めようとしている人びととは対照的に、ノヴィックの批判は、いわば、未来から発している。彼の願いは、ホロコーストを、警鐘的な物語として見ることで、そのおぞましい体験を繰り返さないように私たちがもっと熱心に活動するようになることであり、人間の性質に潜む影の部分についての「教訓」色の強いエピソードとして見ることでも、ましてや私たちが現在の政治的努力を集中するべき出来事として見ることでもなかった。それにもかかわらず、歴史的不正行為をめぐる現在の議論でホロコーストが占めている顕著な地位に関して、二つの陣営の意見が収斂するのは際立った特徴であり、現在の欧米の歴史意識におけるこのエピソードの著しい重要性を物語っている(111)。

　しかし、第三世界にいる人びと、少なくともそこから来た人びとは、ホロコーストとその法的・金銭的結果が第三世界の状況とも関連している可能性があることをはっきりと自覚している。たとえば、ナイジェリアのノーベル賞作家ウォレ・ショインカは、アフリカ人が被った過去の悪行への賠償を獲得しようとする活動に関して、つぎのように書いている。「ユダヤ人の例、ホロコーストの生き残りとその子孫が、物質的な世襲財産と暴力的に奪われた人間性の両方を回復するために行なった献身的な努力を無視することは不可能だ(112)」。ホロコーストとその結果をアフリカが流用しようとしたもうひとつの例としては、一九九四年に起こったルワンダとその周辺地域におけるジェノサイドを検証するために設置された国際賢人会議の報告書があげられる。会議が出した賠償に関する勧告には、「第二次世界大戦後のドイツの事例がここでは関連する」と記されている。[113] 他の場所で暴力や屈辱を被った人びとが、このようにショアへの対応を模範的な事例として言及しているのは、私たちの時代にとってユダヤ人の悲劇が持つ規範的な地位が、他の災厄を目立たなくするのではなく、国家が支援する大量残虐行為の被害を受けた人びとが、その苦難に対する注目を集めるのに役立っていることを証明している。もちろん、すべてに当てはまるわけではないけれども。

このようにして、私たちの世界には、ヴェトナム戦争時代のスローガンを敷衍すれば、「一つ、二つ、そして多くのホロコースト」が棲むようになった。一九八八年代半ばの歴史家論争でホロコーストの特殊性を弁護した人びとが手にした「勝利」はその後、さまざまな歴史的な不正行為に注意を向けようとする人びとの活動に取って代わられた。そうすることで、これらの人びとは、私たちの時代の歴史遺産に、多種類の「ホロコースト」を見いだすのである。ホロコーストの増殖は言葉のインフレをもたらし、ナチスによるジェノサイドの特殊性という観念を損なった。しかし、現在の「破局的災厄意識」におけるホロコーストの規範的な地位を考えると、他の破局的な過去への関心を高めるのには役立った。[114] 実際、最近ドイツに現われた『赤いホロコーストとドイツ人』というタイトルの書物は、ナチスが行なったジェノサイドとの比較を同国ですることに対するタブーが崩れつつあり、この語を他の歴史的経験にも適用することを認める雰囲気が醸成されていることを物語っている。このようなタイトルの本がしっかりとした研究機関から出版されるということ自体、ほんの数年前までは考えられないことだった。この書物が思想状況にはっきりとした転換が起こった証拠になるという主張については、その編者がナチスの過去を理解するのに専念してきた半公的組織である、有名な現代史研究所の所長であることを考えると、その蓋然性がいっそう高まるように思われる[115]。

歴史的不正の規準としてのホロコーストの地位が確立すると、さまざま歴史的不正行為を「ホロコーストのような」あるいは「ホロコーストよりもひどい」ものとして承認してもらおうとする活発な競争が促された。共産主義の悲惨さ、アフリカの奴隷貿易の遺産、ヨーロッパからの入植者の手になる非白人先住民の運命などに関心のある活動家や言論人は、こうした動きの先頭に立ってきた[116]。その結果、しばしば最悪の犠牲者の地位をめぐって見苦しい競争が起こる。たとえば、アフリカの学者のアリ・マズルイは無遠慮にも「一二年間のユダヤ人にとっての地獄に対して、数世紀間の黒人の奴隷化」と書いている[117]。ホロコーストが他の歴史的災厄のモデルとして登場した理由のひとつは、悲劇的な歴史を経験した他の集団が賠償要求を行なうのを容易にしたからだという結論はさけがたい。しかし、二〇世紀、そしてヨーロッパの支配がとりわけ、世界の歴史における悲劇的な誤りだったという広い意識の流布なしには、そうした結果には至らなかったであろう。

本書で概観したさまざまな動きは、進歩的な思想の多くが社会変化の実験場としての未来に焦点を絞ることから、人間状態の改善を求める舞台としての過去に没頭するようになるという大きな変化を助長した。こうした背景のもと、世界中のいろいろな場面で、賠償の要求が増加したのである。つぎの章では、賠償政治のグローバルな動態を検討したい。

第2章　賠償政治の解剖

過去の犯罪と残虐行為への没頭は、未来を想像するそれよりも洞察力にあふれた方法が失われたことの反映である。同時にそれは、これまで放置されてきた犠牲者の苦しみに対する注意を喚起し、不正行為を犯した役人や役人に準じる人びとに対する犠牲者の立場を強めることにつながった。本章では、新しい千年紀の始まりあたって世界的に広がる賠償政治を理解する枠組みを提供する。過去の不正行為への対応という狭い意味での賠償を強調する一方で、移行的正義、謝罪、和解のための活動のような現象も包括する広い場として賠償政治を見たいと思う。

賠償の定義

まず言葉の定義から始めたい。おそらく過去と折り合いをつける多くの活動に関係してもっとも頻繁に用いられる単語は、賠償（reparations）であろう。一般的に言って、この言葉は補償を意味する。ふつうは何らかの過去の不正に対する物質的な補償、しばしばとくに金銭的な補償をさす。この言葉が突出して用いられるようになったのは、ホロコーストに関連する賠償が、近年の歴史おいて、過去の他の不正行為と折り合いをつけることに対する関心を刺激するのに果たした著しい重要性に由来する。賠償の請求は、ホロコースト意識の拡散と並行して広まった。ホロコースト意識は、少なくとも政治的・知的エリートのあいだでは、ユダヤ人のショア〔ホロコースト〕のあった主にヨーロッパから非常に遠く離れた地域にまで広まっていた。広く流布したホロコースト意識は、こんどは賠償金の活動家が泳ぐ海になり、活動家たちが目的追求のために用いる議論に枠組みを与えたのである。

けれども、二〇世紀末の賠償の概念に対する関心の拡大を、この言葉自体の意味論上の意味と切り離して理解することはできない。賠償（reparation）は、チャールズ・メイヤーが、近年さまざまな集団のあいだで検討の対象として登場したと指摘している「reつき言葉」のひとつである[1]。最初に言わなければならないことは、第二次世界大戦後のある時点で、この言葉が、元来の戦争賠償という意味から、もっと広いものを意味するように変形したことだ。第二次世界大戦以前には、賠償に付加する修飾語としての「戦争」の使用は、ほとんど余分なものだったと思われる。当時は、賠償が戦争の副産物であることは言うまでもないことであった。おそらく、賠償の典型的な例は、第一次世界大戦を終結させたヴェルサイユ条約が定めたもので、それによってドイツは、連合国の戦争による損失の補償のために重い義務を課されたのである。こうした場合、この言葉は、「損害賠償」(indemnities)と同意語になる。ここでも「戦争」を主要な言葉の修飾語とするのは、ほとんど余分な付け足しにすぎない。少なくとも英語においては、賠償というのが、戦争が引き起こした損害に責任があるとされた敗者に、戦争の勝者が行なう強制的な取立てだということは、言うまでもなく明らかなことであった。この意味で使われる賠償という言葉が、一九七〇年代末に私が学部学生として使ったヨーロッパ史の教科書、ロバート・パクストンの『二〇世紀のヨーロッパ』で用いられていた唯一の用法であった。つまり、現在のより広い用法は、広く普及した語彙の一部にはまだなっていなかったのである[2]。

賠償の背後にある原則には少なからず「勝者の裁き」が存在し、損害賠償が降りかかった側は、この事実を十分に自覚していた。ヴェルサイユの交渉団の一員として、マックス・ヴェーバーは、ドイツに対して重い賠償義務を課すことに反対した。彼が正当にも恐れたのは、この義務が怒りを生み、その後のドイツの敵意につながることであった[3]。ヴェルサイユから生じたドイツの賠償の重荷が、ナチスの勃興を招き、それゆえ第二次世界大戦の勃発につながる怒りに大きく貢献したことは、ほぼ一般的に認められている。ドイツ人が怒りを抱いたのには格別の理由があったのかもしれない。パクストンによると、賠償を課すというありふれた慣行が、第一次世界大戦後、道徳的非難という新しい要素によっていっそう厳しいものになった。これは、将来の用法につながる道に立つ重要な道しるべであったのかもしれない[4]。

第二次世界大戦後まもなく、ナチス支配の遺産を処理するためにドイツ人としてもっとも顕著な初期的活動を行なった、哲学者で「内なる逃亡者」でもあったカール・ヤスパースは、『戦争の罪を問う』において、ドイツ人がその名のもとに実行された犯罪に対して償う必要を説いた。ナチス体制が犯した残虐行為に対してドイツ人は償いをする義務があると主張し、「彼と同じように本当に罪の意識を感じる者は、無法な支配体制の恣意的な専制政治によって不当な扱いを受けた人びとの手助けをしようと願うだろう」と論じた。ヤスパースが使った言葉は、Wiedergutmachung で「賠償」もしくは「賠償金」というように訳されている。この言葉には必然的に「出費を抑えて、ヒトラーのドイツが攻撃をした諸国に対して、破壊されたものの一部を埋め合わせることができるように」する義務がともなうことになる[5]。ヤスパースは、再建、すなわちドイツの行動によって破壊されたものの復興を強調した。

またヤスパースは以下のようにも述べている。困っている人びとを助ける動機には二種類あり、この二つを混同してはならない。「第一のものは、単に近くにあり、助力を求めているがゆえに、原因が何であれ、苦しみがあればどこでも助けることを私たちに求める。第二のものは、ヒトラー体制によって、国外に追放されたり、強奪されたり、略奪されたり、拷問を受けたり、亡命せざるをえなくなったりした人びとに、特別な権利を認めることを私たちに要求する」。この区別をするにあたって、ヤスパースはつぎのように断言した。「この二つの要求は完全に正当なものではあるが、その動機を生む原因には違いがある。罪の意識を感じない場合には、すべての苦しみが同じ平面上にすぐに平等におかれる。もし私が、私にも罪があるものに対する償いをしたいと望むならば、苦しみを受けている諸集団を区別しなければならない[6]」。ヤスパースは「浄化」が戦後ドイツ社会の存続のために不可欠だと考えており、その「浄化の方法」に関する彼の議論の全体的な文脈では、上記の文章の意味はいささかわかりにくい。なぜなら、ヤスパースの関心は、ドイツ人全体に、ドイツ国家がもたらした荒廃に対する償いをする責任を自覚させるところにあったからだ。ヤスパースの文章の主旨はまさしく、すべてのドイツ人が自分自身にもこの責任があると認識しなければならないという点にある。

『戦争の罪を問う』の意図が何であれ、ヤスパースの区別は、「賠償」という概念が持つ二つのまったく異なる意味を反映している。ヤスパースが言及した第一の状況では、対応が必要な現象は、ある種の一般的な苦しみとでも呼べるようなものである。誰かが陥った困難な状況に対して、その人を助ける義務を感じるのに、個人的な責任を負う必要はない。これは近代的な市民権の課題だと言うこともできよう。つまり、組織的に不平等を生み出す経済システムに直面する国家の構成員間の平等を達成することを目指す機構としての市民権の課題である[7]。

しかしながら、第二の意味において、問題となっている状況は、「私にも罪がある」行為に関係している。ある人物がその政府の行為に責任を負う、という主張には議論の余地がある。この点に関して、ヤスパースは、すべてのドイツ人に第三帝国の要請によって犯された残虐行為に対する責任があると明らかに信じていた。それは、ヤスパースはおそらくそういう主張はしなかったであろうと思われるが、たとえば、合衆国の人種的奴隷制度の相続人たちにも当てはまる考え方である。第一の意味での賠償は、問題となる不法行為にその人が手を染めていようがいまいが、不正行為を正すことに関係する。一方、第二の意味にとって、少なくとも時間的・政治的近接性という意味では、罪が本質的な重要性を帯びている。過去約二〇年間に、第二の意味が広く第一の意味と同一視されるようになった。少なくとも、過去の不法行為を正す要求をしようとしている人びとにはそういう傾向があった。いいかえると、受益者というカテゴリーがいくつかの点で、犯人というカテゴリーに融合されたのである。その結果、程度の差はあれはるか昔の不法行為に対する賠償を請求する活動が増殖を続けた。ただしはるか昔と言っても、少なくともこうした不法行為については、（一）著しい人権侵害が過去に起こり、また（二）そうした不法行為の結果が現在まで続いている点に関して妥当性を主張することはできる。はっきりしているのは、こうしたことのすべてが、「戦争の賠償」という概念から大きく隔たっているということである。

　ヤスパースの文章の翻訳では、賠償（reparation）の複数形と単数形の意味がほぼ同じであったにもかかわらず、この二つは後にいくぶん異なった意味を示すようになった。単数形の賠償は、残虐行為や犯罪に対するさまざまな対応のすべてを指すようになる。そこには、「原状回復（restitution）、補償（compensation）、復権（rehabilitation）、名誉の回復（satisfaction）［侵害を認める処置］、繰り返さないことの保証」などが含まれる。したがって賠償には、以前の状態を回復しようとするさまざまな行為や活動が含まれているのである。主に政治的・立法的な性質を持つ「繰り返さないことの保証」が例外になる可能性があることを除いて、賠償を構成する活動は、顕著に法律主義的な性質を帯びており、そこには金銭の移動を含むこともあれば、含まないこともある(8)。現在の用法では、単数の賠償という概念はそれゆえ、その兄弟の複数の賠償と比べて、「回復する」（repair）という概念に根ざす言葉のルーツにより忠実だと言えよう。つまり、単数形の賠償は、侵害が起きる前の現状の回復という概念に、より類似しているのである。対照的に、複数形の賠償は、補償とほぼ同じ意味で使われるようになった。つまり、そこにはどちらかといえば金銭の直接的な移転が含まれている。要するに、賠償（reparation）は行なうもので、賠償金（reparations）は払うものなのである。逆説的ではあるが、単数形のほうがさまざまな活動を指し、複数形のほうが唯一の活動しか含意しない傾向が見られるのである。

この使用法は、国連の「国際人権法及び人道法違反の被害者が救済及び賠償を受ける権利に関する基本原則及びガイドライン」に反映されている。おそらくこの文書は、人権侵犯の犠牲者が不法行為を行なった者に対して権利の主張をする確実な根拠を持つことを保障しようとする、現在の願望のもっとも重要な表現であろう。この文書は、一九八〇年代末に草案作りが始まり、誰が、誰に対して、どのような罪を対象に、どのような目的で、こうした要求を行なえるのかについての基本原則を取り決めようとしたものである。本文の言葉遣いと、その草案の作成への国際的人権法に関する二人の一流の法律家、テオ・ファン・ボーフェンとシェリフ・バッショーニの顕著な関与は、この文書が第一に、法的思想家とその関心の所産であることを明確に示している。実際、それが略述した補償方法は、不法行為と損害賠償に関する西洋の法制度の基本的知識を持つ者にとっては、まったくありふれたものであろう。

この意味で、「基本原則及びガイドライン」は、国内において長く共通の貨幣として使われてきた法的概念が国際的な領域に拡大したことを反映している。つまり、関係者が国家であった諸国民の法が、個人もまた正当な関係者に含まれる別種の制度にゆっくりと変異したのである。この展開は、主権概念の優越性が全般的に衰退していることや、同時期に第二次世界大戦による殺戮への対応として人権の理論的枠組みが開花したことと関連している[9]。爾来、個人や、国民よりも下位の集団が、一連の国連文書や国際条約によって、国際法上の地位を事実上与えられたのであった。この転換が起こった理由のひとつは、ナチスが、他国に戦争を仕掛けただけはなく、無防備のユダヤ人や他の集団（たとえば、身体障害者、ホモセクシャルの人びと、ジプシー〔ロマやシンティ〕など）に対してそれとは別の宣戦布告のない戦争を行なったことにあった。結果的に、ユダヤ人が国民を構成するのかどうかに関する長い論争にもかかわらず、ユダヤ人は、攻撃を受けたがゆえに、（イスラエルの存在とはまったく別に）国際法における一種の法的地位をついに獲得したのである。そうして、これは他の集団が同様の地位を要求する場合の重要な先例となった。

　国連が「基本原則」に関する作業を行なっていたのとほぼ同じ時期に、賠償（複数）という概念が、世界中のさまざまな状況で権利の要求を行なう場合の題目として、かなりの勢いで広まった。しかしながら、歴史的不正行為に関するもっとも顕著で重要な運動のひとつ、実際それに続く運動の主要な先例となった運動は、通常は回復（redress）という言葉のもとで進行した。その運動とは、第二次世界大戦中の日系アメリカ人や日系カナダ人の強制収容に関して、対応を求めた活動家たちが起こしたキャンペーンのことである。これは要求の金銭的な次元の意義を控えめに見せるためであったのかもしれない。金銭は参加した人びとにとって、象徴的な意味を除けば、必ずしもあまり重要なものではなかった。最終的にはもちろん、日系アメリカ人と日系カナダ人に、一人あたり約二万ドルの賠償金が支払われたが、それは、たとえまったく取るに足らない額ではなかったとしても、とくに大きな金額とも言えなかった。この運動は、支払われる金銭よりも、過去の犯罪を公式に認めさせるためのものであったが、回復を求めた活動家は、少なくとも象徴的に十分な意味を持つ金銭の支払いを確保することも望んでいた。それでも、日系アメリカ人への補償は「金銭に関するものではない」ことは、かなりはっきりしているように思われる。[10] 合衆国議会としては、この事例が他の問題、とりわけアメリカ黒人による権利の主張の先例だとは見られないようにすることを重視していた。こうした意図や、回復（redress）という言葉にもかかわらず、この例は実際、さまざまな不正行為に対処する方法として、損害賠償の観念が流布するのに大いに貢献した。

　賠償という言葉の複数形がいまではたいていひとつのこと、金銭だけを意味するようになったにもかかわらず（おそらくそれゆえに）、この言葉は世界中でさまざまな不法行為に取り組む多様な運動を構築するための中心的な概念になった。こうした活動には、以下のようなものに対して賠償金を求める運動がある。第二次世界大戦中にナチスによって搾取された強制労働者や奴隷労働者、合衆国の黒人（賠償が奴隷制に対するものなのか、ジム・クロウ諸法[2]に対するものなのか、フロリダのローズウッドやオクラホマのタルサなどで起こったような特定の残虐行為に対するものなのかという問題について議論が分かれているが）、南アフリカのアパルトヘイト、第一次世界大戦以前の南西アフリカ（現在のナミビア）におけるドイツ人による残虐行為、第二次世界大戦中に日本軍によって性的に搾取されたいわゆる慰安婦などである。これらの事例の不法行為は大きく異なっているけれども、ひとつの要素を共通に持つ傾向がある。すなわち、違反が広く民族人種的区別に大部分もとづいて起こったという点が共通している。この種の区別が顕著な特徴としてはあまり見られない唯一の例は、慰安婦の場合である。この場合、ジェンダーが搾取の主な基礎になっている。しかし、慰安婦でさえも、日本人との民族人種的区別にもとづいて、たいていは選ばれた（一部には日本人もいたけれども）。ともかく、非常に多くのさまざまな集団が過去の不正行為に対する賠償金という概念のまわりに動員されたのは際立った現象である。こうした不正行為の被害を過去に受けた人びとは、しばしば、けっして常にというわけではないが、活動家たちが「仲間の」集団（あるいは祖先）とみなす人びとであった。

賠償を原状回復（restitution）と同意語として使う人びともいる。賠償のように、原状回復もさまざまな償いを行なう方法を広く含むように解釈することが可能である。[11] しかしながら、二つの言葉を入れ替えて使うべきではない。たとえ、幅広い解釈が辞書から可能であったとしても、原状回復という語は、ふつうは特定の不動産や個人的財産の返還に関係するもっと狭い行為を示す。対照的に、賠償という語は、もっと幅広く、しかも多様な意味を示すようになった。たとえば、南アフリカの黒人や合衆国北東部のインディアンに対する土地の返還に関わる問題を扱う研究は、いずれの場合も「賠償」ではなく「原状回復」について語っているのは示唆的である。[12] 賠償と現状回復の違いは、一九八八年の市民的自由法の基礎となった報告書の言葉が見事に表現している。市民的自由法とは、第二次世界大戦中に合衆国で「強制収容」された日系アメリカ人に償いを行なおうとした法律である。『拒否された個人の正義』という報告書はつぎのように記している。一九四八年の日系アメリカ人避難請求法は「［収容された人の］不動産や個人的財産の損失の補償を試みたが」、汚名や自由の剥奪、あるいは排斥や移住の心理的な影響に対する補償はまったく行なおうとしなかった。[13]

現代の賠償政治の重要な特徴は、第二次世界大戦に至る時期やその直後と比べて、精神的な障害や精神的外傷（トラウマ）をはるかに重要視するようになったことである。[14] この移り変わりは、個人的な心理学からはるかに離れた領域で「治療学の勝利」が起こったことを反映している。[15] それはまた、トラウマという概念が純粋に身体的なものから、圧倒的に精神的な構成物に変貌したことも反映している。このプロセスは、イアン・ハッキングによれば、一九世紀末の鉄道事故の解釈から始まったとされている。[16]

原状回復とは対照的に、したがって、賠償という概念は、モノ自体の返還を強制する活動というよりも、ひどく不当に傷つけられた自我と浪費された人生の可能性を補償する活動を示すのである。第二次世界大戦後に人権概念が広がったために、こうした不法行為は、たとえそれが行なわれた時には容認できると思われていたとしても、いまや違法になったと言うことが可能であり、したがってその補償もしくは回復措置が必要であるという感覚が高まった。賠償という言葉は、いまや広い範囲の不法行為に適用できるので、過去の不正行為と折り合いをつけるのに関して、もっとも広く使われるようになった。

第二次世界大戦後に国連によって公布された人権条約の目的は、将来、人類が野蛮な衝動を他者に向けて行使するときには、とりわけ犯人が犠牲者自身の政府であった場合に、犠牲者が依って立つ法的根拠を保障することであった。人権の議論、強力な「ウェストファリア的な」主権概念の縮小、国際法の対象としての個人の地位向上は、足並みをそろえて進んだ。同様に、賠償も人権概念の広がりにとって不可欠な補完物であった。賠償は、人権の要求を武力によって支援する権限を持つ世界的な警察力がない状態で、人権概念を本物であり、強制的に施行することが可能だと思わせるのに役立った。

賠償政治の見取り図

語源的には「回復する」（repair）という言葉と関係してはいるが、賠償という言葉は、いまや過去に由来する、傷ついたあるいは引き裂かれた関係を回復するための活動を示すようになった。前章で述べたように、回復に関して神学的・法的思考様式が優勢になったけれども、回復の様相は多岐にわたる。損なわれた社会関係の回復には、犯人の裁判、追放、真実委員会、不当に罪を負わされた人びとの社会復帰、金銭的補償、過去の不正な社会的取り決めから生じた不平等を是正するための社会政策、記念碑、学校の歴史カリキュラムの変更、さらにはそれ以上のものが含まれるかもしれない[17]。ピエール・ブルデューにならって、賠償政治に関連するさまざまな現象を、孤立した事例の寄せ集めではなく、相互に関係した活動の場として概念化するほうがよいように思われる[18]。すでに述べたように、賠償という言葉は、それ自体が極めて多様な過去の不法行為を正そうとする要求を議論するときに用いられる。こうした不法行為には、不当な監禁や拷問のような個人に対するものから、プランテーション奴隷制、アパルトヘイト、植民地主義などのような種々の社会制度に対するものまで、ありとあらゆる人権侵害が含まれる。しかし、賠償政治を場として考えると、問題となっているそれぞれの集団がそれ自身の狭い関心を追求しているのではなくて、さまざまな種類の賠償政治が、現在前進するのに過去がどれほど重要かという点について、どのように共通の言語と展望を共有しているのかを容易に理解できるだろう。

図1に示したように、賠償政治の広範な場は、一連の同心円として理解することができよう。これらの円は、移行的正義として知られることになる「中核」（一般的に刑事裁判、政治的追放、真実委員会のような法的・半法的仕組みを含む）から、補償や実質的な原状回復を通って、謝罪や遺憾の意の表明へと広がり、最後に集合的記憶を作り直す関心へとつながる。最後のものは、コミュニケーション的歴史の追及と呼べるものかもしれない。つまり、問題となっている歴史によって（もっとも）直接の影響を受ける集団だという認識にもとづいて、関係するさまざまな集団のあいだで特定の過去に関する協議と

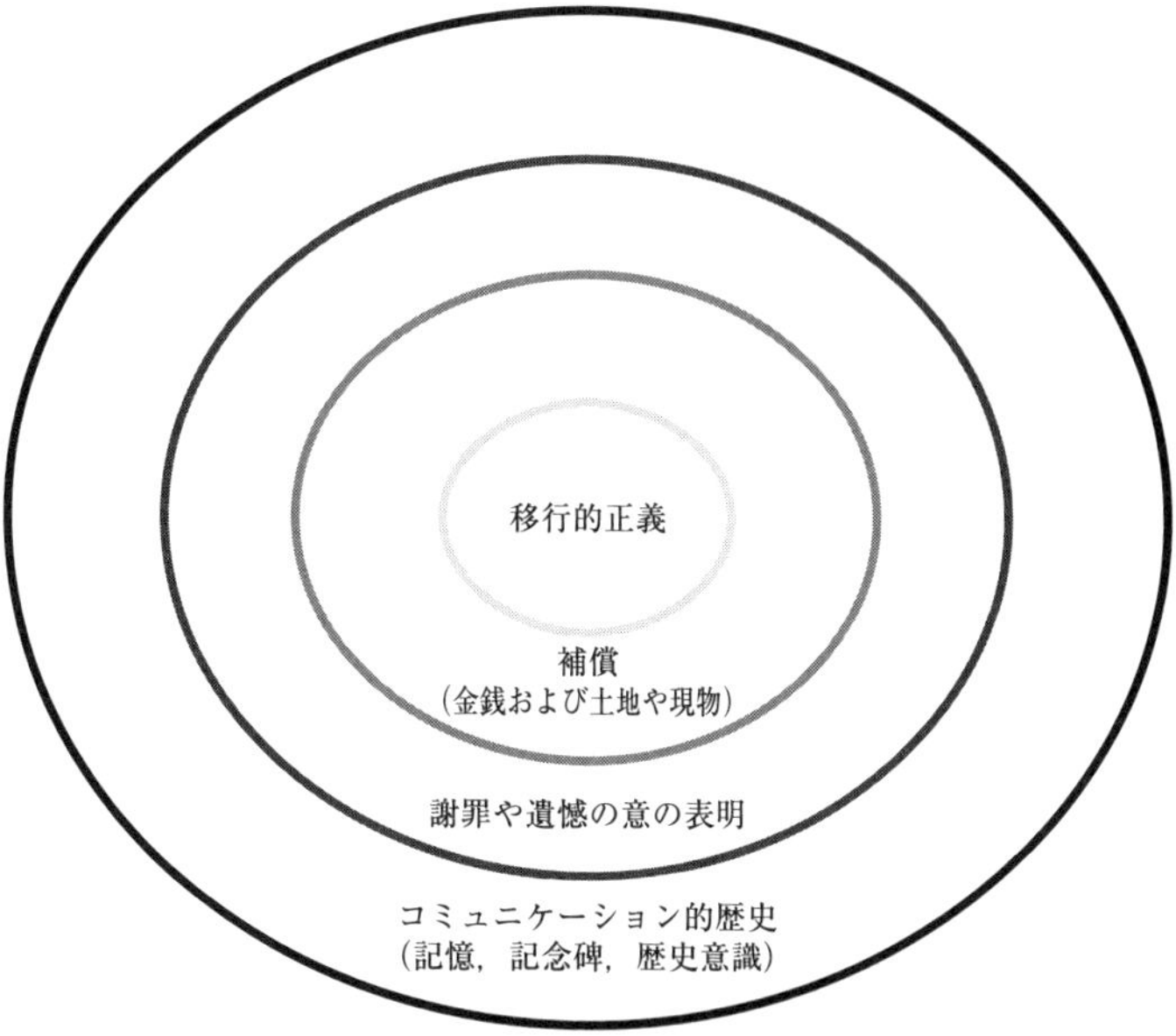

図1　賠償政治の場

合意が行なわれて生まれてくる歴史叙述のことである。この概念化によって、過去と折り合いをつけることに密接に関連する活動を理念型に区別することになるが、それらの活動はいずれも実際にはひとかたまりになっている場合もある。図上の中心から周縁へと動くに従って、強調される活動のかたちが、犯人に焦点を絞ることから、犠牲者やその子孫への関心に移行する傾向がある。

場の中核には、その古典的とも呼べるような意味での、移行的正義と関連する活動がある。ここでは当該の不正行為の犯人は、たいていは確認可能な集団で、一般的に言って、まだ生存している。犠牲者に対する補償よりもむしろ、悪行の処罰や少なくとも悪事が行なわれた状況を解明することが、賠償活動の焦点になる。対照的に、物質的な補償という意味での賠償は、悪事を働いた人から関心をそらして、その代わりに、犯人それ自体よりもむしろ犠牲者や受益者のほうに関心を向けるのである。いわゆる不法行為の被害者がまだ生きているかどうかが、賠償金闘争の主要な争点となる。補償を請求する行為が行なわれた時から時間が経過すればするほど、賠償問題の解決は困難になる。しかしながら、たとえ被害者が死んでいたとしても、受益者が現在も生きていて、かつて権利を侵害された犠牲者の相続人に対して賠償責任があると主張することが可能かもしれない。謝罪や遺憾の意の表明では、生き残った人びとのあいだ、もしくはその子孫を巻き込んで、犯人と犠牲者とのやり取りが行なわれる。[19] 謝罪には、実質的な補償がともなう場合と、補償がともなわない場合とがある。たとえ金銭の支払いも概して象徴的なものだという指摘がしばしば本当だとしても、謝罪はより純粋に象徴的な行為である。最後に、過去の苦しみを記憶に残し、歴史を正そうとする行為は、公的政策に対する影響がおそらくもっとも小さいのにもかかわらず、ますます激しい論争の的になっている。賠償政治のこの側面、コミュニケーション的歴史の追及には、学校の教科書の吟味や修正、記念の銘版や記念碑の設置、すべての（推定上の）参加者が同意できる過去の探求などが含まれる。以下では、それぞれの型の活動をもっと詳細に検討することにしたい。

移行的正義

移行的正義という概念が普及するようになったのには、一九七〇年代以降に軍事的独裁体制が、ラテン・アメリカや南ヨーロッパで崩壊したことが関係している。将軍が逃亡したのに続いてすぐに、ソ連や東ヨーロッパの共産主義体制や南アフリカのアパルトヘイト体制が崩壊することで、こうした政治の思考法は影響力を増した[20]。このジャンルに属する著作は、二〇世紀の最後の三〇年間に世界を席巻した、民主化に向かうグローバルな傾向を理解しようと努めた[21]。移行的正義と関連する主な活動には、犯人やその協力者の裁判や追放、特定の公職に就くことの禁止（「みそぎ」）、真実委員会の設置などがある[22]。一般的に、移行的正義の過程で清算することを求められる悪行とは、通常は政治的な背信行為のゆえに、主に国連が近年「著しい人権侵害」という見出しで成文化した形式で、国家の代理人が個人に対して犯した残虐行為や不法行為である[23]。

　移行論とも呼ばれるものの基礎にあるのは、民主制への包括的な移行（もしくは少なくとも「専制支配」からの移行）である。しかし、残された支配体制の特殊性や、非民主的な支配から脱出する道の違いによって、どのような移行的正義が生じるかには大きな違いが生まれてくる[24]。一例をあげると、東側の共産主義の遺産に関してもっとも洞察力に富んだ分析を行なった人物のひとり、ティナ・ローゼンバーグは、かつてのソ連圏とラテン・アメリカにおける変化には、重要な類似性もあれば、大きな違いもあると記した。ローゼンバーグは、共産主義国家を支配した「犯罪的体制」と、ラテン・アメリカの将軍のもとで支配権力を握った「犯罪者による体制」を区別した。彼女の共産主義体制の分析は、その多くをヴァカヴ・ハーフェルのような人びとの見解によっており、ハーフェルによれば、共産主義国家に住んだ誰もが、その政治秩序の存続に加担したのである。それゆえ、ローゼンバーグは、こうした国々で「協力者」を裁判にかけようとするのは、比較的小さな責任を負うべき者の集団が運営していた残忍な体制の場合よりも、いっそう困難だと述べている[25]。

しかし、こうした裁判は、暴力的支配からの移行が政治的エリートのあいだの取引による場合、少なくとも当初は実現が困難であった。すぐに刑事裁判を受けるとわかっていれば、古い体制の指導者たちが武器を簡単に手放すことはないと思われたために、特赦が時代の風潮になった[26]。かつてチリの独裁者であったアウグスト・ピノチェトの支配が終わりに近づいたころに、エリートはこうした取引を編み出したが、ピノチェトを起訴しようとするその後の活動は、すべての人間がこれらの取引を受け入れたわけではないことを明らかにした。そうはいっても、ラテン・アメリカや東ヨーロッパ社会で、過去と折り合いをつけるということには何よりも、前進するための一種の集団的協定が含まれていた。その理由としては、この協定がいっそう民主的な支配形式への移行を可能にする取り決めであったこと、もしくは、少数の「大物」以外の人間を起訴する明確な方法がなかったことがあげられよう。シャロン・リーンが指摘しているように、ラテン・アメリカの場合には、金銭的な賠償の請求とその支払いは比較的限られたものであった[27]。しかしながら、チリやアルゼンチンでは、拷問の犠牲者に補償するための小規模なプログラムが考案された[28]。またヤン・エルスターが言うような、起訴の「第二の波」も近年見られるようになった[29]。

しかしながら、歴史的な不正行為の償いに対する関心が世界的に広まる状況で、移行的正義の枠組みには、時間的地平を短縮する、いわば過去を一昨日始まったばかりとでも見るような傾向があるという主要な問題があった。法律家、政治学者、人権活動家がこのアプローチを牛耳り、その関心が法規主義的で、現在の政治制度の性格に適応したものだったので、直近の過去の体制変化に過度に注意を払ったのは、たぶん驚くことではないだろう。

移行的正義の枠組みが歴史的に浅薄なのとは対照的に、近年回復や補償が求められている歴史的不正行為の多くには、かなり遠い昔に起こったり、あるいはその起源があったりする不法行為や、由緒ある自由主義の資格を一見したところ備えた社会で起こったものが見られる。水面下の過去の回復を求めるこれらの要求は、何百年間にもわたることがある、極悪な体制や行動に関係していたり、特定の集団に対する過ちがようやく近年になって政治的に顕在化した、政治的・社会的秩序を攻撃したりすることがある。これらの過去から受け継いだものの清算を求める要求を見ると、バリントン・ムーアがかつて唱えた、民主的社会でさえ火と血のなかに生まれたという重要な教訓を思い出す(30)。これらの過去の不法行為に注意を向けたり、その補償を要求したりする運動はまた、長期にわたって自由で民主的であった社会においてさえ、一部の集団にとっては、土地・財産没収が原則であり、平等な待遇という自由主義の約束は、つい昨日まで想像上のものでしかなかった、あるいは、実際今日でもそうであるという事実を浮き彫りにする。

このようにして、移行的正義のモデルの基礎にある理論的前提によって、私たちの専制支配と自由民主主義の理解にゆがみが生じる。このモデルは、自由主義社会の自己評価をあまりにも文字通りに受け入れているために、こうした自由主義社会がその市民に提供していると主張する平等を否定されたさまざまな集団による要求に、うまく対処できないのである。アリスティード・ゾルバーグが指摘するように、「ワシントンあたりの政治学者が広めた使い方にかかわらず、専制主義は特殊な支配の型だとみなされるべきではなく、むしろ、多数の異なる政治制度が共有し、さまざまな政治経済的構造と関連する、政治的過程の一要素だとみなされるべきである」[31]。したがって、過去の清算が求められるのは、移行的正義に関連する文献が示唆するような、近年の専制主義的体制だけではない。近年の独裁支配体制と同じく、自由民主主義体制もまた、それらが正当性を主張する根拠になっている普遍主義的な思想を過去に抑圧した事例から生ずる補償の要求に直面している。同時に、説得よりもはるかに強制力にもとづく体制と比較すると、こうした補償に向けた活動は、自由民主主義体制が、引き裂かれた社会的・政治的構造の修復の要求に対処するのに必要な、意思や能力をいっそう多く備えていることも示している。

賠償金

一般的に言って、金銭的補償という狭い意味で理解される、複数形の賠償の要求には三つの主要な源泉がある。第一には、第二次世界大戦中に犯された不正行為に由来する事例がある。これらには、枢軸国（ドイツと日本に加えてオーストリア）が犯した、国家が支援した大量虐殺、強制労働、性的虐待、連合国における日系人の戦時中の不当な監禁（合衆国とカナダ。ただし、敵性外国人として「強制収容された」人びとには、実際はラテン・アメリカ、とりわけペルーから来た人もいた）、名目上の中立国（スイス、フランス、オランダ）がナチスの犯罪に経済的もしくは他の面で協力したことなどから生じる賠償の要求が含まれている。これらの要求は、他の人びとが、自分たちやその仲間が被害者になった不正行為に対する賠償金を求める場合の模範となった。

第二には、民主制への移行の直後に、政府による恐怖支配と他の専制主義的活動を正すために行なわれた要求があげられる。このような事例は、近年ラテン・アメリカ、東ヨーロッパ、南アフリカにおける政治生活の顕著な特徴であった。しかしながら、これらの事例には、金銭的補償自体の要求よりも、真実委員会、過去の旧体制との共謀に関する議論、共犯者の追放などを生み出した点に、いっそう顕著な特徴が見られる。ただし、かつての共産主義国においては、財産の原状回復や私有化が主要な問題であったことは認めなければならない[32]。これらの国々で過去と折り合いをつけるには、まず第一にどういう状況で体制の犠牲者が苦しんだのかを、移行的正義のアプローチにもとづいて明らかにすることが必要だった。ところが、それにもかかわらず金銭的補償は小さな役割しか果たさなかった。後にアフリカ南部での賠償政治を論じるときに見るように、南アフリカの事例は複雑で、この二番目と三番目、すなわち植民地主義に由来する賠償を求める運動が組み合わさったものである。

植民地主義に由来する賠償の要求は、さらに細かく分けることができる。「古典的な」ヨーロッパ版の植民地主義のことを問題にしているのか、なにがしかの「国内の植民地主義」（たとえば、奴隷制、ジム・クロウ、アパルトヘイト）のことが問題なのか[33]、あるいはもっと最近の新植民地主義の構造や制度が問題になるのかが、その分類のもとになる。古典的なヨーロッパの植民地主義の結果から生じた要求について言えば、賠償の請求を行なったのは、かつての植民地、とりわけアフリカの人びとと、さまざまな先住民の集団であり、後者の要求はヨーロッパの征服者の子孫が支配してきた国家に対して行なわれた。さらに最近になると、賠償の要求は、国際的な融資機関に対しても行なわれるようになった。それは、第三世界の貧困と環境破壊の救済に役立つどころか、その原因だと考える人びとが現われたからである。たとえば、二〇〇〇年四月にワシントンで行なわれた世界銀行と国際通貨基金に対する抗議行動で、活動家はつぎのように主張した。世界銀行は、その言によれば一〇〇〇万以上の人びとを住んでいる家や土地から強制退去させ、重大な環境被害をもたらし、貧しい借り手にさらに大きな借金を背負わせたダム建設に供与した融資に対して、賠償金を支払うべきだ[34]。

主として真実と和解委員会（ＴＲＣ）が非常に有名になったがゆえに、南アフリカにおけるアパルトヘイトから非人種主義への移行は、過去と折り合いをつけることをめぐる近年の議論において、非常に大きな意味を持つようになった。しかし、他の民主制への移行といくつか共通点があるとはいえ、南アフリカの例は、物質的賠償の複雑さに光を当てる方法に関して異なっている。ラテン・アメリカの事例でも見られるように、ＴＲＣは、賠償とリハビリテーションに関する委員会を通じて、国の治安部隊が犯した人権侵害の犠牲者に対して限定的な賠償を提供する権限も与えられていた[35]。

しかし、ラテン・アメリカや東ヨーロッパの国々と似ているのはここまでである。アパルトヘイト体制は、単に野蛮な体制のひとつであっただけではなく、植民地主義体制の一種でもあった。マフムード・マムダニが指摘したように、「犯人に焦点がある場合、犠牲者は必然的に少数の政治的活動家として定義される。多数の人びとの犠牲が認識されるためには、犯人から受益者に焦点を移す必要がある。違いはこうだ。犯人に焦点を当てると、刑事裁判としての正義の要求があおられるが、受益者に焦点を当てると、社会的正義としての正義の概念に焦点が移る[36]」。いいかえると、ＴＲＣは「征服と略奪、人種主義的権力と人種主義的特権、犯人と受益者のあいだの結びつき」を無視した[37]。要するに、アパルトヘイトとそれに先立つ体制があとに残した不平等という永続的な遺産を無視したのである。暴力的な体制内の人権侵害とならんで、植民による征服と搾取も賠償金要求の主要な原因になった。マムダニによる南アフリカの例の分析は、いかにして賠償に関する言語が、ナチスによるユダヤ人（および他の）犠牲者に対する賠償の模範的事例から拡大して、まったく異なった歴史的不正行為で苦しんだ集団にも利用可能なレトリックになったのかを示している。

以前に書いたこのテーマに関する論文で、損害賠償の要求には二つの主要な型があると論じた。それらはマムダニが示した亜種に対応している。[38]私は、これら二つの型の賠償要求を記念的および反制度的と呼んだ。この二つの型は、一方では、現在も生きている個人に対して犯された特殊な不正行為、他方では、現在の集団的な不平等の原因となりえた過去の制度的な不正行為の違いを反映している。この区別で決定的な問題は、現在の経済的に不利な状況が賠償要求とどの程度関係しているかという点だ。いいかえると、たとえ現在の経済的状況が、賠償計画の構想で考慮されるにしても、経済的不平等は記念的賠償要求の中核にはない。[39]対照的に、こうした不平等は、反制度的賠償を要求する人びとにとっては、問題の核心にある。もう少し別の表現をすると、記念的賠償では、賠償が語るものが重要であり、反制度的賠償では、賠償が行なうことが重要になる。[40]この区別は、賠償を求める人びととの政治的志向からは当然の結果である。記念的賠償は、それを求めたり、受け取ったりする多くの人びとにとって、それで問題が終わるとしてもかまわないのだが、反制度的賠償要求を行なっている人びとは、平等な社会変化を求めるもっと広範な運動とつながっている可能性がいっそう高い。こうした人びとにとっては、賠償の追及は、平等を拡大するためのもっと幅広い事業の戦略のひとつにすぎない場合が多い。概して、これはアイデンティティ政治を志向する人びとと、共通性の政治を志向する人びととの違いである。[41]

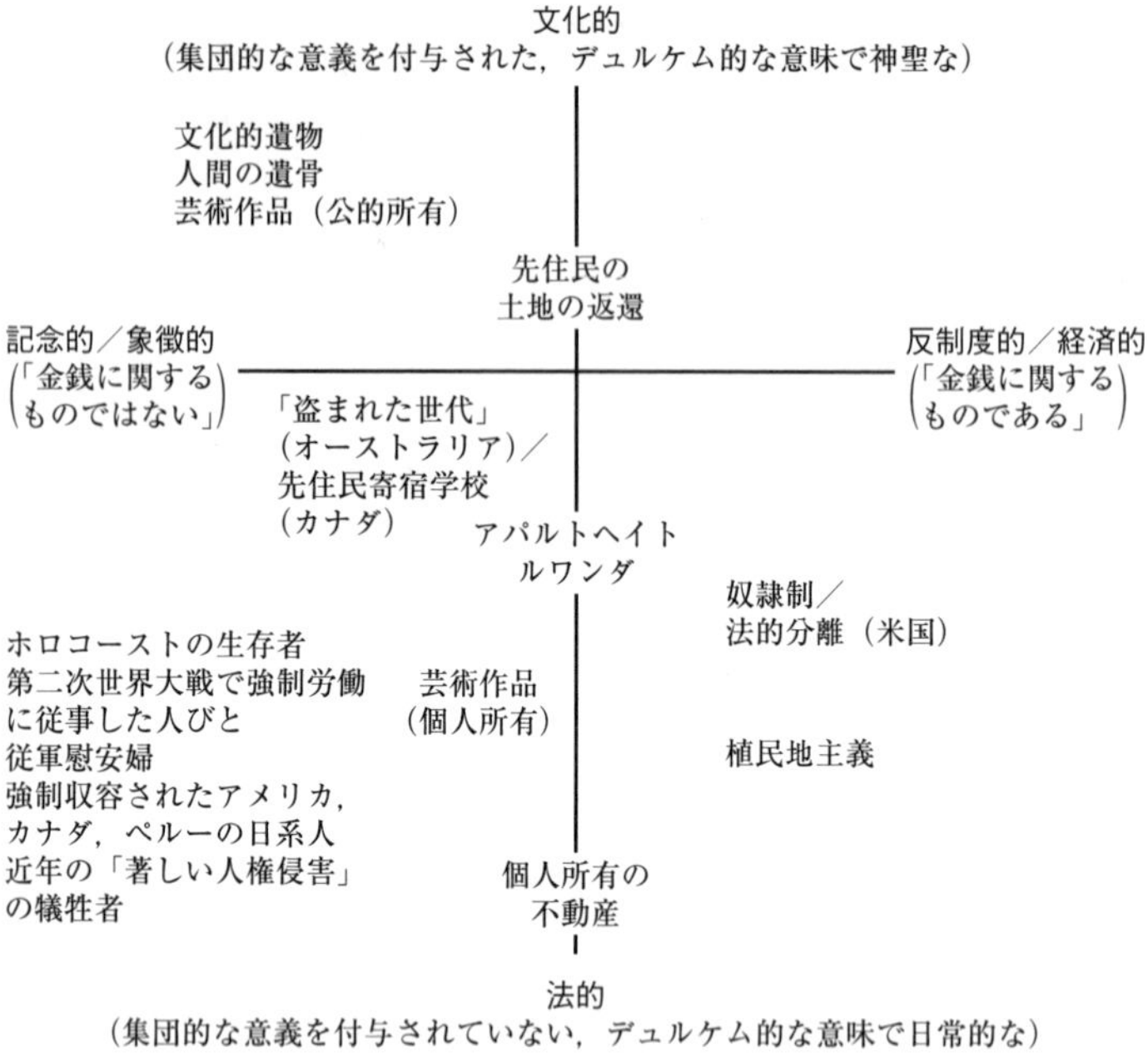

図2　賠償要求における「金銭の意味」

賠償要求の型に関してこれまで述べたことにもとづいて、図2に示した交差する軸によって賠償政治の特徴を表わすことができよう。ただしこれは、参考程度のものであって、包括的なものではない。賠償金政治を二つの型に区別した経験からもわかるように、賠償を求める運動は、互いに排他的ではなく、むしろ実際は二つの極のあいだに続く連続軸として理解されるべきだ。記念的な賠償を求める人の多くが、民主制の成長と存続、法の支配を保障するのに役立つ活動をしていると自覚しており、あるいはおそらく、性的な暴力、拷問、処罰の問題などを終わらせる闘争の一部として活動していると考えている場合もあろう。そういう意味では、これらの人びとは反制度的なやり方で活動している。そうはいっても、経済的な不平等に対する関心は、人権に対する関心ほど重要ではない（自由主義的自立という意味で）。記念的・反制度的賠償要求に関する連続軸は、図2では「水平」軸によって示されている。しかしながら、その名称には、さまざまな賠償要求が金銭に与える「意味」にしたがって（金銭が何らかの役割を果たす限りにおいて）別名を付してある。この意味の区別を反映させて、水平軸の両端をそれぞれ「象徴的」、「経済的」とも呼ぶことにする。軸の左の象徴的な端では、金銭の意味は、昔の犯罪に対する謝罪やその確認の真剣さに主に関係するか、もしくはそれだけにしか関係していない。これに対して、他の端における金銭の意味はまさしく「経済的」である。いいかえると、謝罪は、受け取る側にとって、金銭的な補償が受け入れられるかどうかに関して無関係だとは言えないが、この場合の補償とはまさに「金銭に関する」ものである。

　記念的／象徴的および反制度的／経済的損害賠償要求のあいだの関係を明らかにするだけではなく、図は賠償要求の分類に用いることのできる、さらにもうひとつの次元を示している。ここで鍵になるのは、要求をしている人びとが過去の不正行為が「文化」の破壊にどの程度関与したと考えているか、文化に加えられたとされる損失を修復するのに賠償がどのような役割を果たしたのかという点である。賠償要求活動のこの側面は、近年の政治で文化が持つ意味が一般的に大きくなったことを示している。もっと具体的に言うと、自分の文化に対する権利という概念は、多文化主義の言説と、かつて無視されていた集団の多文化主義による承認の、重要な一面として現われたのである[42]。

　この賠償要求活動の文化的側面は、図2の「垂直」軸によって示されている。この連続軸の両極は、かつての所有者や住民が文化的に深い意味があるとみなしている土地や物の没収から生じる賠償要求を一番上にして、もっと日常的な法的意味で特定可能な、おそらく遡及的にそうであるものを含む、不当な取得物とされるものに対する請求まで下に向かって続いている。要するに、集団によっては特定の物や土地にとくにこだわる場合もあれば、こだわらない場合もある。もし一筆の土地や品物が他の誰も大した関心を寄せずに売られたとすると、こうした例は、図の下半分の部分に収まることになる。図の上部に入る事例は、エミール・デュルケムが「神聖な領域」と名づけたようなものに関係し、下の部分に入る事例は、彼が「日常的」と名づけたものを含んでいる。さてこれからこの図の説明を行なうことにしよう。図には、考えうるすべての賠償要求ではないとしても、地球上で現在行なわれているさまざまな賠償要求を表現しようとした。人によっては、個々の事例を違うように解釈する可能性もあるので、この図は、大部分の人がさまざまな事例をそれぞれどのように見るかを表現しようとしたものだと言えよう。

図2の左下の部分に示されているように、象徴的賠償は、つぎのような集団が要求したり、それらの集団に与えられたりした賠償である。それらの集団とは、第二次世界大戦中に枢軸国によって迫害されたり、強制労働に従事させられた集団、同じく戦時中に北アメリカで不当にも強制収容された日系の人びと、近年の「著しい人権侵害」の犠牲者などである。これらの要求は、犯罪で告発された企業に対して日常的に起こされる民事責任の訴訟に多くの点で類似している。異なる点は、責任を負う当事者が私企業だけではなく、しばしば国もしくは教会であるところだ。（第二次世界大戦期の強制労働や奴隷労働を補償するためにドイツ政府が近年創設した基金は、企業に対する訴訟に促された政府と実業界による共同事業であった。ただし、その条件は政府の公的な支援のもとで練り上げられた。）しかしながら、

その要求は、一般的に文化の破壊と称されるものによって正当化されるのではなく、単純に犠牲者が被った直接的な苦しみによって正当化される。（興味深いことに、ホロコーストが「ヨーロッパのユダヤ人社会」を破壊したという認識があるにもかかわらず、「ユダヤ教」が大きな被害を受けたという感覚は希薄である。これはおそらくユダヤ人の歴史が迫害と存続の物語と深く結びついているからであろう。）補償が要求されている傷害は、肉体的なものというよりは主に精神的なものである。ただし、老齢による衰弱も要求の背後にある場合もある。[43] 要するに、金銭は、より重要な課題である謝罪や犯罪の確認をいっそう真摯なものにする単なる手段にすぎない。

芸術作品の個人所有者への返還は、こういう種類の傷害に近い。というのは、それらの没収は不当だったかもしれないが、作品自体には国民的もしくは宗教的共同体にとっての大きな精神的価値、つまり「文化」が欠けているからだ。こうした芸術作品の返還はしばしば大部分は象徴的な問題である。なぜなら、それらの返却を求める人（びと）は、ふたたび手にした作品で利益を得たり、個人的にただ所有するということさえせずに、美術館で公開するために単に寄贈したり、元に戻したりすることがあるからだ。[44] しかし、問題の芸術作品が個人の所有ではなく国が運営する機関から来る場合は、解決がいっそう難しくなる。一つの国や共同体が他のものに行なった不正行為という観念、いうなれば国民の威信の問題が関わるようになる。燃え上がった国民感情によって、戦時中略奪された芸術作品に関して何が正しいかの決定が行なわれる。[45] たとえば、一九九八年末にロシアは、第二次世界大戦中に戦利品として獲得した芸術作品の一部を返還すると発表したが、それは個人に限定されており、とりわけ「ホロコーストの犠牲者」となった人びとを対象としていた。対照的に、返還の申し出は「いわゆる戦利品的芸術、ソ連軍がドイツや東ヨーロッパから奪った作品には拡張されなかった。ロシア人たちは、こうした作品をロシアが被った戦時中の損害に対する賠償だとみなしている」[46]。要するに、公的機関から盗まれた芸術作品の返還請求は、純粋な法的問題というよりも文化的な問題として検討される傾向があるのだ。そのために、図2ではこの種の要求は左上の部分に配置してある。

不動産の返還は、金銭の意味に関する連続軸のさらに「経済的」極のほうに位置する。なぜなら、こうした財産には、使用価値と（あるいは）市場価値がある可能性が高く、財産を不当に没収された所有者やその相続人がふたたび利用できるからだ。しかしながら、チャールズ・メイヤーは、芸術作品と同じく、「個人の所有者の多くはかつての所有権の名目的な確認だけを求めており、公的な利用のために財産を寄贈する」と述べている[47]。ともかく、まさしくその日常性のゆえに、極悪な体制が没収した不動産は、主として文化的な文脈で理解される芸術作品の不当な略奪に関して見られるような激情を掻き立てることは少ないのである。したがって、この事例は、賠償政治の文化的な回復の重要性に関する連続軸の「法的」極に位置することになる。

さて、この連続軸の反対（上）側に移動したい。文化的遺物は、人間の遺骨とともに長いあいだ、人類学や自然史の博物館に所蔵されてきた。これらのものは、科学的知識の追求やそれらを奪われた（あるいは、与えた場合もあろう）集団を、大衆が理解するのを促進するのに不可欠だと広く考えられてきた。ルース・フィリップスやエリザベス・ジョンソンのような博物館学者は、こうした遺物がしばしば、ヨーロッパ人が接触するようになった諸民族にもっとも好意的な人びとによって集められたと述べ、こうした収集家はしばしば、侵略する外部者による破壊からこれらの民族を守ろうとしたと主張している[48]。

しかしながら、こうした好意的な立場にさえ家父長的な部分があり、いずれにせよ基本的な関係は、対等な者のあいだの公正な取引というよりは、むしろ人種的支配と搾取の関係だったという観念が近年広まっている。

その結果、博物館と、博物館が公開したり、所蔵したりしている文化的遺物や人間の遺骨が由来するコミュニティとのあいだに、新しい関係を築こうとする動きが加速している。これらの新しい関係の規制を目指す立法活動の顕著な例のひとつは、合衆国における一九九〇年アメリカ先住民墓所保護・返還法（ＮＡＧＰＲＡ）である。この法律によって、「主流社会の死者への敬意が公式にインディアンにも拡大された」。それはアメリカに伝統的な信仰の自由の尊重と、それが先住民に関しては無効になっていたことを認知した結果であった[49]。法的というよりはもっと政治的な経路を進んだのではあるが、カナダでも一九九二年にＮＡＧＰＲＡの先例にならって、「博物館に関する専門調査委員会」が、国の博物館に所蔵されている文化的遺物の処理に関する指針を公表した[50]。先住民の遺物や人間の遺骨を保護し、「返還」する流れに対して、いかに「類縁関係」が不明確であっても遺物を特定の集団の財産とし、科学が立ち入れないようにする傾向に不満を抱く人びとの懸念が掻き立てられた[51]。政治家にとっては、インディアンに土地を返すより、インディアンの遺物を返還するための法律を制定するほうがたやすいという推測も成り立つだろう。

アイデンティティを推進力とする近年の政治は、征服者と先住民のあいだの境界をいっそうはっきりと引くきらいがある[52]。人種や民族に根ざした歴史的不正行為の補償への道には、こうした補償要求の根拠として、不法行為がかつて犯されたときの基礎となったそれらの差異のカテゴリーを、まさしく再度力説することが必要になるという限りにおいて、こういう傾向もおそらく理解できる。往年の同化主義的理想は、「地下に隠れた」先住民と侵略者の関係の歴史が白日のもとに晒されることになると、色あせてしまった。侵略者のなかには、自由主義の原則にもとづく共通の市民権の理想を唱える者もいた。その原則にもとづけば、人びとが共通に持つものを優先し、差異にはこだわらない必要があった(53)。しかし、北アメリカやオーストラリアなどの入植国家における先住民に対する同化政策は、結局のところ白人入植者が先住民の土地を利用できるように、先住民を消滅させるためのものだったと主張する人びともいる(54)。先住民の同化と文化的適応は、外部者による征服を前提にしており、移民を組み入れるのとは根本的に異なる問題だ。なぜなら、移民には、少なくとも古いやり方の一部を捨て、受入国のやり方を受容することを期待するのが合理的だからである。どの程度まで自発的に支配的な社会に入ったかが、組み込まれる人びとの権利や期待の諸々の違いにつながっている(55)。先住民には支配的な社会への同化を選ぶ人がいるかもしれないが、そうすることを期待するのは理屈に合わないし、伝統的な土地に対する権利の主張を放棄するのを期待するのも道理が通らない(56)。

世界の他の多くの地域で土地権の要求が広がっているにもかかわらず、オーストラリアで賠償を求める運動は、土地権の主張よりも先住民文化に対する攻撃を強調する傾向がある。オーストラリアで賠償を求めている人びとは、主に「盗まれた世代」、すなわち、ヨーロッパ系オーストラリア人に改造するために、家族から強制的に引き離されて、ヨーロッパ系白人の家に移された先住民の子どもたちに焦点を合わせてきた。クリス・カニーンが指摘しているように、与えられた身体的・精神的傷害に加えて、先住民の子どもたちを連れ去ったことに関して悪質だとみなされたことの多くは、文化的な権利と機会の喪失に関するものだった[57]。先住権や土地権の要求に関する主張は比較的少なかったのである。

先住民の子どもの寄宿学校に関するカナダの状況は、これとまったくよく似ている。先住民の子どもたちを国や教会が運営する学校に強制的に在籍させるという類似した政策が、先住民（カナダの語法では最初の諸国民として知られる）に対する過去の虐待への補償を行なおうとする、カナダの全国的な活動を刺激したのである。その活動の概要は、一九九八年の報告書『力強くなる――カナダの先住民行動計画』に示されており、それは「カナダの先住民と（連邦政府）の関係を刷新するために練られた」ものであった[58]。この行動計画は、先住民に関する王立調査委員会（ＲＣＡＰ）の報告で勧告された項目の検証を行なった[59]。その「和解の表明――過去から学ぶ」は、先住民の文化的な独自性にとくに注意を向け、つぎのように述べている。「多様で、活気にあふれる先住民の諸民族は、創造者、環境、人間相互との関係にかかわる根本的な価値、その祖先の生きた記憶としての長老の役割、大地や海や河川や居住地の資源の管理者としての責任などに根ざす、生活様式を有していた」。オーストラリアやカナダの先住民たちによる賠償の要求は、こうした強制的同化政策のもとで先住民たちが被った文化的損失に大きく依存している。それゆえ、図2では、両者を「垂直」軸の「文化的」な極にいっそう近く配置した。ただし、文化喪失のさらに重い荷を担う傾向のある土地権の要求ほど上にはおかなかった。

文化と経済の両方が先住民とヨーロッパ人入植者の遭遇には関係していた。ところが『力強くなる』によると、両者はともにしばしば無視されてきた。「この大陸に来た新参者を歓迎した先住民たちの助力と精神的な価値は、あまりにも頻繁に忘れ去られた[60]」。伝統的な土地の返還要求が持つ文化的な次元は、こうした土地に当該の集団がヨーロッパ人が到来するはるか以前から長期にわたって居住し、しかもそれらの空間には、往古の祖先と伝統的知識の両方の貯蔵場所としての、特別な精神的意味があるという主張と結びついている。[61] 太古の昔と結びつきがあると考えられる集団は、「創造的破壊」という近代資本主義の嵐に巻き込まれた、根無し草的で、コスモポリタン的な社会に生きる多くの人びとのあいだで、並外れた象徴的権威を獲得した。今日のいわゆるグローバリゼーションは、単に「創造的破壊」の直近の波にすぎない。[62]

これらの権利要求の事例では、問題の不動産は「神聖な土地」だという主張が頻繁に行なわれるにもかかわらず、先住民による土地の返還要求の背後にあるもうひとつの重要な動機は、先住民コミュニティの経済的生存能力や先住民が自分自身の資源を管理する権利と関係している。たとえば、最近、カナダのケベック州とクリー民族とのあいだで締結された協定の重要性はここにある。それは「インディアンに天然資源の管理を任せ、先住民族としての完全な自治権を認めて」いる。[63] 土地返還の要求は、北アメリカやオーストラリアの政治の際立った要素のひとつであった。しかし、こうした例はそれほど目立たない場所にも見られる。本書の後半で検討することになるが、南部アフリカの複数の集団が近年、南アフリカ、ナミビア、ジンバブエの先住民集団への土地の返還を要求する運動を始めた。[64] 土地の管理権、漁業や他の天然資源の用益権に対する要求が、こうした議論の核心にある。それゆえ、図2では、こうした要求は、盗まれた世代や寄宿学校の収容者などに関する賠償要求よりも、金銭の意味に関する連続軸の「経済的」極に近い側に配置してある。

R・S・ランタとその同僚たちは、入植社会における多数派に対する先住民たちの土地権をめぐる議論に、独特の革新的展望を示した。[65] 彼らは、白人の入植に際してヨーロッパ人の侵入者が先住民から奪った土地に対する、先住民による返還要求に好意的である。しかしながら、合衆国やカナダ東部の大部分の状況と比較して、ブリティシュ・コロンビアにおける最初の諸国民と多数派の関係は、かつて行なわれた土地の没収に基礎となる条約がなかったために、込み入ったものになっている。こうした条約は、所有権要求の解決の一助となる場合が多いのである[66]。土地は無主の地（*terra nullius*）であるというかつての支配的原理が、当時は土地の没収を容易にしたかもしれない。しかし、この法的理論（イギリスによるオーストラリアの入植でも用いられた）は、たとえば一九六〇年以前と比べるとかなり大きな力を持つようになった「先住」諸民族の世界的な運動を前にして、新たに解決を図らなければならない状況を招いた。およそその時期から、伝統的なかたちの植民地主義は、国外に対するものであれ、国内に対するものであれ、ヨーロッパの政治的発展によって大きく進展した民族的自立の規範を侵害しているために、ますます擁護するのが難しくなった[67]。

先住民政府の腐敗、縁故主義、非民主的やり方などの前歴を指摘して、これらの土地権要求に反対する人びともいる[68]。しかしながら、ランタたちは、現実主義的に、最初の諸国民の土地や他の資源に対する支配は、先住民的だとされるようなやり方の復活にはつながらず、むしろ搾取的で腐敗や権力濫用のきらいがある「買弁ブルジョワジー」（植民地支配終了後の第三世界において独立から立ち現われた買弁ブルジョワジーによく似た）につながる可能性があることを受け入れている。ランタたちは、植民地支配終了という状況における、これら二つの過程や結果の類似性を考慮すると、こうした腐敗はインディアンの資質自体に関係しているのではなく、むしろ、適切な説明責任を負っていないすべてのエリートに生じる現象だと主張した。ランタたちは、ブリティシュ・コロンビアのような地域では、先住民の土地を返還すること以外に、道徳的に妥当な選択肢が他に見当たらないと考えている。しかし、彼らはこれが涅槃につながる道ではないと思われることも理解している。なぜなら、必要な抑制がない状況では、先住民のエリートが、新たに得た特権的な地位を用いて、こうした資源管理によって親族や友人を利する可能性があるからだ。これはもちろん、ブリティシュ・コロンビア、ないしは海外のヨーロッパ人によって入植が行なわれた社会の広大な土地が、先住民に一切合財返還されることを意味するわけではない。すべての関係者を含む交渉だけが、妥当かつ実現可能な解決をもたらすのである。「地下に隠れた」過去が地上に現われたことは、「先住民」と定義され、そう認められた人びとに、非先住民の多数派と交渉するうえで、大きな優位性をもたらした。それでも、あらゆる賠償政治と同じく、この争いに関わるさまざまな関係者のあいだで、最終的な合意を取りつけなければならないのである。

カナダの先住民に土地を返還する理論的根拠は、最初の諸国民の住民が、ヨーロッパに由来する他地域の社会に従属する先住民集団のように、一般的に言って、人種秩序の最下段を占めているという事実から部分的に生じている。その状態は、カナダ社会でもっとも見過ごすことのできない平等な市民権の規範の侵害である(69)。カナダの先住民が苦しんでいる不平等や侮辱は、公的に解決すべき事項のなかで、合衆国の黒人の問題とよく似た位置にある。この二つの集団は、強制的にヨーロッパの白人の支配下に入れられたという歴史的背景を共有しているが、似ているのはそこまでである。先住民が自分の居住地で征服によって従属を強いられたのに対して、黒人は出身地から遠く離れた国への強制移民と奴隷化によって従属を強いられたのである。

このような従属過程における違いによって、さまざまな種類の賠償政治が現在生まれている。移民と先住民の受け入れに関する自発性の違いが、異なった権利や期待につながるように、先住民と奴隷の違いは異なった関心や要求を生む。インディアンと他の先住民が、神聖なものとして、あるいは自分たちの福利にとって経済的に不可欠のものとして、「その」元の居住地への権利を主張することができるのに対して、黒人のアメリカ人はこの路線を追及することができない。それにかえて、黒人たちは第一に、自分たちに対する処遇が、自由と自立性という、アメリカ自らが公言する規範を侵害してきたし、決定的に重要なことだが、いまも侵害し続けているということに対する補償要求に頼らざるをえなかった。一九世紀の初めにアフリカに戻った者も少数いるが（リベリアの創設によって）、黒人たちは今日、その祖先の地である地域に対する権利を要求することもできない。それらの地域はいまや主権国家であり、アフリカ中心主義的なレトリックが見られるにもかかわらず、そこへ戻るアメリカの黒人は、もはやほとんど現われることはないだろう。賠償を求めるにあたって、黒人のアメリカ人は、黒人に開かれた機会が歴史的に小さかったという認識が拡大し、いっそう多くのアメリカ大衆の良心に訴えて、公民権運動のときに起こったように、人種的平等を達成しようとする活動に拍車がかかるという見通しに頼らざるをえないのである。しかし、これでは合衆国の黒人の状況を改善する役に立たないかもしれない。前進が見られるのは、アメリカの戦争への黒人の貢献に対していくばくかの報酬が払われる場合だという見解には、大いに傾聴すべきところがある。(70)

黒人のアメリカ人に対する賠償の事例では、賠償の物質的次元が明らかに卓越している。この点で、賠償が、アメリカ社会における黒人の低い地位が一般的にそこから発生したとされる歴史的な厳しい試練、奴隷化の直接の被害者を救済すると主張することは不可能である。(71)いわば「犯罪の現場」から歴史的距離があるために、今日黒人が苦しんでいる不平等は、現在も生きている多くの人びとが現実に経験した、法的分離（「ジム・クロウ」）というもっと近年の歴史の所産だと主張するほうが望ましいと論じる者もいる。しかし、こうした主張をする人びとや集団の主な関心は、現在のアメリカの黒人が苦しんでいる経済的不平等にある。したがって、この要求は、賠償要求の金銭的意味に関する軸の経済的極の近くに配置されている。実際、黒人のアメリカ人のための賠償の例は、事実上、反制度的賠償の典型的な事例であり、そこでの中心的問題は、過去の支配制度に根ざすと言われる経済的不平等の緩和である。

経済的に不利な立場にあることがこの要求の中心にあるが、それにもかかわらず、賠償要求には文化的な次元もある。この理由から、黒人のアメリカ人のための賠償の事例を、「垂直」軸の中央に近づけておいた。賠償問題に関する優れた著作、『負債――アメリカの黒人に対する借り』において、黒人のアメリカ人に対する賠償の主要な支持者であるランダール・ロビンソンは、議論のかなりの部分を、黒人たちが奴隷化の経験によってアフリカの文化的伝統を奪われたという観念の上に構築している。[72] この要素は、黒人ナショナリスト集団による賠償要求でも顕著な役割を果たしている。賠償という旗印のもとに黒人を糾合する潜在的な可能性があるにもかかわらず、賠償の文化的側面に固執するとおそらく目標に到達するのがいっそう困難になる。黒人の文化的自立性を強調すると、賠償を要求する運動は政治的な袋小路に陥る可能性が高いように思われる。補償が求められている不法行為が主に経済的なものであり、また、黒人のアメリカ人の生活を物質的に向上させることが賠償運動を支持する人びとの主要な目的であるからには、賠償の正当性を主張する人びとは、その要求を行なうに際して、経済的な被害に焦点を絞るのが最善なように思われる。[73] この黒人ための賠償運動については、第4章でさらに詳細に検討する。

合衆国や南アフリカの「国内の植民地主義」の事例のように、古典的な「海外に対する」植民地主義への賠償要求でも、文化の喪失が一定の役割を果たしているけれども、賠償から得られる経済的利益こそが明らかに中心的な課題である。こうした要求の大部分はアフリカからのものだ。これには、以前植民地であった他の地域のかなりの部分、とりわけラテン・アメリカが、遠い昔に独立を果たしており、ヨーロッパの入植者がその問題の原因だという主張には薄弱な根拠しかないという理由が影響している。複数のラテン・アメリカの国々、とりわけブラジルは、奴隷貿易の受益者でもあり、植民地主義の単なる犠牲者だというこの地域の主張にマイナスの影響を与えている。他方、アジアは、略奪をねらうヨーロッパ国家だけでなく日本によっても植民地化されており、歴史的・政治的水域が混濁状態にある（そして、日本自体に対して、とりわけ「南京の強姦」や「慰安婦」に関する賠償要求を生んだ）。そのうえ、（サハラから南の）アフリカを「黒人のもの」とする観念は、犯人（ヨーロッパ）と犠牲者（アフリカ人）のあいだにある外見上の境界をいっそうはっきりするのに役立っている。したがって、現代のアフリカだけが、最近になってようやく終わった植民地支配と、植民地時代を通じて「黒い肌の商業的狩猟の巣窟に」転化したこととの両方に苦しんだと言うことができるのである[74]。

最後に、脱植民地化の結果として、二〇世紀の半ばには、入植者の大部分は、大陸から追い払われるか、独立統治への移行の過程で非白人の圧倒的多数派に従属した。それゆえ、土地権それ自体の要求に関する未解決案件は比較的少ない。ただし、白人が所有し耕作する貴重な土地を返還するように求める圧力は、近年のジンバブエでは主要な政治問題になり、現代の南アフリカの生活でも一定の役割を果たしている。このように、アフリカ人は賠償の要求をしてきたが、入植者の植民地主義がいまだに政治構造の重要な要素として残っている場合を除いて、こうした要求は土地権それ自体とは比較的関係が少ないのである。

アフリカのための賠償要求は、一九九〇年代の初めに活発になった。最初に、賠償に関する国際会議が、一九九〇年一二月に、ナイジェリアのラゴスで開かれた。その後、アフリカ統一機構（現在ではアフリカ連合が後継組織となっている）が、「ドイツによってイスラエルとナチスのホロコーストの生存者に支払われた賠償に類似する補償を求める、アフリカの運動の様式と戦略を探るために」、いわゆる賢人会議を任命した。[75] もうひとつの会議は、一九九三年六月に、ナイジェリアの首都アブジャで、賠償を要求する運動に取り掛かる可能性を検討するために開催された。賢人会議の成果はほとんどなかったが、それには会議が当時のナイジェリアの大統領、モシュード・アビオラの生涯と深く結びついていたことも影響している。アビオラはその後、後継者であるサニ・アバチャによって逮捕され、そのすぐ直後にナイジェリアの監獄で謎に包まれたまま死亡した。国を単位とする賠償運動を構築するように求める会議の勧告に応じて、イギリスの労働党の黒人庶民院議員、バーニー・グラントは、「アフリカのアフリカ人と他国に離散したアフリカ人の奴隷化と植民地化に対する賠償を獲得するために」、ロンドンでアフリカ賠償運動と呼ばれる活動を創始した。グラントは二〇〇〇年に死亡し、運動はその後衰退した。[76]

一九九三年の会議における議論はまた、参加者が正すべき主な権利の侵害が奴隷制であるのか、植民地主義であるのかを決めかねたために紛糾した。アフリカ賠償運動の声明は、これを問題にならないとしているようだが。集会の参加者のひとり、著名な作家で歴史家であるアリ・マズルイは、この運動に関する後の著作においては、何よりもまず奴隷制に焦点を合わせている。マズルイは奴隷貿易にアフリカ人も関与していたことを認めたが、主な受益者はアメリカ人やヨーロッパ人であり、したがってアフリカ人に対する損害賠償を行なう義務があると主張した。とりわけ彼は、「黒人の奴隷化とアフリカの植民地化のもっとも破壊的な影響だと考えられるもの、他の社会と比較して黒人やアフリカ人の自己改善の能力に対する巨大な被害」を補償するために設計された、大規模な黒人教育と訓練のプログラムを提案した。[77] この提案は、直接金銭的なかたちでの賠償をほのめかしさえしないことで、賠償がどのようなかたちをとるべきかという難解な問題を回避する道を示している。

しかしながら、アブジャの会議に出席したチュニジアからの参加者は、潜在的に可能なアフリカへの賠償運動を支える、主要な行動指針に関する問題点を鋭く指摘している。奴隷制が引き起こした大陸への損害に対して賠償を要求すべきなのか、それとも、チュニジアの代表が提案したように、ヨーロッパの植民地主義が起こした被害に対する請求を行なうべきなのか。この逸話について論じる際にウォレ・ショインカが述べているように、植民地主義に対して向けられる運動は、「元来の行動の動機を弱め、また、まったく異なる指針と戦略を必要とする。（そして）それは、南北アメリカ、オーストラリア、ニュージーランドの先住民も含むように拡大するだろう」[78]。明らかに、このアプローチは、サハラ以南のアフリカにおける大西洋奴隷貿易による破壊に対する償いを望む人びとにとって、適切なものではなかった。というのは、植民地主義の結果に対する償いとは相いれないからである。

たとえ植民地主義が行動の主要な動機になると仮定したとしても、ローダ・ハワード＝ハスマンによれば、このような賠償責任があると厳密に言うことができるのかに関しては、重大な疑義が残る。[79] ガーナにおける経済発展について検討したという視座から、彼女は、カリブ海地域の学者ウォルター・ロドニーが最初に提唱した「ヨーロッパはアフリカを低開発化した」という主張を分析し、それがとくに論理の面で不十分だとみなした[80]。ハワード＝ハスマンは、現在のアフリカが貧しい状況にあるのには多くの理由があり、植民地主義（もしくは奴隷制）が現在の状況の主な原因だと確定する方法はないと論じた。それにもかかわらず、ハワード＝ハスマンは、西洋がアフリカ大陸の悲惨な経済状況に一定の責任を負わなければならないとする賠償の主張者に賛同する[81]。その対策には、二〇〇一年に南アフリカのダーバンにおける人種に関する国連の会議で提案された、「債務の軽減、特別開発基金、国際市場へのアクセスの向上」などが含まれている[82]。アフリカ商品に市場を開放するという提案は、アフリカ開発のための新経済プログラム（NEPAD）の主要な目的であり、近年創設されたアフリカ連合は、その実行を主要な目的のひとつに掲げた。しかし、世界の豊かな地域によるこうした努力は、犯人の罪の意識から生じる対応というよりも、一般的な苦しみに対するヤスパースの対応にはるかに似ている。

世界の貧しい国々のための債務軽減を求めるジュビリー二〇〇〇運動の目的は、国際的なコミュニティに、すなわち、そのもっとも豊かでもっとも強力な成員に、アフリカと第三世界の苦しみに対するもっと大きな責任を負わせることである。第5章で見るように、この運度の南アフリカ支部は、複数の非政府組織（NGO）や南アフリカの地元の政治組織と協力して、アパルトヘイトから利益を得たヨーロッパ、とりわけスイスの企業や銀行に対する賠償請求キャンペーンを立ち上げた[83]。私たちはこうして、一周して元に戻った。ホロコーストの犠牲者が創始した記念的要求のモデルと、それが生み出した言語や戦略を、アパルトヘイト体制の国内の植民地主義の結果に対する賠償を求める活動家が動員しているのだ。今日世界中で展開されている賠償要求の根本的な一貫性を、これほどよく示すものは他にないだろう。それが行なわれている場所や、補償を求める原因となった不正行為の種類が違うにもかかわらず、基本的な一体性があるのである。

最後に、奴隷制と植民地主義がもたらした被害に対する広範な賠償要求と並んで、一九九四年のルワンダにおけるジェノサイドに関連して、世界の諸機関やもっとも強力な国家が果たした役割に対しても、こうした要求が行なわれた。アフリカ統一機構（ＯＡＵ）が、ルワンダのジェノサイドを検討する特別報告書で指摘しているように、「国際的なコミュニティは、過去十年間に起こった災禍に加担したことに対して賠償をする必要があることを理解しなければならない」(84)。ルワンダの虐殺に対する西欧の責任は、激しい論争の的になった。それは、しばしばカナダ人の司令官ロメオ・ダレールと危機的な状況で彼の増援部隊の要請が無視されたことに関連して論じられた。この議論の顕著な特徴は、結局のところルワンダ人自身が犯した虐殺に対して、西洋にどこまで責任があるかという点にある(85)。ＯＡＵの報告書の執筆者はこの事実を認めているが、それにもかかわらず、ヨーロッパ植民地主義の起源に遡って、西洋は重い責任を負っていると考えている。

ルワンダのジェノサイドに対する責任をめぐる議論は、このようにして奇妙にも、アフリカ人には独立した主体性がないという植民地主義的観念を繰り返しているように思われる。しかし、植民地主義や奴隷制の事例とは対照的に、いかにヨーロッパの植民地体制がこの悲劇の舞台の多くを準備したとしても、ルワンダ人の悲惨な経験のほとんどは自らが招いたものである。国際的なコミュニティからの賠償の根拠は、したがってより薄弱なように見える。そうは言っても、人と（その拡張として）国に、行なった行為ではなく不作為の責任を取らせた先例がある。日本を研究する歴史家、ジョン・ダワーが記しているように、東京裁判は、一九三七年にその指揮する軍隊が南京で犯した残虐行為を防ぐことができなかったという理由で、松井石根将軍に対して死刑を宣告した[86]。そのうえ、ダニエル・レヴィーやナタン・シュナイダーが指摘しているように、現在において、集合的記憶にホロコーストが占める中心的な役割は、私たちのすべてが「アウシュヴィッツ」が「二度とふたたび」起こらないようにする責任を負っていることを意味するのである[87]。

他の国や国際機関から賠償を得ようとする活動に、比較的めぼしい成果が見られない理由のひとつは、ルワンダの人びとが巨大な援助者の多くを敵に回さないように慎重でなければならないからだ。それにもかかわらず、ルワンダそれ自体の内部では、過去と折り合いをつけるための広範な活動が行なわれている。しかしながら、これらの活動は、犠牲者があまりに多く、しかも補償に利用できる財源があまりに限られているために難航している。ルワンダの場合に賠償要求が紛糾しているのは、いわゆるジェノサイドの犯人（genocidaires）と最終的な勝者であり、現在国の支配権を握っているルワンダ愛国戦線の両方が、国連が賠償を受ける公式な権利を認めている人権侵害を行なったからだ。同様に、賠償を個人に向けるべきか、ルワンダの社会とインフラの再建に向けるべきかという難問が、巨大な災禍を潜り抜けてきた社会の膨大な必要性に応えようとする活動につきまとっている。犯人の数があまりに多く法制度がこれに対処できないことが、問題をさらに悪化させている。伝統的な裁判形式（ガチャチャ“gacaca”）、すなわち「芝の上」）に頼ったにもかかわらず、対処できなかった。一方で、ルワンダ国際刑事裁判所（ICTR）は、大部分のルワンダ人にとって、おぼろげな可能性でしかないように思われる[88]。ICTR

が政治的教育としての役割を果たせなかったという認識は、サダム・フセインをイラク国内で、しかもイラク人自身によって、裁判にかけるようにする圧力につながった。その目的は、望ましい政治的な教訓を与えることであった。

要するに、ルワンダを図2にうまく位置づけるのは難しい。なぜなら、金銭を受け取る人にとって、金銭が象徴的であると同時に経済的な意味も帯びるからだ。明らかなことは、文化的喪失が補償要求にほとんど何の役割も果たしていないということである。その主な理由としては、何もしなかった傍観者がこれを防いだり、抑止したりすることが可能であったかもしれないが、このジェノサイドは基本的に現地人の手によるものだったことが指摘できる。

謝罪と遺憾の意

ルワンダの人びとが期待できるのは、せいぜい世界でもっとも強力な者が放置したことに対する何らかの謝罪程度であろう。サマンサ・パワーは、西洋が一九九四年のルワンダにおける虐殺を阻止できなかったことに対して、ビル・クリントンが謝罪を行なった、あるいは、もう少し正確に言うと、それを「注意深く選ばれた言葉で確認」したと記している。(89) パワーがクリントンの謝罪に関してつけた留保は、現代の賠償政治において謝罪や遺憾の意の一言一句に与えられる重要性だけでなく、「言葉は安上がり」だという状況も示している。実際、謝罪に何らかの金銭的な賠償がともなっていなければ、多くの者はこうした謝罪をあまり真剣に受け取らないだろう。

同時に、謝罪のない補償は、「それは金銭の問題ではない」という理由で、拒否される可能性が高い。また、それが金銭に関係しているとみなされかねない。いわゆる慰安婦、つまり第二次世界大戦中に日本政府によって用いられた軍事的な性奴隷の場合がまさしくこれに当てはまる。[91] 日本政府の謝罪は一般的に言って十分に明瞭ではなく、賠償も私的な機関であるアジア女性基金を通じて主に提供された。率直な謝罪の言葉とともに、必要なところに一定のお金をつぎ込まなければ、日本政府は慰安婦の要求を満足させることはできないだろう。[92] ロイ・ブルックスが書いているように、企業は、金銭的補償によって、それに対応する犯罪を認めることなく、企業に対して行なわれる請求を毎日のように処理している。これらの取引は、「これを解決する」ためのものだが、おそらくそれほど満足がいかないとしても、より早い終結を優先しており、責任の所在の問題は回避している。しかし、これらの取引は決着であっても、賠償ではない。賠償には、必然的に後悔の何らかの表明が必要になるからだ。[93] 不正を確認しない単なる支払いは、加えられた危害に対する補償にはなりそうにない。

「千年紀末」の贖罪の熱狂以前に、ニコラス・タヴァチスは、謝罪によって行なわれる社会的錬金術の、もっとも行き届いた、しかも洞察力に富む分析を展開した。彼は、個人的なレヴェルと集合的なレヴェルの謝罪のあいだには大きな違いがあり、集合的なレヴェルが個人的なレヴェルと同じように作用するという前提は成り立たないと論じた。その理由のひとつは、「真の謝罪は、その意味をまったく変え、道徳的な力を損なうことなしには、当事者が委任することも、委託することも、強制することも、引き受けることもできない」からだ[94]。過去に不当な取り扱いを受けた集団に属する個人にとって謝罪が重要かどうかは、人によって異なる可能性が高い。前章で述べたように、他の仲間よりも補償を求める可能性が高い傷ついた活動家は、このような補償を望むという点では、代表的とは言えないのである。前進して、過去を後ろに置き去りにしたいだけの人びともいるのだ。人によって過去との関わり方は異なるのである。

しかし、近年、謝罪が非常に重要になった結果、ジェフリー・オリックとブレンダ・コグランが主張するように、「後悔の政治」は私たちの時代の刻印になった。二人は、後悔の勃興は「国民＝国家の……没落と結びついた時間性と歴史性の変形」と、さまざまな集団を統合・同化する国民＝国家の事業の転換の所産だと主張している[95]。つまり、国家が「農民の文化」にいかに大きな被害を与えても、「農民をフランス人」に変えることができて、しかもそうすべきなのが、かつては当たり前のことであったかもしれないが、国家はもはや「地下に隠れた」歴史を無視することはできなくなった。地下に隠れていた多くの集団は、国民形成の過程で覆い隠され、抑圧されたが、いまや国家や（もしくは）近代世界システムへの強制的な編入に対する謝罪や賠償を求めている。このように、オリックとコグランによる後悔の政治の検討は、「国民」の歴史研究や歴史的表象に起こりつつある変化と直接関連しているのである。

合意にもとづく過去に向かって

歴史的表象をめぐる議論、とりわけ誰の声が「過去」を構成するのかという議論は、労働史家や社会史家たちが新しい「下からの歴史」を主張しはじめた一九六〇年代以来、歴史叙述の主要な一側面になった。イギリスのマルクス主義者のE・P・トムスンは、プログラムを示すような序文で、つぎのように書いた。私は、「貧しい靴下編み工や、ラダイトの剪毛工や、『時代遅れ』の手織工や、『空想主義的』な職人や、ジョアンナ・サウスコットにたぶらかされた信奉者さえも、後代の途方もなく見下すような態度から救い出そうと努めよう」[96]。「ポスト植民地主義」の歴史家は、この研究の指針をさらに前進させて、労働者階級だけではなく人種的・文化的「他者」にも話しかけるために、新たな問いを投げかけた。それは、「サバルタンは語ることができるのか」という問いである[97]。この傾向は近年、「ヨーロッパを地方化する」という衝撃で頂点に達した。すなわち、それは、非ヨーロッパ諸民族が数的に優勢で、しかも永遠に劣った何らかの「他者」ではなく、真に人類の一部を構成するものとしてますます尊重されるようになった世界で、ヨーロッパにそれと釣り合った規模で、もっとふさわしい地位を与えるということである[98]。こうした歴史研究の大部分は、ハンナ・アーレントが重大な関心を寄せた、昔の居心地のよい国民的で西洋的な向上の物語では地下に隠されていた諸要素が地上に現われるのを促進した。

そうはいっても、蘇った過去を持つ集団が多様であったので、歴史の伝統的な対象の分裂が進行した。

これは社会的な想像力が、大衆から小集団や個人に大きく変化したのと並行する現象であった。この変化は、社会のネットワーク理論、まさにこの考え方が打ち出されたコンピュータの世界を映し出した理論への転換に反映されている[99]。これらの傾向はまた、マスメディアにとってのひとつの巨大な視聴者が、細かく分断された一連のニッチ市場になったこととの反響でもある。政治理論家のスーザン・バック＝モースは、この状況の概要を簡潔に表現している。「工業力の近代性に関する大衆民主主義的な神話、つまり工業による世界の変革によって、大衆に物質的な幸福をもたらし、良い社会を生み出すことができるという信念は、ヨーロッパの社会主義の崩壊、資本主義の再編成の要求、もっとも基本的な環境上の制約などによって、深刻な挑戦を受けた。それに代わって、大衆を断片に粉砕する差異への要求が、いまや政治的レトリックと市場戦略の両方を組み立てている[100]」。バック＝モースは、生じた根本的な変化に照準を合わせている。細分化されていない「大衆」の福利という理念は、しばしば文化的に定義された、ごくわずかな違いで敏感に分割された住民の単位の必要を満たすという目標に取って代わられた。資本主義的な色彩のものであれ、社会主義的なそれであれ、大衆のユートピアはこのようにして退場し、集団の自己表現や集団の自尊心が登場した。こうしたさまざまな潮流は、平等主義的願望を実現する場としての国民＝国家が正当性を急速に失ったこととあいまって、国家や階級に焦点を当てるマルクス主義的立場から、世界の新しい理解の土台として（人種、階級、ジェンダー、セクシュアリティ、身体障害等の）極端に多い社会学的なカテゴリーに没頭する方向に、歴史叙述が動くよう煽り立てた。その過程で、「一つの国民」というイデオロギーとそれに付随する理念は、潜在的な包摂の形式ではなく、「民族浄化」の一形式にすぎないのではないかと、ますます疑われるようになった。

これらの傾向はまた、公的な記念的行事の変化にも反映されている。第一次世界大戦後の北大西洋世界とは対照的に、少なくとも、今日の政府の追悼行為は、国民的犠牲や偉大さの英雄的な神話とはほとんど関係がない[101]。征服や、勝利、向上などを祝うどころか、記念碑は、忘れられた者、不正な扱いを受けた者、奴隷化された者、殺された者を認知しなければならない。ワシントン、ベルリン、その他多くの場所にある、ホロコースト博物館や記念碑は、国民の悲しみの道を形成する戦争で死んだ人びとよりも、むしろいまや不当にも殺された人びとを追悼する氷山の一角にすぎないのである。同時に、とりわけマヤ・リンのヴェトナム戦争記念碑以来、国民的な「戦争経験の神話」の集団的な記念から、戦争で無益に命を落とした個人の追悼への変化があったと観察している人びともいる[102]。

こうしたさまざまな変化が地下に隠れた過去に対する関心を生み、それが膨張した結果、歴史家は、しばしばいっそう頻繁に、静かな研究生活を離れて、専門的な証人や潜在的に訴訟で利用可能な過去の調査委員会の一員として、慣れない（しばしばやや利益の上がる）役割を果たすことを求められるようになった[103]。言うまでもないことだが、それは、真実の探求と党派的な主張のあいだの境界の維持を望む人びとのあいだに警鐘を鳴らし、分け前に与れなかった人びとや、先例のない文書の利用が可能になった選ばれた小数の者に加われなかった人びとの怒りを招いた。こうした文書は、公的な厳しい点検を受けることになった一部の会社が提供したものである。賠償請求を受ける可能性のある過去の活動に、加担した恐れのあるドイツの会社の歴史を調査するように要請された人びとのひとりである、ジェラルド・フェルドマンは、こういう状況で学問的な専門家が雇われることを擁護している。彼は、他の専門家と同じように、歴史家にもその仕事への対価を受けるべきではないという理由はない、と主張する[104]。

しかし、こうした機会の受益者は必然的に、その分け前を得られない人間の嫉妬を受けやすい。そのように雇われた歴史家が、独立性を犠牲にしたのではないかという攻撃を受けるようになったとしても、ほとんど驚くには当たらない。このような事例における学問的な独立性の問題は、即座に処理することはできない重大な懸念である。自分に報酬を払っている人間の活動を公平に判断することを期待できるであろうか。しかしながら、同じように重要なのは、終わることのない修正主義に専門的に傾倒している結果として、歴史家が記念的事業に対してもたらす脅威である。[105]「非人間的な体制の犠牲者は、破滅への道の途中で人間性の一部を失ったかもしれない」と示唆する分析を行なう人びとは、たとえば、多くの賠償運動にとって不可欠の、記憶の企業家によって歓迎されることはないだろう。たとえ歴史家集団が、こうした活動が歴史的「真実」に貢献すると同意したとしても、この状況は変わらない。[106]

そうはいっても、すべての歴史家がこの学問外の役割を担うことに乗り気ではない。それは勝手知った象牙の塔から外に出ることになるからではなく、党派的な過去の探求がどういう目的に役立てられるのかに関して疑問を抱いているからだ。たとえば、フランスのユダヤ人を国外追放するのに協力した、高齢のモーリス・パポンの起訴は、第二次世界大戦におけるフランスの役割をめぐる認識が変化して、ユダヤ人迫害にヴィシー政権が加担したことに対する注目が高まり、理解がいっそう進んだことを背景にして起こった。[107]ヴィシー時代に対するフランス人の態度分析の第一人者、アンリ・ルソは、パポンの起訴が、国家が定義し起訴するユダヤ人に対する犯罪への注目から、ナチ・ハンターのサージ・クラースフェルドのような、とりわけ私的な集団によって着手されたユダヤ人に対する犯罪の重視への、顕著な移行を象徴していることを示した。したがって、第二次世界大戦の犯罪者に関する近年の訴訟は、

「国家理性のゆえに起こったのではなく、犠牲者を公正に扱おうとする意志のゆえに起こった。それは、『記憶の義務』の名のもとに行なわれ、その目的は、この観点では新たな犯罪とみなされる、あらゆるかたちの忘却に対して記憶を永続させることであった」。ルソによれば、裁判は、「国家の権威と伝統的なフランスの国民感情から神聖なものが失われて、これまでいつも集団的アイデンティティを少なからず否定してきた国において」、集団的アイデンティティが優先される厄介な状況を示す証左であった[108]。特定の集団の過去と折り合いをつけることを求める圧力は、市民全体に対して犯されたと考えられる犯罪よりも、犠牲者自身が決める犠牲者の関心に対する注目のほうが大きくなっていることを反映している。

ルソは、付随する法的目的と学究的目的の混在に懐疑的であり、問題はクリーンではないと論じている。対照的に、チャールズ・メイヤーは、歴史家と裁判官の役割には重要な類似点があると主張した。裁判官には、最終的判決を下して、おそらくさらに処罰する必要があるけれども、両者とも最終的に、行為者の動機にもとづいて、妥当な説明に到達しなければならない。関連する歴史研究の大部分が検察官のような雰囲気なのにもかかわらず、近年の流れは、これまで声を持たなかった人びとの声にいっそう大きな関心を寄せる方向に進んでいると、彼は論じている。つまりメイヤーは、これまで「地下に隠れていた」人びとに光が当たるという有益性に関する、アラン・ケアンズの見解を共有しているのである[109]。

最終的に、メイヤーはつぎのように述べている。「賠償、記憶、和解の事業には、歴史を語る権利やそれに丁重に耳を傾けてもらう権利が含まれている」。これは、さまざまな利害関係者が、根の深い国際的な対立を修復するために、過去の紛争について「両側」の合意を得ることのできる歴史を書こうとする活動につながった。たとえば、ポーランドとドイツの歴史家や歴史の教員は、二〇世紀の両国関係について「互いに受け入れ可能な説明」を行なう教科書を開発しようと努めてきた[110]。実際、歴史教科書の内容は、世界的に公的論争や学問的研究の主要な焦点になってきた[111]。日本の歴史教科書における、第二次世界大戦中の残虐行為の認識と悔悟の程度をめぐる進行中の騒動は、とりわけ好例である。互いに受け入れ可能な説明の開発は、和解を促進すると考えられている。そして、この和解という言葉は、過去と折り合いをつける問題を論じる場合に一般的に広く用いられている。和解の問題を分析した人物のひとりによると、互いに満足のできるこのような物語は、これまで分裂していた集団が期待することのできるおそらく最善の結果であり、それが共通の未来への道を開くのである[112]。運がよければ、未来をどうするかは、取引や交渉や妥協の問題、つまり日常的な政治活動の問題になろう。

他方で、歴史の教育、「集合的記憶」の輪郭、「歴史意識」の性質は、学界の一部や広く世論の重要な関心の対象となった[113]。こうした関心は、政治家たちが歴史教育に新しい「基準」を要求したことも手伝って、いっそう強まった。政治家たちの要求はしばしば、すでに長いあいだ回復不可能になっていた、もっと祝賀的な歴史を再導入するようにという、間接的な命令であるように思われる。しかしながら、これらは、集合的なアイデンティティを補強する一種の接着剤として、過去、あるいは少なくとも過去の記憶を探求する専門家の関心でもある。こういう状況下では、ピーター・ノヴィックが論じたように、過去は集団の結束に奉仕するようになる[114]。

しかし、ニーチェが私たちに推奨した批判的な歴史研究は、自由に議論できるようになっていなければならないし、したがって、将来にわたって固定された特殊な過去像を必要とする人びとの利益に、推定上の参加者あるいはその子孫がいかにその像について「合意に達した」としても、すんなりと役に立つことはないのである。過去の学問的探求は政治的でありえるし、それゆえ、地下に隠れた過去の側面を明らかにするのに役立つこともある。しかし、もしそれが政治化され、偏狭な党派的利害に奉仕するようになると、役に立たなくなる。[115] 歴史が未来のためにできることは、これが実際に起こったことだと微塵の疑いもなく証明することで、せいぜい特定の発言を不可能にすることである。[116]

結局、問題になるのは過去を眺めるための地平線である。過去の表象だけにこだわるのは、どれだけ前向きと言えるだろうか。問題になるのはバランスであり、これまで地下に隠れていた、いっそう醜く、反省すべき特徴が復活したのに直面して、過去からどのような着想を得るかが問題になる。過去の歴史的事実やそれと現在の不平等や不公正との関連をめぐって、論争は今後も続いていくだろう。しかしながら現在と予見可能な未来にわたって、歴史的な不正行為を補償しようとする活動は、現在における正義の追及の重要な一部をなすであろう。こうした関心を活性化する主要な触媒になったのは、合衆国政府とカナダ政府がそれぞれ、第二次世界大戦中に「敵性外国人」として強制収容した日系人と合意に至った補償の決着である。これらの問題は、解決してすでに何年も経過しているが、賠償要求の活動の結果を検証するには、絶好の対象だと思われる。

種々の賠償政治を検討する過程で、これまで示してきたさまざまな補償の様式の可能性、つまり移行的正義、補償、謝罪、コミュニケーション的歴史の構築のための活動などを、それぞれの場合に可能な選択肢として考慮する必要がある。しかし、焦点は、第一に補償、すなわち金銭的賠償にある。なぜなら、これらの運動の多くが具体化するのは「金銭」のまわりだからである。どの程度までそれが「金銭に関係するのか」ということが、それぞれの場合に、さらに大きな利害関係を理解するための重要な変数になる。強制収容された日系アメリカ人や日系カナダ人のための賠償や、一般的に人権侵害の犠牲者への賠償のような、金銭が主に「象徴的な」役割を果たす事例を、「金銭の意味」が第一に「経済的な」事例、すなわち奴隷制やアパルトヘイトや植民地のジェノサイドのような支配制度に対する賠償と対比することにする。さらに、こうした要求において、「文化」がどの程度の役割を果たしているのかについても検討する。なぜなら、この要素がさまざまな種類の賠償政治の特質を示しているからである。

第3章　記念・補償・和解——日系アメリカ人と日系カナダ人の賠償要求

近年の過去と折り合いをつけることに関する活発な議論では、一連の賠償行為のなかから生まれるとされる癒しと和解がとりわけ強調されてきた。しかし、目を見張るほど望ましい結果を生むであろうとの予測が広まっているにもかかわらず、主として象徴的なものであるか、大部分が金銭的なものであるかにかかわらず、過去と折り合いをつけるための活動から、癒しや和解が実際に生じることを証明する研究は少ないのである。リリー・ガードナー・フェルドマンは、ドイツと各国との和解、とりわけイスラエルとの和解が、戦後ドイツの外交努力の結果として達成されたと論じている。[1] ただし、フェルドマンが論じたのは外交分野のことであって、論争になっている賠償問題の多くのケースは、国家が加害者として国内の民衆に犯罪行為を行なった場合に関係するものである。プリシラ・ヘイナーは、移行的正義の問題を扱う主要な機関である「真実委員会」についての包括的な研究で、「真実委員会が生存者に与えた心理的な影響を今日まで記録した研究はない」と書いている。[2] また、ヘリベルト・アダムも、南アフリカ真実と和解委員会（ＴＲＣ）が有益なものであったかどうかは別にして、この委員会がアパルトヘイト後の南アフリカにおいて、多数派の黒人と少数派の白人の和解をもたらしたわけではないとしている(3)。

こうした指摘は、過去の不正を償う活動から生じる結果全般に疑問を投げかけるものである。活動家たちの主張のとおり、償いへの努力は和解につながるのだろうか。もしそうだとしても、これらの活動は誰のためのものなのか。当該の推定上の「コミュニティ」の成員すべてのためのものなのか、それとも一部の人たちのために行なわれるのか。また、もしそれが和解につながるとしても、それはどのようになされるのか。そこにどのような意味があるのか。要するに、過去の不正行為を正すことに関係している人たちのあいだでは和解が喧しく論じられているが、賠償の取り決めによって生じる結果を、実証的に評価した研究は、（あったとしても）きわめてわずかである。この章では、賠償政治に関する私たちの知識の大きな溝を埋めたいと思う。

ところで、日系アメリカ人と日系カナダ人の強制収容の原因とその補償要求については非常に多くの研究が出ているが、賠償が「機能している」のかどうか、つまり、過去に不当に扱われた集団に、その社会の一員でありながら、かつてあからさまにそこから隔離された、その社会の十全な一員としての資格をふたたび取り戻させるという目的を、賠償の取り決めによって実際に達成できたのかどうか、という問題に言及した研究はいまのところほとんどない。自らが被ったと主張する被害に対する補償を求め続けている人びとがいる一方で、アメリカとカナダの日系住民は、第二次世界大戦中に潜在的脅威としてそれぞれの政府によって収監されたことに対して、すでに公的謝罪と一人あたり約二万ドルの補償金のかたちで「償い」を手にしている。

この章では、実際のところ、和解がどの程度まで賠償の実現に向けた活動から生まれるのかを、既存の研究と抑留経験者や賠償運動家へのインタヴューをもとに検証する。くわえて、強制収容の歴史を記憶することに捧げられた、いくつかの博物館における強制収容と償いの表象も検討したい。危機の名のもと、特定の民族人種的集団を隔離しかねない懸念はふたたび生じており、「九・一一後」の情勢は、私たちが聞いた質問の背景を成している。賠償政治という名前で示される活動が、かつて不当に扱われた集団を広範な社会に統合することに実際に貢献しているのかどうか、またいかにして貢献しているのかを理解するように努めたい。アメリカにおける黒人問題の経験がマイノリティ集団に関する政治的革新のモデルになったことを考えると、日系アメリカ人への補償がこれに続く賠償政治に与えた大きな影響は、とりわけ興味深いテーマがある。そのうえ、北アメリカにおける日系人の事例を比較して解明することで、この研究は、他の地域における過去と折り合いをつける活動にも光を当てることにもなろう。

背景：強制収容の経験

一九四一年一二月に日本軍が真珠湾攻撃を行なうとすぐに、アメリカとカナダ両国の西海岸の日系人は、国家安全保障への脅威とみなされて、厳しい監視のもとに置かれた。両国政府は、日系人のコミュニティを、太平洋沿岸から一時的な収容施設に強制的に大挙移動させ、さらにそこから強制収容施設や、安全保障上の懸念があまりないと思われる両国の西半分に点在する地域にすぐに移動させた。[4] カナダでは、ブリティッシュ・コロンビア州内閣が、政令PC一四八六号を可決し、それによって、連邦レヴェルの戦時対応法の包括的権限のもとに、二万二〇〇〇人の日系カナダ人を、「防衛区域」の海岸部から、州の内陸にある収容施設やアルバータ州やマニトバ州南部の砂糖大根農家に移住させた。[5] 一方、アメリカでは一九四二年二月一九日、フランクリン・D・ローズヴェルト大統領が行政命令九〇六六号に署名した。政府機関はこれによって、制限地域を指定し、その地域から強制退去させる住民を決める権限を得た。この命令は、特定の人種や民族に言及してはいなかったが、事実上、日系アメリカ人をねらったもので、日系人に焦点が絞られるようになり、指定地域からの日系人の集団退去という結果につながった。結局のところ、ほぼ一二万の日系アメリカ人が抑留キャンプに移住させられた。[6]

戦後、大多数の日系アメリカ人は西海岸に戻った。移住先にとどまったり、日本に行ったり（場合によっては帰国）した者もいたが、一九五〇年までには、ロサンゼルスやサンフランシスコの日系アメリカ人の人口は、戦前のレヴェルに回復した。これに対して、シアトル周辺では、日系人の人口が回復するには、さらに一〇年を要したのである。[7]

アメリカの場合と比較すると、日系カナダ人の場合は、だいたいが収容所から解放された後も西海岸に戻らなかった。第一に、日系カナダ人は、一九四九年に戦時対応法と最後の戦時制限が解除されるまで、自由に移動することができなかった。[8] 日系カナダ人が拘束地を離れることができるようになっても、主要都市に固まって住むことは許可されなかった。カナダ政府は規制権限を用いて日系人を分散させ、ウィニペグやトロント、モントリオールのような都市での人口や分布を制限した。これらの政策の結果、戦時対応法のもとで移住させられた総計二万二〇〇〇人のうち約一万三〇〇〇人の日系カナダ人は、規制解除後もアルバータ州以東の地域にとどまった。一九四七年の時点で、ブリティッシュ・コロンビア州では、わずかに六七七六人の日系カナダ人がいたのみで、それは一九四二年の人口の三分の一にも満たなかった。(9) 日系アメリカ人の場合とは異なり、日系カナダ人が西海岸への帰還が認められるまでに、「生活再建には遅すぎる」ようになっていた。(10) 日系人社会の基盤そのものがなくなっていたため、ほとんどの日系カナダ人には、離散したそれぞれの地域で、生活再建する以外に選択の余地がなかった。日系アメリカ人と異なり、日系カナダ人は強制移住させられ、財産を奪われただけでなく、カナダ中に分散させられたのであった。

戦後になって長年の間、日系人の抑留体験は比較的等閑視されてきた。抑留者自身でさえも（いや抑留者だったからこそ）、政治の場ではその経験をしばしば重大視しないように、あるいは無視するようにしてきた。その代わり、ホロコーストの生存者のように、抑留経験者は、たいてい「進み続けることで何とかやっていく」ことを求め、そのエネルギーをむりやり中断させられた生活の再建に向けた。一九七〇年代に入り、アメリカで公民権運動が盛り上がり、その結果として、エスニック・マイノリティの権利向上のための諸運動が起きると、合衆国に移住した日系移民の二代目・三代目（それぞれ二世・三世とも呼ばれる）の世代が、抑留への「補償」の要求を強めはじめた。(11) この圧力によって、アメリカとカナダの日系人社会のなかに、政府の公式な謝罪と、生き残った抑留者個人に対する賠償金の支払い、公的な教育基金の創設を実現するという目標に関する広範な議論が生まれた。

こうした動きは、一九八八年に米加両国で過去の過ちを正すための法案として結実した。合衆国では、一九八八年八月一〇日、ロナルド・レーガン大統領が、戦略的に命名された「一九八八年市民的自由法」に署名した。この法律によって、生存する抑留被害者個人に対し二万ドルが支払われ、大統領が抑留が不当であったことを認める謝罪を行なった。その直後の一九八八年九月二二日、カナダのブライアン・マルルーニ首相は、下院において抑留された日系カナダ人に対して公式に謝罪し、個々の抑留経験者が二万一〇〇〇ドルの補償を受ける資格を有していることを表明した。カナダで一〇〇〇ドル追加されたのは、賠償運動家で日系カナダ人社会の代表的な研究者であるアート・ミキによれば、カナダの方がアメリカよりも日系人への扱いがより厳しかった点を反映させるためであった(12)。

賠償と和解

日系アメリカ人と日系カナダ人の賠償運動は、近年の政治の場における賠償問題の拡大を示す実例であると同時に、重要な局面でその拡大を刺激した。賠償の核心にある原則は、正義を回復すべきだとする理論に由来し、その理論によれば、不正行為は補償されなければならず、不正を行なったものは犠牲者の損失を償わなければならない(13)。しかし、チャールズ・メイヤーが指摘するように、あるレヴェルでは、賠償は不可能な挑戦である。つまり、賠償によっては、個人的・専門的能力の向上の可能性、人間関係、身体的健康や幸福など、失ってしまったものを完全に埋め合わせることはけっしてできない。物的賠償それ自体は、たいてい過去の過ちを償うには十分ではないが、しかし、それによって、損失を回復できないものの領域から、「政治交渉が可能な場」に移す試みがなされるのである。こうした交渉は、加害者と犠牲者の交渉が再開されることを意味する。政治的な対話を再生することで、これまで敵対しあっていた集団が、ともに生活し、ふたたび政治的、経済的、文化的な相互交流を再開するのを可能にするプロセスに参加するのである[14]。

そのうえ、物的賠償によっては「破壊されたものを集めて元に戻す」ことができないだけではなく、謝罪を伴わない金銭的補償は、要求は「金銭の問題ではない」という理由で、少なくとも一部の受給資格者によって拒否される可能性が高い。悪行を行なった者、あるいは少なくともその後継者とみなされる人は、過ちに対して何らかの謝罪も表明しなければならない。そうしなければ、補償を受ける者は、金銭的補償を単なる「贖罪金」〔死者の親族からの復讐を防ぐための一定額の補償金〕とみなすかもしれない。犠牲となった集団に対して政府が過ちを明確に認めて、公式に謝罪することは、ふつう過去と折り合いをつけるための重要な一局面となるのである。ニコラス・タヴァチスは、謝罪の社会的特徴について辛辣に論じた研究のなかで、「謝罪とは、他者を辱め、損ない、傷つけ、あるいは不正を犯した行為に対し、言い訳も自己防衛も正当化も弁明もできないことを、自発的に宣言するもの」だと主張している[15]。タヴァチスによれば、謝罪の本質は、暴力的行為の事実を加害者が認め、その責任を負い、未来にそのような行為を繰り返さないと、暗黙もしくは明示的に約束するところにある。

公的な悪行に対する賠償と謝罪の最終的な到達点は、メイヤーが「政治的和解」と呼ぶものを成し遂げることであろう[16]。この文脈においては、和解は単に望ましい結果であるというだけではなく、むしろ過去と折り合いをつける活動の第一の目的となる。悪行に対する個人的責任を認め、さらに問題となっている特定の人もしくは人びとへの償いをしようとするすべての努力が、公表によって水泡に帰する可能性がある私的な集団のあいだでの謝罪とは対照的に、政治的和解には必然的に、公的な認知、公的な傷害の確認、公的な説明責任が含まれる。過去の不正行為に対する公的な認知と責任の受け入れが、関係する集団がともに未来へ進むのには不可欠だとみなされるのである。公的側面だけではなく、和解には、構造的で制度的な次元、権利と正義の枠組みが必要である。ジュディ・バリントが論じているように、和解には、和解を永続させてかつての悪行をふたたび繰り返さないように保障する、制度的変革が必要である(17)。

これらの考慮だけではなく、和解という言葉には、過去の問題になっている行為が本当に過ちであったとする加害者の認識が含まれており、過激なもしくは永続する憎しみを捨て、現在の論争のなかに過去の苦しみを絶えず蘇らせることはしないで、前進するための何らかの基盤があるという双方の意識も含まれている。おおよそ、かつて不正行為を受けた者が当該の国に残っている場合、和解には、その社会のいっそう完全な成員としての意識を回復することが含まれる。なぜなら、被害者がかつて奪われたものは、まさしく平等な成員としての権利であるからだ。残念なことに、社会全体が、和解を目指すプロセスに注意を払うこともあれば、あまり払わないこともある。それでも、過去の不正行為を正そうとする公的な活動は、常時というわけではなくとも、頻繁に、賠償を要求する集団がかつて被害を受ける根拠となった、「人種的」もしくは身体上の特徴を共有する人びとにとって重大な関心事になる。要するに、和解とは前進することに関するものであり、それゆえ過去というよりもむしろ未来にいっそう関わることなのである(18)。これらの、あるいは同様な過去の不正行為において、補償や賠償が和解に至ったのかどうかを明らかにするために、私たちは以下のような問題への答えを求めた。

・日系アメリカ人や日系カナダ人に対する補償問題の解決が、どの程度までかつての被害者のあいだに、上記の意味のような和解の意識を実際にもたらしたのか？

・過去の不法行為、この場合には、抑留の経験ということになるが、それと補償問題の解決が、今日これらの集団の自己理解にとってどのような位置を占めているか？

・博物館で抑留体験がどのように表象されており、博物館の展示物におけるこの体験の表象が和解の意識を物語っているか？

・「九・一一」以来の出来事が、どの程度米加両国の日系人に抑留経験を蘇らせ、そしておそらく和解の意識を蝕んだのか？

こうした問題に答えるために、私たちは補償運動の指導者たちと同時に、それほど目立たない人物にもインタヴューを行なって、補償の合意の結果に対するその見解を探ろうとした。ちなみにこれらのインタヴューは、関係する集団の「ふつうの人」の見解ではなく、「エリート」、つまり「記憶の企業家」の見解が反映されている。そこで私たちは、インタヴューの補完として、合衆国とカナダの博物館を調査し、抑留経験と補償活動がいかに表象されているのかを調べた。これらの人びとと施設は、「和解」の達成に関しておそらくもっとも要求水準が高く、過去と折り合いをつける過程において、これらの人びとが欠点だとみなすものに対してもっとも批判的な可能性が高い。これらの見解は、日系アメリカ人や日系カナダ人を幅広く代表するものではないけれども、第二次世界大戦という過去ともっとも熱心に折り合いをつけようとした人びとの意見を反映している。補償がもたらす結果に関するその他の研究と、このデータをあわせることで、歴史上のさまざまな不正行為に対して賠償がどの程度まで和解を導くのかを評価することがある程度可能になるのである。

補償活動とその結果

かつて不当行為を受けた日系アメリカ人と日系カナダ人の補償を求める闘いには、政府が日系人に対して行なった権利の侵害を公的に認知させようとする活動が影響していた。しかし、補償を得られたのには、一連の特殊な事情があった。ロイ・ブルックスによると、補償運動が成功するには、「立法者と市民の心情にも理性にも同様に」届かなければならない[19]。ただし、ブルックスはまた、どのような補償運動も、賠償を要求する人びとやその支持者たちの政治的圧力にとりわけ左右されることも強調している。以下にみるように、日系アメリカ人と日系カナダ人の補償運動の成功にも実際、強力な政治的圧力が決定的な役割を果たしたのである。

合衆国における補償活動

収容所に送られた人びとは主として日系一世と二世であったが、アメリカの補償運動は主として三世が政治的勢力として登場したことによるものであった。アメリカ社会の他の非白人マイノリティ集団とは異なり、日系人は政治的障害を克服し、連邦政府を含む政府の最高レヴェルにおいて一定の政治的発言力を得ていた。現在の日系アメリカ人社会の中心的リーダーで、一九七〇年代から八〇年代に補償運動の構築を主に行なったジョン・タテイシによると、日系アメリカ人が進んで伝統を捨て、アメリカ社会に同化したことが、こうした展開に非常に大きな役割を演じた。タテイシは、アメリカ社会のエスニック集団は同化によってのみ、政治力を得る過程を阻む障害を乗り越えられるとし、日系人はアメリカ人になるために、その文化的伝統を捨てなければならなかったのだと主張している。「同化は私たちにとって鍵になる要素のひとつだ。同化することは、私たちがアメリカ人になるために進んで支払うべき対価のひとつなのだ[20]」。これは興味深い見解で、特殊性を涵養していくことが社会的認知を得るための道だとする、多文化主義の考え方とはむしろ対立するものである[21]。

運動が補償の法制化に成功したのは、主としてアメリカの日系人社会に、補償運動を経済的・政治的にコミュニティとして支援できる能力があったからであるが、これは逆に、抑留後に日系人社会がアメリカ社会への同化に比較的成功したことを示していた。この点で、日系アメリカ人が補償の法制化に成功したのは、ユダヤ人コミュニティが、第二次世界大戦中に被った不正行為に人びとの注意を促すのに成功した例によく似ている。日系アメリカ人同様、ユダヤ人も最初はその被害を強調するのを避ける傾向にあり、戦後のアメリカ社会に同化し、繁栄するようになった後にようやく、ホロコーストへの注意を喚起するようになった[22]。したがって、過去の不法行為の記念とそれへの補償ということになると、ある程度まで「金持ちはさらに豊かになり」、政治力や財力のない集団の場合には、過去に被った不正行為に関心を集めることがいっそう困難なものとなる。それでも、かなりの程度まで日系人とユダヤ人の両集団の成功にもとづいて、賠償問題は近年になっていっそう広範な政治的現象となり、過去の不法行為とそれに関する要求に注意を喚起する集団の活動に枠組みを提供したのである。

しかし、合衆国における少数民族の同化と政治的関与の関係はそう単純ではない。アメリカの政治生活に「同化」すると、積極的な政治参加が漸減し、否定的な結果となる可能性がある。実際、無関心な同化とでも呼べるものは、政治的領域で、アレハンドロ・ポルテスとルーベン・ランボートがいう〔社会的な〕下降同化、「新たな文化的慣習の学習やアメリカの社会集団への参入は、……社会的地位の上昇ではなく、まさにその反対につながる」[23]ことに対応するのである。同時に、アイデンティティ政治のもつ分断的性格を憂慮する人びとの主張とは反対に、エスニック集団を志向する活動に関係することが、必ずしも分断を促進するのにつながるわけではない。たとえば、スティーヴン・フジタとデイヴィッド・オブライエンによれば、エスニック社会の組織に参加することは、より大きな政治的組織に人びとを統合する一助となるのである。いいかえると、何らかのエスニック・コミュニティに所属することが、主流社会への参加と競合するというよりも、より大きな政体への政治的関与を導く場合もあるということだ。つまり、日系アメリカ人の文化的伝統と歴史的経験は、その成員の自発的な日系人組織への参加を促すとともに、高次なレヴェルでの政治参加にもつながったように思われる[24]。複数の人びとによってこれまで指摘されてきた日系人の補償運動への積極的参加は、こうした観点からも説明できそうである[25]。

日系アメリカ人がアメリカ社会に多くの面で同化しているにもかかわらず、私たちがインタヴューした人の多くが、補償運動の盛り上がりは、長年にわたり沈黙して主流社会への同化を強調してきたけれども、抑留と被った不正行為についてもはや黙ってはいられないとの思いを反映したものだという主張にも同意した。公民権運動が日系アメリカ人の補償要求を強力に後押ししたことを強調した人たちもいた。公民権運動は、アメリカ社会における黒人と白人の分断に重きをおくものであったが、ある人物の言を借りれば、自分たちの問題に目を向けてほしければ、「公の場で声を上げなければならない」ことを日系人に自覚させたのである。いいかえれば、公民権運動は、日系人に自らの権利を守るために立ち上がらなければならないことを教えたのだ。私たちが話をした人の多くは、これが伝統的な日系人の服従的な姿勢をやめるきっかけになったと証言した。実際、ある日系人の補償運動家が言ったように、まさしく被った不正行為について声を上げることによって、日系アメリカ人はさらに真のアメリカ人に近づいたのであった[26]。

公民権運動の場合のように、日系人の補償運動を推進した人たちも、特定の集団になされた悪事ということではなく、憲法違反、すなわち法の支配そのものに対する侵害という観点から、要求を組み立てることが戦略的に重要だと考えていた。つまり、これらの人びとが強調するのは、合衆国憲法の侵害として、それがまさしく国家全体に対する不正だという点である。ジョン・タテイシが述べているように、その立場とは、「自分自身の痛みを強調しても仕方がない。なぜならば、誰も日系アメリカ人の痛みには関心がないからだ。国家に対する不正と痛みを強調すべきだ」というものだ[27]。別の人の言によると、運動への支援が広がったのは、合衆国憲法違反として抑留を打ち出したからで、日系アメリカ人そのものへの不正として主張する場合と違い、多くのアメリカ人から目を見張る敬意を集めることができた。こうした「憲法に向かう愛国心[28]」を戦略的に利用するやり方は、ロサンゼルスにある日系アメリカ人国立博物館の標識に「合衆国憲法がすべての市民に平等な保護を保障しているにもかかわらず、日系アメリカ人を保護できなかった。この失敗はすべてのアメリカ人に影響を与えるのだ」とあることからもうかがえる。憲法違反を強調する運動のこうした姿勢は、補償を現実のものとした立法、一九八八年の市民的自由法にも反映されている。その名称には「日系アメリカ人」という言葉が一言も入っていないのである。

カナダにおける補償活動

カナダの補償運動は、アメリカとは様相を異にしていた。日系アメリカ人が重要な政治的位置を占めるようになっていた合衆国の状況とは対照的に、日系カナダ人は権力のあるエリートのなかに代表をもたなかった。運動のときに、判事や上院議員や国家機関で影響力がある政治家などに日系カナダ人はいなかった。この点に関して、日系カナダ人の補償運動の主なリーダーであったアート・ミキは、つぎのように述べている。「合衆国で有利だったのは、日系人が重要な政治的地位にあったことで、カナダでは誰もそうした地位にはいなかった」。要求を実現するために、「首相と折衝し、公の場で話し合いを持ち、マスコミに報道してもらわなければならなかった[29]」。

日系アメリカ人の運動が、政府高官などからの支援に決定的に依存し、おおむね日系アメリカ人と少数の非日系アメリカ人に限られていたのに対し、カナダでの補償運動は、小さく分断されていた日系カナダ人コミュニティの外に、協力者を見つけざるをえない状況だった。したがって運動のリーダーたちは、コミュニティ内での士気を高め、国内のエスニック・グループの大部分と、教会、労働組合、人権団体を全国的規模で運動に巻き込むことに専心しなければならなかった[30]。そのうえ、トモコ・マカベによると、アメリカの日系三世とは違って、カナダの日系三世は政治的にとりたてて活発ではなかった。マカベの『カナダの三世』によると、アメリカとは極めて対照的に、彼女がインタヴューしたカナダの三世の大部分は、公的な組織で活動していなかった。また、補償運動の時には、三世はカナダの中流層としてすでに成功していたこともあって、補償運動は多くの人にとって重要な問題ではなく、当時の日系カナダ人コミュニティと関係があるとは考えなかったと、マカベは論じている。「最初から最後まで、補償運動に関係した日系カナダ人は、全体としては人口の非常に小さな部分に限られていた」とマカベは書いている[31]。

しかしながら、こうした主張はカナダの補償運動の何人かのリーダーの見解とは異なっている。たとえば、補償運動の指導者のひとりであり、学者でもあったオードリー・コバヤシは、「日系カナダ人は、(日系アメリカ人とくらべて)補償運動にはるかに多くを費やした。それはあらゆる者にとっての責任だと考えられていた」と主張している[32]。日系人のリーダーのアート・ミキもこの見方をとり、日系人コミュニティが補償問題の解決に積極的な役割を果たし、比較的多数の日系カナダ人が、国や州や地域の機関で、和解の合意の実行に関わったと論じている[33]。また、カナダの日系人人口が比較的小規模だという理由もあって、補償運動への旧世代の参加率が高くなったことも不思議ではない。

しかし、いくつかの日系カナダ人の団体や文化施設で話を聞いたり、そこを訪問したりした経験からは、若い世代は日系カナダ人としての特殊な民族的・文化的・歴史的活動への関心を失いつつあるという強い印象を受けた。アート・ミキ自身がこの見解を認めており、日系カナダ人の文化団体などの行事に参加するのは、高年齢世代が中心だと主張している。[34] 対照的に、ナガタによると、彼女の研究のなかで回答を寄せた日系アメリカ人三世の約七一パーセントが、主として日系アメリカ人で構成される組織の一員であった。[35] また、フジタとオブライエンによると、日系アメリカ人の若年世代は同化を経験しているにもかかわらず、日系人社会に高い頻度で関わりをもち、心理的にもそこにアイデンティティを感じ続けている。一方、社会学者のラリー・シナガワによれば、日系アメリカ人で異民族と結婚している割合は五〇パーセント（男性）、女性で六〇パーセントであるのに対し、[36] カナダの日系人の場合はさらに高く、七五パーセントから八〇パーセントのあいだである。[37] 単に数的な面から考えても、国境の南の日系人よりも日系カナダ人のコミュニティのほうが、その凝集力に対するより重大な挑戦に直面しているように思われる。

若い日系カナダ人が日系社会にあまり参加しないのには、抑留が終わったのち、状況が民族的自覚を持つのを許さず、カナダ社会に同化せざるをえなかったという要因もあるのかもしれない。私たちが話を聞いたカナダの日系人の指導者は、日系アメリカ人の指導者と比べて、周りの社会に統合され、民族的自覚が弱まることによって、日系社会が「死に絶える」ことをはるかに深く憂慮していた。日系カナダ人の補償運動は結局のところ、カナダにおけるその民族的集団意識を維持するのにはあまり生かされなかったようだが、日系アメリカ人の場合は、自分たちの集団に対する過去の不正行為に強い関心を抱いたことで、日系人の民族意識が維持されると同時に、逆説的ではあるが、日系アメリカ人がそれにもかかわらずアメリカ社会の十全たる成員でもあるという感覚も喚起されたように思われる。

日系アメリカ人の場合と同じように、戦略的に重要だったのは、日系カナダ人の場合も、補償運動をマイノリティになされた不法行為というよりも、普遍的な原則にもとづく要求として進めることであった。抑留は人権侵害の問題として打ち出された。同様に、この虐待に対する償いは、特定の集団にだけ関係するのではなく、すべてのカナダ市民に関係する、カナダに特殊な「公正さ」の意識を実現する問題として提示された。オードリー・コバヤシは、補償問題の解決が、日系カナダ人の関心だけではなく、社会全体の変化を反映するものだと理解されなければならないと主張している。彼女によれば、「それは全カナダ人にとっての合意である。なぜなら、公的な過去の不法行為を確認し、それを正す場合の手続きや原則という点で重要な前例を確立しただけでなく、立法上の変化、とりわけカナダ人種関係基金の規定によって、カナダにおける人権法規と人種主義の影響の克服に向けた基盤を潜在的に変化させたからである[38]」。こうしたことはまさしく、これまでに概要を示した永続的な和解の規準にかなうような措置である。また、カナダ市民社会に広くアピールする方法は、日系アメリカ人による補償問題の決着の条件を想起させるものである。

ただし、決着の条件となったカナダ人種関係基金の創設は、いかなる集団に対する人種差別の問題にも対処することを目指しており、〔補償運動のあり方としては〕別の角度からアメリカと対照的な点であった。一九八八年の市民的自由法は、人種に関する権利の侵害についての教育基金を設置するものであったけれども、法律の規定は、日系アメリカ人の抑留体験を合衆国の歴史における「人種」の経験に一般化することを、とりわけ避けようとしたものだった。法案作成に関わった議員たちは、このような曖昧な議論がアメリカ黒人の権利の要求を刺激することを自覚していた[39]。このような要求は、八万人の日系アメリカ人に対する比較的小額の補償とくらべて、はるかに多額な費用を要し、より大きな分裂の脅威を与えるものだった。[40] 人種関係を研究するための基金に代わって、合衆国の補償法では市民的自由公教育基金の創設を定めた。賠償法である一九八八年の「市民的自由法」の名称の持つ拡散性は、特定の民族集団に加えられた過去の不正に対する補償を追及する場合に戦略的な強みとなった。けれども、この法律名の美徳には悪徳も潜んでいた。当該の不正が人種差別に根ざしたもので、異論はあるが今後も注意が必要な進行中の問題であることを示すことができなかったのである。基金は一九九八年一一月にその扉を閉じ、もはや活動を停止している。[41] これに対して、カナダ人種関係基金は一九九七年末に活動を始めたばかりで、現在も活動を続けている。[42]

補償の影響

ここであらためて問うてみよう。立法とそれに付随する謝罪と補償が、日系アメリカ人と日系カナダ人にどのような影響をもたらしたのかを。かつてこれらの人びとを不当に扱った国家との和解の気持ちは高まったのだろうか。私たちの依拠する証拠が限られていることを考えると、推論も限定的なものとなるだろうが、それによって補償問題の解決が主な関係者に与えた影響の感触をつかむことはできるだろう。

多くの日系アメリカ人にとって、賠償立法の達成は、アメリカ人のより広い社会的および政治的集合体に属しているという気持ちを高める作用があった。補償の取り決めは、日系人が国家に統合されており、しかも十全な市民だという意識を強化したか、あるいは、おそらくそうした意識をはじめて与えたように思われる。リベラルな日系アメリカ人の組織である「補償と賠償のための国民連合」（NCRR）で長年活動してきたある人物は、補償によって、彼が他のすべての市民と対等だという認識を得るにいたったと考えている。彼はつぎのように述べた。「私にとって、私が一級市民とみなされているかどうかが決定的に重要な問題なのです」。さらに「人びとが私を好きかどうかは問題ではなく、平等に扱うかどうかだけが問題です。進んで私を平等に扱わないのであれば、和解は無理なのです[43]」とも述べている。

少なくとも一部の日系アメリカ人にとって、補償運動は失われた面目をほどこす手段であった。それが「日本人性」と深く結びついていると考えられていたにもかかわらず、面目をほどこすことは日系アメリカ人にとって広く抱かれた関心であり続けた[44]。これらの人びとにとって、補償は正当性の証明だったといえる。この点に関して、ジョン・タテイシはつぎのように述べている。「面目は日系アメリカ人の行動指針であり、抑留キャンプの経験は、一世や二世の面目を汚した」。さらに「補償は私たちの名誉を取り戻し、アメリカの一部となり、正当だと認められていると感じられることにつながる道であった。もし補償が行なわれなかったとすれば、それ［抑留という不正］はいつまでもわだかまりとなったであろう[45]」と付け加えた。タテイシの補償の決着が「わだかまり」をなくすという見方に対して、NCRRのハル・クロヤマは、「補償では何も終わりはしないし、これからも終わりは来ないのだ」と述べている[46]。

多くの日系カナダ人も、補償によって正当性が証明され、社会にふたたび統合されるという類似した感覚を味わった。日系カナダ人のなかには、過去の権利の侵害をカナダ政府が公式に認知したことを、自分たちが本当にカナダに属していると読み替える者もいた。アート・ミキによれば、賠償法が採択されて、「ついに自分も本物のカナダ人になったように思える」と語った人たちがいるとのことである。(47)話を聞いた人たちのなかのひとりも「補償の結果、二世はカナダ人になったように思った」と説明している。(48)同様に、インタヴューをしたもうひとりも、「補償は日系カナダ人にとって画期となった。なぜなら、私たちの多くはそれまで二級市民のように感じてきたからです」と語った。(49)しかし、社会の一員として認知されることで、日本人としての民族意識や、日本的伝統に対する誇りも強く感じる人びともいた。アート・ミキは、「多くの日系人は、日本人であることを否定的にとらえて生きてこなければならなかった」と強調した。ミキの説明によれば、抑留をどこか自分の責任だと感じてきた日系人もいて、そういう人たちは、賠償によって罪の意識を解消できた。一方で、公的な認知によって、「私たちは政府が間違っていることを知っていた。政府が謝罪するときが来たのだ」との思いを強める日系人もいた。(50)同様にマリカ・オマツは、人生で初めて多くの人びとが、賠償問題の解決によって日系カナダ人であることに誇りを感じられるようになったと書いている。(51)

大枠では、活動家は補償という経験が「癒し」の効果を持つことを認めている。「一般的に言えば、過程全体が癒しの過程だった」という、全国日系カナダ人協会会長のケイコ・ミキの発言は、そのことを端的に物語っている。(52)オマツによれば、補償に関する長い議論の年月は癒しの過程であった。日系社会の人びとは、賠償運動の結果、長年の間沈黙してきた抑留について語り、議論を始めたことで、心理的な変化を経験した。「恥ずべき過去を白日のもとにおくこと、そしてもっと重要な点として、自分たちの権利を求めて闘うことによって、日系社会は深い癒しの過程に入った」と、オマツは書いている。(53)

こうした賠償経験の「癒し」の側面が強調されるのは、過去と折り合いをつける過程に関して心理療法の用語と思考法が広く使われるようになっている状況を反映している[54]。ただし、一般的に心理的治療の分野で見られるように、「癒し」がこうした文脈で何を意味するものなのか完全に明確だというわけではない。多くの人が、補償活動の結果として、心理的に状況の改善を経験するのは疑いのない事実である。さらに、「癒し」は「許し、そして忘れる」という格言を暗に示しているのであるが、賠償問題に関わった人のなかには、人は「許し、そして記憶し」なければならないという見解に傾く人が多い。歴史上の不正行為よって被った傷の「癒し」が一種の忘却をともなうのだとすれば、ヴァルター・ベンヤミンが示唆した過去の受難を「想起的」(anamnestic)に救済しようとする事業と対立することになる[55]。つまり「癒し」と「終結」はいわばその美徳のなかに悪徳を持つのである。過去の苦しみを中和させることは、それに麻酔をかけていることでもあり、健康によいと同時に麻痺させるような方法で「水に流す」ことなのである。

金銭的賠償

前章の図で示したように、補償の決着の経済的側面に対する日系アメリカ人と日系カナダ人の反応では、賠償の政治力学のなかで金銭がもつ象徴的意味が焦点となった。生存している抑留者に政府が支払った賠償金は、「どんなにお金を積もうとも、排斥された人びとの損失と痛みを完全に償うことはできない」とはいえ、抑留によって失った時間・自由・尊厳・プライヴァシー・平等を象徴的に補償するためのものであった[56]。多くの人が記しているように、「観念的なものとしてさえ、現実としては確実に、

(金銭的)賠償は犠牲者に償うにはまったく不十分であった」[57]。こうした文脈にあって金銭は重要ではあっても、どういう意味で重要かは必ずしも明らかではないのである。

金銭的補償の問題は、アメリカとカナダの日系人社会で大いに議論の的になってきた。合衆国の補償活動の中心的推進者のひとりであったジョン・タテイシは、最初は謝罪にまったく関心を持っていなかった。なぜならば「言葉は安上がり」だという観念にもとづいて、金銭的補償を何よりも要求しようと思ったからだ[58]。これに対して、賠償政治においては、世界のすべてのお金でも、過去の不正行為の結果失ったものを償うことはできないという主張がしばしば行なわれる。これは言うまでもなくまぎれのない真実である。歯科医でワシントン州のベインブリッジ島日系アメリカ人共同体の代表をつとめるフランク・キタモトは、「受け取った二万ドルでわれわれの被った屈辱を償うことはできません」と言っている[59]。たしかに、お金は償いの過程の多くで一定の役割を果たすけれども、著しい人権侵害に対する記念的補償の場合には、経済的不均衡を正そうとする場合とは対照的に、実際は金銭が問題ではないのである[60]。このような場合にお金がもつ意味は、厳密に経済的なものではなく、むしろ象徴的なものとなる。

一方、価値のある物と交換できるもの、つまり現代社会では通常それはお金のことだが、しばしばそれだけが、過去の不法行為に補償するために、現実問題として利用できるものである。二万ドルでは日系アメリカ人への損害を償うには不十分だとしていたキタモトも、その発言の後すぐにつぎのように付け加えたのである。「申し訳ないと言うのは簡単だが、金銭がともなっていれば、もっと真実味が増すように思う」と。ジョン・タテイシは、「『誰かの権利を侵せば、金銭で償え』と合衆国の法制度が教えているではないか」と言って、金銭による補償を適切なことだとみなした[61]。金銭的賠償の追求は、しばしば特殊「アメリカ的な」病弊として片づけられるが、たとえそれでは不十分だとしても、やはり金銭的補償を償いの手段とみなしている人びとがほかにもいる。日系カナダ人の賠償運動活動家のアート・ミキはつぎのように述べている。「金銭的補償はかつて起きた出来事の深刻さを象徴するものだが、それで失われたものが置き換えられるわけではけっしてない」。被害者の被った損失を十分には反映していないとしても、金銭的補償は重要であり、それは「金銭の要求が基本的な権利を失ったことに対する代償だからなのだ(62)」。一般に、政治が司法的になればなるほど、過去の不法行為の処理に関して、民事上の不法行為の賠償処理の事例がモデルとしていっそう広まるのである(63)。

それでもなお、賠償政治の他の関係者と同様に、われわれがインタヴューした人たちには、補償とは実のところお金のことではないと主張する傾向がある。むしろ、政府の謝罪こそが補償の成果を真に有意義なものにするのだ。「お金はあまり重要ではない。ある時期には、多くの人が金銭的補償をまったく期待していなかったので、金銭はそれほど重要ではなかった」とアート・ミキは述べた(64)。政府が犯罪を認知して、その責任を負うことが、米加の日系人コミュニティ構成員の多くにとって最大の問題だった。「補償金は（私にとって）何の影響もなかったが、［当時のアメリカ大統領］ジョージ・ブッシュからの手紙は重大な意味を持っていた」とジョン・タテイシは述べている(65)。こうした賠償政治における金銭問題についてのさまざまな考え方は、賠償過程でのより大きな問題を反映している。「お金の問題ではない」という一方で、過去と折り合いをつけるのに成功するには、金銭が決定的なものかもしれないからである。なぜならば、金銭は加害者が過去の損害を償う責任を真剣に考えていることの証左だからである。すなわち、単なる言葉以上に問題と関わる証明になるからだ。

過去の不正行為を正す国の能力に関心を持つ市民の目からみると、賠償は政府の立場を強化する意味があるかもしれない。竹沢泰子は、アメリカ政府は補償の法制化によって、抑留の経験によって大きく揺らいでいた信頼を多くの日系アメリカ人から取り戻したと論じている。[66] インタヴューをした人のひとりは、こうした意見をしぶしぶではあるが認めた。彼は、アメリカ社会ではいまでも人種差別が広がっていると前置きをしながらも、「補償［を行なったこと］によって、この国はもっと堂々たる国になったと思う」と述べたのである。[67]「謝罪の時代」を迎えて、過去の不正行為に立ち向かうことができる社会は、国際世論においても、国民の目にも、大いにその正統性を高めるかもしれないのである。[68]

補償の法制化が人によってそれぞれ異なる意味をもつにもかかわらず、補償の法制化はある程度の和解、つまり、区切りをつけ、正当性を立証され、失われた名誉を回復し、また社会全体の一員であるという意識を提供したように思われる。そうはいっても、それぞれの国の日系人コミュニティにおける補償への反応は、人によって変わることには留意しなければならない。実際、だいたい「コミュニティ」という言葉自体、用いるときには常に注意しなければならない。というのは、いわゆる共通の出自、文化の共有、身体的特徴（またの名はエスニシティ）という考え方が重要であるとしても、個々の人がこれらの問題を同じように見るわけではない。合衆国の日系人へのインタヴューでも、限られた範囲だったとはいえ、日系アメリカ人が維持するさまざまなエスニック団体に所属する人たちのあいだには、見解にむしろ大きな懸隔があった。[69] しかしながら、最終的には、補償運動が、日系人の民族意識の覚醒と、その高揚の現われであったと同時に、アメリカの価値観の受容の現われでもあったと理解できるとする、竹沢泰子の見解は筋が通っている。[70]

カナダでは、補償運動は、日系カナダ人のコミュニティ内部の変貌を反映していた。その間、日系人は政治化し、カナダ政府に挑戦するための政治力を得たのである。コバヤシはこの展開を、集団の構成員が「自分たちの文化的遺産を所有し、それを政治的に多文化主義の表明として主張する能力」という観点から描いている[71]。この点について、アート・ミキは、補償運動がいかに日系人としての一定の誇りを生み、それに対応してエスニック問題への関心を生んだかを説明した。しかしながら、彼はまた、ほとんどの日系カナダ人は同化し、いまや九五パーセントが日系人以外と結婚しているとも主張した。前のコバヤシの言葉が示唆する支配的な、公式的見解として認められている多文化主義のイデオロギーとは対照的に、ミキはきっぱりと「もし自分の民族性を維持すれば、カナダ人にはなれない」と述べている[72]。オードリー・コバヤシも、以前の著作で補償運動によって日系カナダ人の伝統をふたたび取り戻す余地ができたと書いているが、私たちとのインタヴューのなかでは、補償後に日系社会は大部分解体したと述べた[73]。運動に関係した人が非常に少なかったということもあろうが、補償運動は日系カナダ人の民族意識を弱めてカナダに同化させようとする大きな力に対抗できるものではなかったのである。

最後に、抑留経験を生き抜いた人たちにとっては大切であるにもかかわらず、日系アメリカ人と日系カナダ人の指導者たちは、三世以降の世代にとって、抑留経験がエスニック・アイデンティティを明確化するための中心的な要素ではもはやないという点で一致している。これらのコミュニティの長老たちによれば、収容キャンプで尊厳を傷つけられた人びとの子孫は、抑留経験を自分たちが引き継いでいるとは考えていないのである。日系カナダ人の運動家のフランク・カミヤが記しているように、「私の子どもたちはかつての差別を知っているが、子どもたちは活動家ではないし、デモ行進しようとはしない[74]」。

同様に、ジョン・タテイシも「若い人たちは抑留を自分たちの父や祖父に起こったことだと知っているが、そのことに心を奪われることはない」と述べている。[75]「時間はすべての傷を癒す」という古いことわざが、ここではいくぶん関係があるともいえるが、単なる時間の経過が、補償による解決がなくてもそうした効果をもったかどうかは不明である。

博物館と記念

過去の犯罪行為に関して和解を推進するための他の活動として、国家や私的な団体は、過去の不正行為に焦点を当てて、それが繰り返されないようにするための公的教育プログラムや、記念碑のような数多くの記念事業に資金を提供してきた。たしかに、一九八八年の市民的自由法に続く市民的自由公教育基金の創設は、日系アメリカ人への補償の全立法のうちでも重要な要素であった。カナダでも、補償協定に付随するカナダ人種関係基金への資金の拠出が同様の意味をもった。チャールズ・メイヤーは、公の場における和解の一部には、過去の不正行為の記憶を国民のものとし、生き残った人びとの親しい仲間にとどまらず、こうした不正行為の記念を国家規模で行なうことが含まれていることを強調している。[76]こうした記念行為には、過去の不正に対する贖罪をより大きな社会の責務とする、つまり、かつて不当な扱いを受けた人の子孫だけではなく、広く社会に関係する問題にすることが必要である。なぜなら、特定の集団に起きることは、社会全体に係わっているからだ。あるいは、少なくともそういう状態にすることが、過去の不法行為の記念化を追求する多くの活動家の目的である。

こうした背景のもとでは、補償運動は、過去と向き合うことに関係するだけでなく、日系アメリカ人や日系カナダ人のコミュニティの歴史のみならず、社会全体の歴史にもこの過去を組み入れていく方法に関係するものとしてみてよいだろう。結局のところ、抑留経験は「昔も現在も日系アメリカ人の歴史では中心的な出来事である……抑留経験から他のすべての出来事の年代が決まり、比較されるのである」[77]。よって、抑留経験が、日系アメリカ人の経験を表象し、記念する活動で支配的な位置を占めたのは当然であった。しかし、日系アメリカ人の歴史の表象において、抑留経験は実際のところどのような役割を果たしているのか。そうした表象が、日系人社会の人びとの和解の気持ちや過去と折り合いをつけようとする意識を養うのに貢献してきたのか。マーク・セルデンは、教科書における表象を検討し、驚いたことに教科書のほうがこの問題に関して政治家よりも進んだ一面をもっていることに気づいた。それは「公式見解を広めるというより、アメリカ史における大きな不正行為のひとつを正そうとする世論を作り出す役割を担ってきた可能性がある」ということだ[78]。

教科書は、若者の政治教育・市民教育で重要な役割を担っている。しかしながら、すべての世代の人びとに対して政治的な不法行為に関する教育を行ない、「二度と繰り返してはならない」というメッセージを伝えようとする博物館も、この機能をますます担うようになった。こうした博物館は、しばしば歴史的表象の対象となる集団によって立ち上げられた。したがってそれらはいわゆる「ルーツの博物館」であって、「自分たちの」歴史を「所有している」という集団意識に向かう大きな傾向を反映している[79]。こうした背景のもとで、博物館が関係集団の自己理解のために重要な役割を担うと考える者もいる。たとえば、イヴァン・カーフは、博物館がアイデンティティ形成に際して強力な媒介になると論じている。[80] 博物館は、アイデンティティの原料を供給する過去を、表象し、記録し、修正し、展示する重要な役割を担っている。この点では、日系アメリカ人や日系カナダ人が抑留された経験も例外ではない。では、こうした抑留経験は、博物館や他の公的な「記憶の場」で、訪れる人びとにどのように展示されてきたのだろうか。[81]

ロサンゼルスにある日系アメリカ人国立博物館(JANM)は、合衆国における日系人の経験を描写することにつとめている。資金の大部分を日系アメリカ人自身が拠出する事業として、博物館は、少なくとも日系人の歴史についてその自己認識のひとつを反映しており、第二次世界大戦での経験が展示の一番大きい部分を占めている。しかし、マーク・セルデンが研究した教科書とは対照的に、博物館は、抑留に至る日系人への差別と人種主義の長い物語を語っている。[82] JANMの案内板によれば、抑留経験は「国家的な不名誉で、けっして忘れてはならない悲劇」である。この場合に案内板が伝えようとしているメッセージは、いまでは人口に膾炙されている「二度と繰り返してはならない」という掛け声である。これは、もっとも有名なロサンゼルスの日系アメリカ人国立博物館だけに特有のことでもない。シアトルのウィング・ルーク・アジア博物館やその近くにある(ワシントン州の)ベインブリッジ島の歴史協会のような、日系アメリカ人の経験を描こうとする他の博物館でも、同様の語りがみられよう。抑留体験は、これらの博物館の展示でも、主要な、場合によってはほとんど唯一の関心事なのである。

こうした日系アメリカ人の経験の展示には、抑留経験が自分たちのエスニック・アイデンティティの土台にあるとする、老齢世代の日系アメリカ人が広く抱いている見方が反映されている。したがって、

ＪＡＮＭやシアトルの二つの博物館も、抑留経験の常設展示を行なっているのである。そのうえ、特別展は抑留の経験のさまざまな面にも焦点を合わせている。たとえば、行政命令九〇六六号の五〇周年を記念して一九九二年に開催された、ＪＡＮＭの「中からの景色」と題された、抑留期間中に生まれた芸術作品の大規模展示などはその一例である。抑留経験が中心をなすという認識は、老齢世代の日系アメリカ人にとっては、明らかにある種の真実を含むものであるが、われわれは博物館の抑留経験の表象に含まれる政治的・イデオロギー的な展望が、ある特定の見方を反映したものであることを忘れてはならない。つまり、博物館の「表象手段」を支配する人たちの見方を反映していることを。こうした支配は、その表象を誠実で疑いのない真実というマントで包み込む無私無欲な印象を、その支配者に授ける傾向のある「象徴的資本」の一形態となる。こうした真実だという印象は、博物館で展示を準備した人が日系人コミュニティの最善の利益だけを考えているという暗黙の前提によって強化されるのである。この部分的で、必然的に偏向した博物館の展示がもつ性質は、このようにして、この種の取り組みを一般的につつむ善意の暖かな輝きによって見えにくくなるのである[83]。

キャロル・ダンカンが言うように、あるコミュニティの歴史やアイデンティティ、価値観として博物館が展示するものは、そのコミュニティ内の、特定の権力の利害を代表するだけかもしれないのである[84]。たとえば、ＪＡＮＭで展示を行なうのに必要な資金が多額にのぼるというのがひとつの原因となって、日系アメリカ人の経験の表象は、より高齢でより豊かでコミュニティの主流にいる人びとの観点を反映する傾向がある。民族的な博物館で抑留体験を強調することは、特定の日系アメリカ人にとってのエスニック・アイデンティティの中核を構成するものを描くことになる。しかし、こうした自己理解はコミュニティ全体に一般化できないかもしれないので、こうした強調は懐疑的にみられてしかるべきである。実際、すでにみてきたように、前の世代に比べて若い世代は抑留経験にあまり共感することがない。JANMの感性は、ますます同化が進む若い日系人の感性と一致することもあれば、一致しないこともあるだろう。

カナダでもその点は同様である。補償の決着によって調達された一二〇〇万ドルのコミュニティ基金の一部は、「われわれの過去と文化とその遺産を記憶する」ための歴史・文化事業に充当された[85]。こうした資金は、ブリティッシュ・コロンビア州ヴァンクーヴァーの東隣りのバーナビーにある、日系カナダ人国立博物館の建設費の一部として不可欠であった。日系アメリカ人とは対照的に、カナダの日系人社会は規模も小さく、こうしたプロジェクトの資金を自分で出せるほど豊かでもなかった。事情はどうあれ、博物館の重要な使命のひとつは、日系カナダ人の歴史の物語を日系人の後の世代に伝え、世間一般にも知らしめることであった。オードリー・コバヤシによれば、「博物館の目的は、補償運動を生きながらえさせることだった[86]」。開館時の展示「記憶の再構築と歴史の所有」は、こうした語りを伝えるために企画された。この企画は、日系人の抑留体験と補償を描こうとすると同時に、当の物語りを「所有している」という主張を効果的に訴えていた。日系カナダ人国立博物館に加えて、ブリティッシュ・コロンビア州の（比較的内陸部にある）ニューデンヴァーの日系抑留記念館にも、「カナダ史の暗く恥ずべき時代だと今では認知されているもの」を来訪者に想起させるという目的がある。「それは多くの人間が耐え忍ばざるをえなかったが、同時に多くの人が生き抜き克服した苦痛と苦悩を、いまも驚くほど鮮やかに思い起こさせる[87]」。

現代の博物館の展示には、時間を凍結し、記憶するに「値する」ものを選択することで、見る者の記憶を固定する傾向がある[88]。この点で、日系アメリカ人や日系カナダ人のエスニック博物館における抑留体験の強調は、特定の世代の経験と世界観に焦点を当てたものであるということを力説すべきであろう。この世代は、検討している事件に歴史的に近接しているだけではない。それに加えて、この世代は、表象する価値のあるものは、英雄的な偉業というよりも不必要な苦難を特徴とする過去だと力説する、現在流布している言説の所産でもあるのだ。博物館の展示は、苦難を生き残る物語を提示するための特権的舞台である。こういう文脈では、展示との出会いは、アイデンティティと試練の道徳的で感情的な物語になる[89]。

博物館の表象によって伝えられる解釈が予定調和的なものであるにもかかわらず、抑留経験の意味は、日系人コミュニティのリーダーやメンバーのなかで議論の対象であり、それに関して意見は分かれている。さまざまな展示は、抑留経験が日系アメリカ人の歴史の原点であり続け、日系人としてのエスニック・アイデンティティの要だというメッセージを伝えようとしている。ここには、ホロコーストがどのようにしてユダヤ人のアイデンティティの核として扱われるようになったのかに関するノヴィックの議論、少なくともいわゆる「涙を催させる」歴史と呼ばれてきたものとの類似性が見られる[90]。しかし、こうした過去に関する見方が、後の日系アメリカ人や日系カナダ人世代にとって、いや今日においてさえも適切なものであるかどうかはわからない。すでに見たように、若い日系人の世代にとって、抑留は自己認識のうえでそれほど重要ではないと論じる者もいる。たしかに、日系アメリカ人のリーダーであるジョン・タテイシが言うように、「若い世代は抑留を歴史の一コマとして見ることができる」。彼の見解では、ホロコーストへの思いを断ち切れないであろうユダヤ人の場合ととりわけ異なるのは、若い日系アメリカ人には、祖父母や父母の苦難に満ちた記憶の担い手だという意識が希薄だと思われることだ。いわば世代の経過によるこの記憶の忘却によって、後の世代が抑留経験を忘れてしまうのではないかという懸念が二世や三世に生じる。二世や三世の主張によると、このような忘却は、こうした虐待が将来繰り返される危険性を強めるのである。フランク・キタモトは「記憶が薄れるにつれて、この不法行為が繰り返される危険が差し迫ってくる」という[91]。未来の世代が抑留を日系アメリカ人のエスニック・アイデンティティの核心とみなすのかどうか、もしくは、事実上、補償立法と時間の経過が、そうした見方を過去のものにするのかどうかを知るにはさらなる研究を必要としている。メアリ・ウォーターズによれば、エスニック集団の団結を維持するための政治的・経済的な理由がなければ、エスニックとしての自己認識は薄れる傾向にあり、別の自己理解の仕方が立ち現われる[92]。もしそうなれば、人びとはいっそう、エスニック集団ではなく階層や地位に付随する特徴に、自分のアイデンティティを見いだすようになるだろう。日系人の場合であれ他の場合であれ、記憶の企業家が事業に成功しなければ、過去の重要性は薄れるであろう。

日系アメリカ人や日系カナダ人の国立博物館は、両集団の伝統と文化的アイデンティティを保持すると同時に、「父祖の苦難と勝利」への認識を未来の世代に伝えるために建設された[93]。しかし、アメリカとカナダの博物館の状況には大きな懸隔がある。JANMは八〇〇万米ドルの予算と一〇〇人あまりの職員、それに多くの顧問と何百人というボランティアを抱えるだけでなく[94]、ロサンゼルスの旧日本人街の目抜き通りに、最先端の建築様式で建っている。建物自体と周辺地域が重要な観光スポットになっているのだ。

一方、日系カナダ人のコミュニティも、アメリカをモデルとして国立博物館を建設したが、日系カナダ人は、日系アメリカ人のような経済力と人的資源を欠いていた。カナダの博物館を計画した人たちは、日系社会からの資金援助を期待していたが、この希望はかなわなかった。創立者のひとりのフランク・カミヤによると、日系カナダ人の博物館への来訪者の大部分は老齢の日系人である。連邦政府の支援を受けてはいるが、博物館の予算は非常に限られており、たった一人の常勤職員がいるだけだ。そのうえ、博物館を存続させ、来訪者を確保し続けることが、博物館の最大の課題のひとつだとも、カミヤは付け加えている(95)。

アメリカとカナダにある二つの博物館の違いは、両国の日系人社会の第二次世界大戦における経験の違いを反映している。日系カナダ人は、(経済的・政治的・社会的に) いっそう厳しい抑留を経験し、しかもそれに続く離散が日系アメリカ人のような豊かさを得るのをさらに難しくした。フランク・カミヤによれば、「日系アメリカ人の状況はまったく異なっています。というのは、日系アメリカ人の多くは[立ち退きを強制された場所に]戻ることができて、土地を取り戻し、金持ちになったのに対して、日系カナダ人はすべてを失い、追い立てられたからです(96)」。日系カナダ人の人口が、両国の一般的な人口規模を反映して、日系アメリカ人のおよそ一〇分の一であることも付け加えておきたい。したがって、日系カナダ人が日系アメリカ人と同等の富を得たとしても、日系カナダ人が自分たちの体験にほぼ特化した大規模な博物館に資金を出して維持していくのは、必ずしも不可能というわけではないが、困難だったろうと思われる。

過去と現在の類似性：九・一一

メアリ・ウォーターズが言うように、相対的に経済的な成功をして、他集団との婚姻率も高い日系アメリカ人にとって、エスニック・アイデンティティを醸成する政治的要因は本当に低下しているのだろうか。多くの書物がアジア系アメリカ人を、モデル・マイノリティとして、つまり、他の合衆国の非白人マイノリティ、とりわけ黒人から連想される否定的な社会的・文化的特徴を持たない集団として描いている。しかし、そのことは、日系人が過去や将来の差別を気にかけなくてもよいことを意味しているのだろうか。エヴェリン・フー＝デハートによれば、「アジア系の人びとがアメリカの慣習にうまく適応したモデル・マイノリティだとみなされても、依然として異邦人であり、白人のアメリカ人の範囲外に置かれるのである」[97]。これは本当なのだろうか。そうではなくて、日系人は十分な和解を達成し、不愉快な過去から前進できるようになったのだろうか。

日系アメリカ人コミュニティの構成員は、アメリカのすべて人びとに抑留について教育する活動に熱心に取り組んできた。さまざまな公的な賠償行為、たとえば大統領の謝罪や被害者のへ金銭的補償、抑留を記念する試みなどにもかかわらず、私たちの調査では、抑留を経験した人びとが思いに終止符を打ち、和解の意識に到達していないことが明らかになった。抑留経験者は、抑留を一種の未解決な問題、つまり自分たちに起こるのではないとしても、他の集団に対してふたたび起こりうる人権侵害だといまだに考える傾向がある。

その点、九・一一事件によって、日系アメリカ人市民連盟や補償と賠償のための国民連合などの日系アメリカ人組織が、市民権に関する活動を突然活性化させたのは驚くべきことではない。日系人は、とりわけ市民の自由を制限することに反対し、日系人がかつて味わった憲法侵害に似た行為の、実際のもしくは潜在的な犠牲者となる可能性のあるアラブ系アメリカ人の権利を擁護する声明をだした。二〇〇一年末以降の合衆国で、アラブ系の（もしくは誤ってそうみなされた）人びと（主に男性）が容疑もなく逮捕されたことで、私たちがインタヴューした人びとなかには一九四〇年代の初めに日系アメリカ人に起きたことを思い出した者もいた。フランク・キタモトはつぎのように述べた。「ある意味で、今また起きようとしているのです。政府が軍事法廷によって法的手続きを回避しているのをみると恐ろしくなります。……いつ終わるのでしょうか」[98]。どの程度まで（「二度と繰り返してはならない」という）保証の抑止力が達成されたのかという点に関する私たちの質問に対し、ジョン・タテイシは「現在の雰囲気は、何もかも一九四二年に言われたことの繰り返しなのです」と答えた。そのうえ、「異常に危機な雰囲気で、それに非白人が関与しているという状況では、日系アメリカ人への補償が決着したにもかかわらず、それ［大量の逮捕と抑留］がふたたび起こりうるのです。すべてのアラブ人が標的となり、政府は憲法と政治的慣行を気にもとめないでしょう」と続けた[99]。同じように、二〇〇三年にロサンゼルスNCRRが抑留記念日のテーマを公表したときにも、そこには「過去と現在の人種・偏見・戦争の狂気・政治指導の失敗」という言葉が並んだ。この行事の企画者のひとりは、「私たちが一九四二年二月一九日とその結果を記念しようとしているときに、アラブ系アメリカ人、イスラム教徒、南アジア系の人びとは、同じ要因にもとづいて標的にされている」と広告用の冊子に書いた[100]。

こうした発言は、補償問題の決着がどの程度日系アメリカ人の和解と統合に貢献しているのかという問題を投げかける。この点について、ジュディ・バリントは、たとえ犠牲者の要求が満たされたとしても、和解が必ずしも保証されるものではないと論じている。バリントによれば、和解は人びとの日常の生活と恐怖という現実に基礎をおくものでなければならない[101]。九・一一以降、合衆国のアラブ系の人びとが直面した状況によって、日系アメリカ人は、かつてエスニシティを理由に自分たちに行なわれたことをいっそうまざまざと思い出している。政府が権力を濫用するかもしれないという恐怖によって、過去の犯罪に対する補償が行なわれたにもかかわらず、多くの非白人が、社会に十全に受け入れられ、平等に扱われることを期待できるのかどうかを疑っている。ジョン・タテイシは、この点についてつぎのように表現した。「戦争の狂気と、強制移住と抑留を経験した二世として、単に敵のように見えるというだけで、無実の人びとに繰り返し屈辱を与え、迫害する状況がよくわかります[102]」。また別の人物は、「日系アメリカ人は、第二次世界大戦での抑留が大きなトラウマとなったために、その後の半世紀は絶えず同化というアメリカン・ドリームを追い求めて過ごしたが、九月一一日以降に、イスラム教徒やアラブ人のために最初に近づき手を差し伸べた人びとの一員になった」と述べた[103]。

日系カナダ人コミュニティは、主にアルカイダのテロリストに襲撃された国に住んでいなかったという理由で、九・一一の結果に対してまったく異なった対応をした。全国日系カナダ人協会（ＮＡＪＣ）は他の多くの団体と提携してイラク戦争を批判した。また、政府につぎのような助言を行なう書翰を送った。「現状は手に負えなくなるかもしれない」「人種によるプロファイリングやカナダの『反テロリスト法』制定という最近の動きは、すべてのカナダ人に警鐘を鳴らすものである」と。NAJC代表は、メディアに対して「私たちは自分自身の経験からこの危険性がわかる」と述べた[104]。しかし、マニトバ州では九・一一事件に関連した人種関係の事件が起こらなかったこともあり、その指導者たちによると、州都ウィニペグを基盤とするNAJCが公的な論争で果たした役割は限定的であり、その点、サンフランシスコで日系アメリカ人市民連盟が活発な政治活動を行なったのとは対照的だった。NAJCとしては、他の不当な扱いを受けた集団に積極的な助言を行なった。たとえば、最初の諸国民である先住民集団、ウクライナ系カナダ人コミュニティ、「人頭税」問題〔3〕を追及する中国人コミュニティの人びとが、カナダ政府に対してその要求を実現しようとする活動に助言したのである[105]。

そうはいっても、九・一一事件が引き起こした状況によって、多くの日系カナダ人が、恐慌をきたした場合には、外見でわかるマイノリティが容易に標的にされるということを自覚した。けれども、連邦カナダ文化財省の調査官であるジョン・バイルズとヒュメラ・イブラヒムは、九・一一以降、抑留問題は最大の不安材料だったが、「『カナダの多様性モデル』の根本的な欠陥を示すような事態は、国内では起きなかった」と報告している[106]。合衆国が主導したイラク戦争によって、抑留経験がイラク系カナダ人に関して繰り返される可能性について、フランク・カミヤはつぎにように答えている。抑留経験は「ふたたび起こりえるかもしれないが、補償運動によって、人びとは抑留がかつて起こり、それをふたたび起こしてはならないと自覚した」のである[107]。

要するに、私たちがインタヴューした日系カナダ人は、カナダ政府の人種主義に反対する公的な立場と、多文化主義という公的政策の暗黙の前提である包摂の文化の有効性に信頼をおいているようにみえた。補償運動の効果を総括したコバヤシの言葉はそれを端的に示している。「連邦政府と日系カナダ人のあいだで問題の解決をみたことは、人種主義に対する重要な一撃である。これによって、過去の不法行為を公的に補償する先例が生まれ……［それは］人種主義の経験を理解し、人種主義の結果を改善するための社会変化を理解するためのモデルを提供したのだ」[108]。比較してみると、日系アメリカ人に対するアメリカ政府の態度とくらべて、カナダ政府は日系カナダ人に対して、過去の不当行為の償いにより真摯であったように思われる。それは、政治的正統性と社会統合という点で効果を表わした。カナダがアメリカよりも積極的に過去に対処しようとするのは、少なくとも部分的には、カナダにおいて、この特定の住民集団に対して過去の犯罪を公に認知することで、全人口のかなりの部分を占める別の集団に関して「水門を開ける」のを、恐れる必要がなかった結果である。つまり、合衆国の黒人のアメリカ人に関して起こったような事態を危惧しなくてもよかったからである。なるほど、カナダ社会でも他の集団が賠償要求を行なっているが、こうした集団は主としてインディアン、すなわち最初の諸国民である。先住民族に関する王立調査委員会は、その後の議論と交渉を導く大部の報告書を提出している[109]。

結　論

賠償と過去と折り合いをつけることは、どの程度までかつて不法行為を受けた集団に和解の意識をもたらしたのであろうか。第二次世界大戦中の強制収容を償うための補償立法の結果の検証は、和解は、かつて犠牲となった集団にとって、明白な結果というよりも「ひとつの過程」であることを示している。あるレヴェルでは、政府の認知と責任の特定によって正当性が確認され、名誉と平等な立場が回復されたという意識をもたらした。別のレヴェルでは、インタヴューによって、補償によってさまざまに程度が異なる和解が達成されたことがはっきりと示されていた。この研究の結果は、永続的な和解を達成するためには、構造的な変化という枠組みが必要だというバリントの見解と一致する。[110]

そうはいっても、九・一一以来の出来事によって、日系アメリカ人と日系カナダ人は、「証拠のない脅威」として特定のエスニック集団を標的にする危険性にみられるように、社会の構造的状況が変化していないので、「二度と繰り返してはならない」不正行為がふたたび起こりえることを自覚した。カナダの多文化主義に関する公的政策と人種主義に対する相対的により強硬な公的姿勢によって、日系カナダ人は日系アメリカ人よりも政府の危機に対する対応により大きな信頼感を抱いている。対照的に、合衆国の日系アメリカ人の指導者は、一九八二年の戦時下の市民の再配置と抑留に関する調査委員会（CWRIC）によって認定された、第二次世界大戦中の一二万人あまりの日本人と日系アメリカ人の抑留の歴史的原因、すなわち、人種偏見・戦争の狂気・政治指導の失敗が、ふたたび国民に脅威を及ぼしていると感じた。それは、日系アメリカ人が、他のエスニック・コミュニティに起こりつつあることからみて、自分自身の体験を再評価し、九・一一後に公民権の問題に結集することにつながった。日系アメリカ人の政治参加は、自分たちの役割を、市民権運動を指導するというよりも、他の不当な扱いを受けた集団が補償請求を行なうのを積極的に手伝うことだと考えた日系カナダ人よりも、いっそう活発であった。

アメリカとカナダにおける抑留経験の博物館における表象は、他の博物館でも見られるように、過去の特定の見方を神聖なものにすることを狙っている。この観点では、抑留は日系アメリカ人と日系カナダ人の歴史にとって根源的な出来事であった。しかし、これは、かつて虐待を経験したけれども、それぞれの国でのちに比較的成功した集団の観点である。この世代は、抑留後に復帰を果たしており、それ自体としては、若い世代にとっては重要なモデルにはならなかった。年老いた世代が舞台から消え去るとともに、より大きな人口集団に自らますます同化し、それと通婚する若い日系アメリカ人と日系カナダ人は、このエスニック的経験の描写を、自分自身の見方を反映するものだとみなし続けることはないだろうと思われる。

別のレヴェルでは、カナダと合衆国における補償の決着の一部として、「この出来事およびこの種の出来事の原因とその状況を解明するための研究と公教育活動を支援する」特別基金を政府が設立した。[111]合衆国においては、日系アメリカ人の憲法上の権利の侵害が広く一般的な社会に及ぼす影響は相対的にあいまいなままである。ジョン・タテイシが述べているように、「社会全体がこのこと［抑留と補償］をどのように思っているのかはわからない[112]」。どの程度まで一般の人びとがこの過去から教訓を学んだのか、それによって同じような状況が生じた場合に、これに抵抗する心構えがあるのかを知ることは有用であろう。たしかに、日系アメリカ人抑留の歴史は、アラブ系アメリカ人の取り扱いをめぐる最近の論争に、人びとに過去の不名誉な経験を想起させ、再発の警鐘を鳴らすことで、一定の影響を及ぼしている。しかしながら、カナダでは、一般社会が、不寛容と人種主義との闘いの助力となる、カナダの中核的な価値としての多文化主義を支持する重要性について、いっそうはっきりと認識しているように思

われるが、ただしそれは、抑留経験とは別の文脈で生じたことである。(113)

賠償は、日系アメリカ人と日系カナダ人に完全な和解の意識をもたらすことには必ずしもつながらなかったが、補償立法は、「犠牲者に復讐と赦しの間を歩くことを求める特殊で限られた招待状」を提供したように思われる。(114) 比較してみると、日系人に対する不当行為は穏やかなものであり、婉曲的に「避難」と呼ばれた政策の遂行過程で、意図的に殺されたり、拷問を受けたりする者はいなかった。いっそう大きな危害が加えられたところでは、和解の達成はそれの大きさに比例してもっと困難になるであろう。合衆国における奴隷制とその余波はその好例である。

(ローザ・セヴィとの共同執筆)

第4章　四〇エーカー——アメリカの黒人にとっての賠償

二〇〇二年三月二六日火曜日、若き黒人弁護士ディアイドリア・ファーマー＝ペルマンは、フリートボストン・フィナンシャル・コーポレイション、エトナ保険、CSXコーポレイションという鉄道会社、およびそれぞれの会社の前身にあたる会社、さらに前記の会社のように、アメリカ奴隷制度から利益を得た可能性のある一〇〇〇社に及ぶ企業をCorporate Does NOS.1-1000という仮の名称で、ニューヨーク東部地区連邦地方裁判所に提訴した[4]。この訴訟は、三五〇〇万人のアフリカ奴隷の子孫に対する損害賠償を求めるものであった。ただし、原告は、いかなる賠償金も個人に支払われるものではなく、黒人一般に対する医療・教育・住宅環境の改善のための基金に使われると表明していた。訴訟を準備した弁護士のひとりのロジャー・ウエアラムによると、「この訴訟は、個人が郵便受けに小切手を受け取るためのものではない[1]」。この訴訟は、実は当日に提訴された奴隷に関係する不法行為に対する補償を求める三件の訴訟の一件だが、合衆国の黒人への賠償金を求める活動が近年急速に拡大したことの反映であった。

これらの訴訟の公表は、メディアの注目をかなり集めただけでなく、合衆国の黒人が耐え忍んできた経済的不平等と社会的なスティグマを正す手段として、損害賠償を提唱してきた人びとのあいだに、歓喜の声を生むことを期待されていたかもしれない。しかし、もっともよく知られた損害賠償の活動家たちは、この訴訟に対してはせいぜい無反応というところであった。逆に反応した場合にも、これらの活動家たちは、著しく空疎な賞賛を返すだけであった。活動家たちは、ファーマー゠ペルマン訴訟を、損害賠償請求によって黒人のアメリカ人の生活状況を改善するという、活動家たちの描くより包括的な政治戦略に一致しないとみなしたように思われる。その戦略には、単なる経済的な補償以上のもの、合衆国政府も損害賠償訴訟の被告に加えることで、賠償が単に金銭だけに関係するのではなく、三世紀にわたる奴隷制度と人種分離が引き起こした、いっそう広範な損害の回復に対する国家的な政治責任にも関係するという事実に、耳目を集めるという狙いがあった。

目的はさまざまであったとしても、ファーマー゠ペルマン訴訟や賠償活動家が別のところで起こした他の訴訟は、国家、教会、私企業が犯した過去の不正行為を処理するために、法律が著しく頻繁に利用されている一般的状況を反映している。政治的闘争を法的な論争に転換するという、アメリカ生活に古くから見られる姿は、一七五年前にすでにトクヴィルが観察しているが(2)、これは社会関係を鎮静化するというより大きな人類の関心と一致している。またこれは、人種的平等や、より一般的には社会正義に関して経費の削減が進む時代には、一定の政治的目的を達成するのに効果的な方法であるかもしれない。政治問題に対するこのようなアプローチの仕方は、近代的な集団訴訟が一九六六年に法制化されたことで、合衆国ではとりわけ容易になった。この機構は、本来は消費者の小規模な請求を融合するのを容易化する意図で作られたが、時とともに、まったく異なった目的で、はるかに莫大な補償を求めて用いられるようになった。(3) アメリカの公的生活で常に卓越した存在であった法律家たちは、賠償という観念がいっそう広まるにつれて、政治的闘争が戦い抜かれる条件を決定するのに重大な役割を果たすようになった。そのひとつの結果として、訴訟好きは、アメリカ生活の特色だとしばしばみなされているが、ますますグローバル化することになった。他の場所で起こった過去の不正行為に関する法的な蠢動の多くが、いまや合衆国の法廷で起こるので、ジョン・ロックは逆だったのではないかとさえ感じる。つまり、「最初は」全世界がアメリカであったというよりも、むしろ「最後は」全世界がアメリカになったのである。(4)

しかし、法的手段で政治を行なうには、代償を支払わなくてはならない。政治的な紛争をこうした方法で続けると、市民よりも法律家を、いっそう広く開かれた討論や協議の場よりも法廷を優遇することになる。政治的目的を法廷で追求すると、共通の善よりも個人的な目標の実現を狙う人びとの乗っ取りにあう可能性も高まる。政治的な目的が一義的に経済的な問題に関する場合には、とりわけその傾向が強くなる。この種の乗っ取りは、より大きな目的の実現のための媒体として法廷を使おうとする人びとが追求するいっそう広範な政治的目標にとって、きわめて有害な結果をこれまで生じてきた。最後に、法的な決定方法が、大きな社会的変化をもたらす方法として適切かどうかはわからない。こうした変化が起こるのに、法的な操作が何らかの手助けになることもあろうが、大衆の動員も不可欠の要素である。

黒人のアメリカ人に対する賠償を求める闘争

領土の征服よりもむしろ奴隷制度のほうが、合衆国史上における言葉のうえでの自由に対する深い責務を、もっとも甚だしく放棄した例だと一般的にみなされてきた。インディアンたちが国の大部分において周縁的な集団にすぎなくなったという、単なる人口学的な事実もあって、アフリカ系アメリカ人の問題が、先住民の問題よりも、アメリカの公的空間ではそれゆえいっそう大きな注目を集めてきたのである。先住民の問題は、他の入植地の（ポスト）コロニアルな状況（とりわけカナダやオーストラリアなど）の場合には、賠償政治の主要な焦点となっている。黒人にとっての公民権革命の重要性に意義を差しはさむ者はまずいないだろうが、黒人と他の集団のあいだに、とりわけ投獄、貧困、失業、死亡率などにおいて、大きな不均衡が続いていることを考えると、実際に黒人が得たものがどれほど実体のあるものだったのかと疑いを投げかける者も多い。合衆国における黒人の社会的・経済的進歩は、結論が出ないにしても苦悩に満ちた議論の対象であり続けている[5]。一九六〇年代に法的な平等が達成され、かなりの数の黒人中産階級が勃興したにもかかわらず、黒人の多くが経済的に不遇な境遇に留まっているために、おそらく必然的に、人種間の遺伝的な相違の存在を強調する議論や、黒人は怠惰であるか、もしくは他の人びとのようには熱心に働きたがらないという主張の復活が見られるようになった[6]。

その間に、アファーマティヴ・アクションは、長期にわたって、合衆国の黒人に影響を与えている過去の不正行為に根ざす不平等を是正するための適切な対処法だとみなされてきたが、政治的な支持を失い、連邦最高裁判所で深刻な挑戦を受けることになった。こうした結果が生じた部分的な原因は、アファーマティヴ・アクションが、当初の対象であった黒人だけではなく、一九六〇年代半ばの改革以降に、新たに入国した非白人移民にも適用されたところにもある。もっと一般的に言うと、アファーマティヴ・アクションが支持を失ったのは、いまや多数派が、これを個人的な機会を保障するというアメリカの責務を侵害するものだとみなすようになり、特定の集団を優遇することに反対したからである。[7] アファーマティヴ・アクションに対する挑戦のひとつの重大な結果として、多くの人びと、とりわけ黒人インテリ層のあいだで、奴隷制度と人種分離によって引き起こされたとされる、不平等を埋め合わせるための黒人への賠償を要求する声が新たに強まった。たとえば、アフリカ系アメリカ人への賠償を支持する議論において、ロバート・ウェストリーは、アファーマティヴ・アクションに対する民衆の支持の減退と賠償要求の関係を単刀直入に語っている。二〇〇三年に連邦最高裁判所への法的な提訴が公表される前に、ウェストリーはつぎのように主張した。「過去の権利の侵害が永続化しないように対処する方法としての、黒人のアメリカ人に対するアファーマティヴ・アクションは、瀕死の状態にある」。したがって、いま必要なのは、「賠償の議論を蘇らせることだ」。[8]

賠償の議論の復活に関して、この動機は活動家の思考としては顕著かもしれないが、賠償の議論の急増に至る状況には、もっと複雑な要因も絡んでいるように思われる。部分的には、もちろん、日系アメリカ人による補償運動の成功によって、この運動にふたたび火がついたことがあげられよう。黒人の賠償活動家は日系人の運動をしばしばモデルとして参照している。しかし、賠償問題への関心が急拡大した背景には、さらに微妙な要因が隠されているように思われる。一九六〇年代半ば以降に移民政策が変化した結果のひとつとして、合衆国の顔は劇的に変化した。アジア人の移民が相当数にのぼるようになり、新移民の最大の集団が合衆国の裏庭のラテン・アメリカから来るようになった。これらの人口構成上の変化は、世界的な多文化主義の広がりとともに、人種の違いに関するアメリカ人の伝統的な理解の仕方を微妙に変えはじめた。二〇世紀半ばの「アメリカのジレンマ」が白人と黒人の関係だけにもっぱら関わるものだったのに対して、いまや黒人たちは、かつては人口構成の重要な部分ではなかった非白人移民の波と争っている。戦後になり、法律で認められたあらゆる種類の人種差別が正当性を失うとともに、こうした集団はまた、いっそう大きな敬意と認知に値するとみられるようになった。合衆国における民族人種的集団がたどる多様な歴史的軌道に関する多文化主義的な不可知論を背景として、賠償運動は、他の非白人の経験に対する黒人経験の特殊性の再主張を象徴しているとも言えるかもしれない。いかに差別され、社会的に周縁化されていようとも、他のいかなる非白人集団も、組織的に故郷から引き離され、北アメリカで奴隷にされたという主張は行えまい。この点で、黒人の経験は独特であり、賠償を要求する理由も同様に独特であった

ウェストリーの言葉からは、ファーマー＝ペルマン訴訟に象徴されるような現今の賠償請求の活動が、歴史上初めてのものではないこともわかる。比較的成功には恵まれなかったが、過去にも黒人に対する賠償を求めた人びとがいたのである。実際、アメリカのプランテーションの奴隷制度に関連する不法行為と搾取に対して何らかの補償をするという観念は、少なくとも南北戦争の時期にまで遡ることができる。(9) 一八六五年の初めに、ウィリアム・シャーマン将軍が、解放黒人の入植のために、サウス・カロ

ライナのチャールストンの南に位置する、シー諸島と低地帯の一部を利用可能にする計画を表明した。特別軍令一五号によると、それぞれの家族が四〇エーカーの土地を受け取ることになっており、シャーマンはその後、陸軍が入植者にラバを貸すことを許可した。この二つの約束が一緒になって、「四〇エーカーと一匹のラバ」という観念が生まれた。一九六五年六月までに、四万人の黒人が四〇万エーカーの土地を占有し、解放民局はこの方式を、その支配下にあった総計八五万エーカーの土地に拡大しようとした。しかしながら、アンドルー・ジョンソンは、大統領に就任後、解放民局の計画を撤回し、南部連合の土地所有者を赦免し、その土地を返還したのであった。結果的に、プランテーションの解放奴隷は、自由への道を歩みはじめたそのときに、裏切られたという気持ち以外には、ほとんど何の財産も持たずに放置された[10]。

戦後に連邦政府が黒人への土地の再分配から後退したことから生じた極度の失望のために、「四〇エーカーと一匹のラバ」という表現は、賠償を要求するその後の活動家たちに大きな影響を与えた。たとえば、四〇という数字に黒人が感じる象徴的な意味は、日系人の四四二という数字に対する感覚と類似している。この四四二という数字は、第二次世界大戦中に多数の勲章を受けた、日系アメリカ人兵士によって構成された英雄的な連隊の番号に由来し、戦時中に合衆国によって抑留された日系人が補償を求める際に、重要な象徴的な役割を果たすようになった[11]。HR四四二、すなわち抑留された日系アメリカ人への補償を要求する法案が、ちょうど第四四二連隊にちなんで名づけられたように、連邦下院議員のジョン・カンヤーズのHR四〇法案は、アフリカ系アメリカ人に対する賠償問題を検討する研究委員会の設置を求めるものであり、南北戦争後に解放民に対して土地を再分配する試みが頓挫したことに由来している。

一八七七年に再建期が終わり、「分離すれども平等」な施設の合憲性を認めた一八九二年のプラッシー対ファーガソン裁判の判決で頂点に達するような、分離主義的な法律の制定が徐々に進むとともに、黒人たちは基本的な市民権を単に護るだけの闘いと、クー・クラックス・クランのような組織による法の規制外にある暴力との闘いに忙殺された。それゆえ、一九五〇年代に始まる公民権運動の時期に、人種的平等を求める圧力がふたたび上昇するまでは、賠償を要求するという観念はほとんど省みられることはなかった。一九六四年の公民権法と一九六五年の投票権法は、公民権運動の立法活動における目覚しい勝利であり、南北戦争後に憲法修正第一三条、一四条、一五条によって黒人に建前としては与えられたが、再建期が終わった後はほとんど名ばかりだった法的権利を、黒人に与えたのである。しかし、こうした法律上の変化は、重要な意義を有するものではあったが、警察による暴力やねずみが巣食うゲットー、白人と黒人のあいだの明白な経済的格差などを解消するのにはほとんど役立たなかった。他方で、これらの法律やもっと大きな「愛の共同体」を求める活動を先導していた多くの人種を巻き込んだ運動は、この重要な法的勝利を達成したことで後退した。

まもなく、他の人種的なマイノリティ集団が動員されるのと並行して、合衆国の黒人の急進派の一部は、自分たちを「国内の植民地」、すなわち安価な労働力として搾取される集団、ないしは単に勝手に生活するように放置されており、法律というよりは無制約の警察の暴力によって支配下に置かれている集団だとみなしはじめた(12)。一九六六年のストーキー・カーマイケルの「ブラック・パワー」の宣言に続いて、公民権運動は、黒人運動をモデルとして、来たるべき時代に「アイデンティティ政治」を追求することになる集団の活動によって、時とともに取って代わられた。黒人の経験とよく似た経過を説得的に主張できた集団は、「マイノリティの権利の革命」を招来することになる(13)。

この文脈のもとで、奴隷制と法的な人種分離に対する損害賠償という観念が、一九六〇年代から一九七〇年代の初めにかけて、一時的に復活した。当時、こうした観念は、今日考えるほどには極端な主張ではなかったように思われる。なぜなら、リンドン・ジョンソン大統領ほどの人物でさえ、一九六五年にはつぎのように述べているくらいであるから。すなわち「長年にわたって鎖につながれてきた人間を見つけて、その人を解放し、競争のスタートラインまで連れて行き、『君は他のすべての人間と競争する自由を得た』と言ったとして、それでも完全に公正だったと思うことができるだろうか。……機会の扉を開くだけでは十分ではない。私たちの市民のすべてがこれらの機会の扉をくぐり抜ける能力を持つ必要がある(14)」。ジョンソンは、一九六〇年代の半ばの公民権法に暗示されていたようなアファーマティヴ・アクションの観念を事実上是認していたのである。

しかし、多くの者が、黒人がアメリカ生活の競争に参加できるようになるには、こうした観念では十分ではなく、もっと実質的な変化が必要だと感じていた。かつてはガーヴィ主義者で、共産主義者でもあった、「クィーン・マザー」・オードリー・モアは、戦後に賠償の問題を提起した、最初の人間、もしくは少なくとも広く知られた最初の人物だったとしばしば言われている。この主張は、黒人の急進的集団、とりわけブラック・パンサーの政治的課題として組み込まれた。ただし、この言葉自体は、土地の返還ないしは再分配を意味するとしばしば解釈されていた(15)。

「賠償」の観念を一般の人びとがふたたび意識するようになった主なきっかけは、急進的な活動家ジエームズ・フォアマンのいわゆる黒人宣言であった。この宣言は、一九六九年四月末にデトロイトで開かれた、全国黒人経済開発会議によって最初に採択された。フォアマン自身の説明によると、デトロイトを拠点とする革命的黒人労働者連盟の活動家たちとともに文書の中身を作成し、その支持を受けて会議でそれを公表した。この宣言には、「人種主義的な白人の『キリスト教』の教会とユダヤ教の教会に対する五億ドルの賠償金」の要求が含まれており、それは「世界の黒人に対してこれらの教会が負わせてきた何世紀にもわたる搾取と抑圧の」補償であった。この草案を作成した人びとにとって、宣言は単なる金銭的な補償の要求ではなく、「革命的な行動を求め、資本主義と帝国主義のもとにおける黒人の人間的苦痛について語り、こうした状況を終わらせる方法を指し示す」文書であった。デトロイト会議における宣言の公表には、ＦＢＩのエドガー・フーバー長官と司法長官のジョン・ミッチェルを除けば、最初はほとんど誰も関心を示すことはなかった。しかしながら、一九六九年五月四日、日曜日、進歩的なことで有名なニューヨークのリヴァー・サイド教会で、フォアマンが、予定外であり、しかも招かれてもいないのに、言葉を失った信徒たちの前でこの宣言を読み上げたときに、それはより大きな注目を浴びた。黒人宣言では、黒人に利益をもたらすように設計された銀行や大学、職業訓練プログラムのような、その後の賠償を獲得しようとする活動に見られる、黒人の経済的向上のための多くの要求が明瞭に表現されていた[16]。

その日礼拝を邪魔されたリヴァー・サイド教会の牧師、アーネスト・キャンベルは、結局のところ宣言の基本的な観点には肯定的な態度を示した。この点についてはアメリカ聖公会も意見を同じくしていた。当時シラキュース大学にいた黒人の社会学者、チャールズ・ウィリーの論説は、この文書は「予言的なものか、非常識なものか」どうかを問うているが、宣言が賠償を請求すべき相手についてては賛意を表していないとしても、その目的には基本的に共感を示している。奴隷制度に対する賠償を求めて、近年になって民間企業に訴訟が起こされた状況のもとで、後にふたたび登場することになる批評において、ウィリーは、黒人宣言が教会に焦点を合わせたのは誤りである。というのは、宗教組織から得た補償では、「政府を政府の責任から放免することは」できないからだと主張している。(17)

しかし、宣言に対する一般的な反応は、よく言っても冷淡というところだった。フォアマンは革命的黒人労働者連盟の活動家と協力して宣言を作成したにもかかわらず、この組織のすべての成員が宣言の内容を了承したわけではなかった。マイケル・ドーソンによれば、連盟の熱心な一般の会員たちと指導者たちの両方が、宣言で構想されたプログラムを、連盟の活動の「主要な推進力となるべきものからの逸脱」だとみなした。(18)ＮＡＡＣＰ［全米有色人向上協会］の主流派も、宣言で展開された要求を拒否した。『ニューヨーク・タイムズ』の紙上で、ＮＡＡＣＰのリーダーのロイ・ウィルキンズは、聖職者たちに「賠償を幻想だとして取り合わないよう」促した。(19)

結局のところ、文書で概略が示された目的を当初は支持していた人びとまでがしり込みするようになった。さらに悪いことに、ジェームズ・フォアマンが黒人経済開発会議のための振り込みを要請し、複数の教会が拠出していたコミュニティ組織のための諸宗教間基金の資金が流用された。フォアマンによれば、それは「非常に便宜主義的なやり方だったので……黒人の貪欲な聖職者たちによる裏切りは、大きな失望を招いた」。(20)一方におけるより急進的でナショナリスティックな勢力と、他方における黒人教会の緊張関係は、これに続く黒人運動全般に反響することになる。(21)最終的に、フォアマンの体験記は、ナチス時代の不法行為の生き残りに対する賠償金の支払いにおいて生じた口論を予期させる、教訓の物語として読むことができる。[22]

それにもかかわらず、賠償という観念は、合衆国の黒人が経験した不法行為とふたたび連想して考えられるようになった。フォアマンによる「黒人宣言」の公表から数年後に、イェール大学の法学の最高教授であったボリス・ビトカーが、彼の分析である『黒人賠償の論拠』を出版。[23] アメリカの人種およびマイノリティ集団のなかで、黒人は極度に大きな苦しみを受けてきたと主張し、黒人への返済義務のある補償額を算出するための複数の方法を示した。しかしながら、どのような算出方法を採用しても、必要な金額は実際莫大なものになった。なぜなら、その目的は、単に過去の不法行為を認め、謝罪するだけではなく、黒人の経済的平等を向上させるという目標を掲げて、富を再分配することだったからである。そうは言っても、支払うべき金額の推計を行なおうとするビトカーの提案よりも、おそらくいっそう重要なことは、補償の支払い方法に関する彼の議論である。ビトカーは、個人的な支払いは実りのない消費支出につながるとし、必要なものは長期投資だと力説した。彼は、したがって、長期的な組織形成のために、黒人全体に対して支払いを行なうべきだと主張した。[24]

この本はすぐにデリック・ベルによる書評を受けた。ベルは、公民権運動の活動家で、ハーヴァード大学の法学部の教授であったが、法学部が有色人種の女性を雇わないことをめぐって、この威厳に満ちた大学と公然と対決した一九九〇年代初めに、劇的にその存在感を示すようになった。[25] ベルは、長年「解決の難しい人種的公正の追求」を分析してきたが、合衆国における「人種主義の永続性」に絶望するようになった。[26] ベルが人種的平等を公然と支持していることから考えると、アメリカの黒人の状況を改善しようとするビトカーの賠償計画の提案を熱烈に支持しそうなものである。

しかし、「一つの夢の解剖」というタイトルの書評では、こうした企図に立ちはだかる、多くの憲法上の、また法的な障害は克服しがたいとの結論に至っている。彼によれば、「人種的賠償は、法的な可能性というよりも幻にすぎない」のである。つまるところ、ベルによれば、ビトカーの書物で公表された目的の実現は、法的な論争によるのではなく、政治的な展開しだいなのである。「たとえビトカー教授が、黒人賠償訴訟のための揺らぐことのない法的理論を編み出したとしても、賠償計画を採用する必要性か、もしくは少なくとも明白な利益があることを示す、何らかの劇的な事件、重大な危機、悲劇的な状況がなければ、それを支持する裁判官や政治家はほとんどいないだろう。……法的な分析によっては、この国の人種主義の永続に責任のある人びとの観念から展開しなければならないプロセスに命を与えることはできないのだ[27]」。ベルが、賠償の追及に際して、法的闘争よりも政治活動を強調する点には、かなりの説得力がある。しかしながら、ベルの批評にもかかわらず、ビトカーの書物は、賠償という観念を支持する一部の人びとのあいだではいまだに影響力がある。ただし、その後の展開によって、その分析がもはや役立たなくなったと考えられる傾向が強いことも付け加える必要があろう[28]。

実際、ビトカーの書物に対する当時の反応は「穏やか」であった[29]。それには、部分的には明らかに、一九七〇年代初めまでに、黒人や他のマイノリティ集団が好戦性を失いはじめていたという理由も影響している。この時点で、黒人に対する賠償の観念はおおむね水面下にふたたび沈み、その状態は一九八〇年代の末、つまり第二次世界大戦中に抑留された日系アメリカ人に対して一人あたり二万ドルもの補償を行なった（第3章参照）、一九八八年の市民的自由法が成立した直後まで続いた。そのすぐ後に、デトロイト連邦下院議員であったジョン・カンヤーズが、黒人がいまだに奴隷制と人種分離に苦しんでいるかどうかを調査し、もしそれが事実ならば、可能な改善方法を探るための委員会の設置を求める法案を提出したことによって、黒人に対する賠償の観念が蘇った。HR四〇という象徴的な意味を持つ名称のもとで、カンヤーズは法案を議会に提出した。当時の議会の雰囲気は、なるほど不当には扱われたが、黒人のアメリカ人たちがアメリカでの長い滞在中に経験したその苦しみとは、その様相においても、程度においてもほとんど比較にならないと思われるような集団への賠償活動の勝利感で満ちていた。また、同じく一九八八年には、公民権運動の古株の活動家で、ジョージア州の連邦下院議員であったジョン・L・ルイスが、ワシントン特別区のナショナル・モールに、国立アフリカ系アメリカ人歴史・文化博物館の創設を提案する法案の準備を始めており、この提案は後に具体化することになる。[30]

しかしながら、日系アメリカ人への補償が成功したのとは対照的に、カンヤーズの法案は委員会の段階以上に進むことはなかった。おそらく、連邦議会の議員たちは、調査委員会を設置するだけでも、何らかの賠償を求める相当の圧力を生み出す可能性が高いことを認識していたからだと思われる。日系アメリカ人の抑留につながった要因を分析するために、戦時下の市民の再配置と抑留に関する調査委員会（ＣＷＲＩＣ）がいったん設置されると、政治的な推進力は徐々に強まり、ついにはロナルド・レーガン大統領が補償の理念を認めざるをえないところまで行き着いた。連邦議会の調査委員会の発足から、補償法への署名までほぼ八年の歳月が経過した。[31] 同時に、議員たちは、単に選挙区の人びとの見解にしたがって行動していたのかもしれない。一九九七年の世論調査によると、三分の二の黒人が奴隷制への謝罪と補償という提案に賛成していたのに対して、白人の回答者の三分の二は謝罪にさえ抵抗感を示し、八八パーセントもの人が賠償金を支払うという考えに反対していた[32]。ともかくも、結果的に、カンヤーズの法案制定の試みは何も生み出すことはなかった。それでも、カンヤーズが黒人への賠償問題を議論の場に引き戻してからは、この問題は世論のいっそう大きな注目を浴びるようになった[33]。カンヤーズ自身も、いまや賠償が「本流に入った」と思うと述べている[34]。以下では、より現在に近い時代の展開に目を向けたい。

合衆国における黒人に対する賠償：現在に至る展開

合衆国における黒人に対する賠償を求める運動を支持する人びとは、近年ますます声高に、ホロコーストの生存者や、第二次世界大戦中に北アメリカで敵性外国人として抑留された日系人や、さまざまなインディアンの集団に支払いが行なわれたからには、「こんどはわれわれの番だ」と主張するようになった[35]。一九九四年に、つまりもっとも直近の賠償要求運動の初期段階において、ある人物が、読者は「すぐにこの言葉［賠償］をいっそう頻繁に耳にすることになろう」と言い当てている[36]。そうこうするうちに、多くの市議会がこの要求を支持する決議を行ない、ロサンゼルス市は、市と取引のある会社に奴隷制から利益を得たかどうかを報告するように要求する条例を制定した[37]。しかし、賠償運動の成否は、一九七〇年代の初めにデリック・ベルが述べたように、おそらく、その支援者がこの問題に関して、議員たちに十分な圧力をかけられるほど規模の大きな大衆的な基盤を形成できるかどうかにかかっている。

しかも、支持者たちがこれを実現できる、もしくは実現しようとしている兆しはかすかに見えるだけである。

一九九〇年代の後半に、賠償をめぐる議論が広まる一方で、広く世論の関心を呼んだランダール・ロビンソンの書物『負債――アメリカの黒人に対する借り』が二〇〇〇年に現われると、この問題に対する注目度は一挙に高まった[38]。出版と時を同じくして、ロビンソンは、多数の指導的な黒人の政治家、知識人、活動家を、首都ワシントンにあるトランスアフリカ・フォーラムの事務所での会合に召集した。フォーラムは、ロビンソンが、アフリカとアフリカのディアスポラ（とりわけカリブ海地域）に対するアメリカの外交政策に関して、連邦政府にロビー活動を行なうために設立した組織である[39]。ジョン・カンヤーズ議員が基調演説を行なった、この会合のテーマは、「黒人賠償の論拠」について議論することであった。議論のなかでは、以前の「黒人宣言」にはまったく言及されなかったけれども、この会合の進行過程を記載したトランスアフリカ・フォーラムのウェブサイトのページには、「賠償宣言」と題するテキストへのリンクが張ってあり、しかもこの文書の表題は「黒人宣言再説」となっている[40]。おそらく、一九六〇年代末のジェームズ・フォアマンの要求と何らかの関連があると思われるが、トランスアフリカ・フォーラムの「賠償宣言」は、教会の過失や責任にはまったく触れていない。そのかわり、この文書は、合衆国政府の責任に焦点を合わせている。

黒人に対する賠償問題が注目を浴びるようになると、主要なメディアがとりあげたり、テレビのゴールデン・タイムにも登場するようになった。もっとも、それは大部分が教養番組的なものではあったが。二〇〇〇年初めに、ＮＢＣの好評を博したドラマ、『ザ・ホワイトハウス』のエピソードのひとつで、賠償問題が議論され、大統領の次席補佐官、ジョシュ・ライマンと、黒人の法律家、ジェフ・ブレッキンリッジのあいだで醜い言い争いが起こる。ドラマ上のバートレット政権は、彼を司法次官に起用したいと考えていた。しかし、そこにはひとつの小さな問題があった。ブレッキンリッジは、オウティス・ヘイスティングズの『未払いの負債』という本のカヴァージャケットに、熱烈な推薦文を寄せていた。このタイトルは、かなりあからさまにロビンソンの本を示唆していると言えよう。この問題をめぐる口論がジョシュのオフィスで繰り広げられるにうちに、ブレッキンリッジは、「六〇年代には、『あれは私の四〇エーカーだ。そのラバのために私は戻る』と略奪者たちが叫んでいた」と主張した。ジョシュが主張するように、南北戦争で「奴隷制の問題をめぐって六〇万人の白人が死んだ」かどうかをめぐる短い言い争いなどがあり、議論はさらに続いた。ジョシュが明らかに苛立たしいと感じていた、奴隷制に対する賠償をめぐる興味深いが難解な議論の後で、彼はつぎのように言った。「わかっているだろう、ジェフ。私は君にそのお金を与えたいと思っている。本当にそうしたいんだ。でも、いまのところ現金が少し足りないんだ。ナチスの親衛隊の将校が、ビューケナウ［アウシュヴィッツ収容所のキャンプのひとつ］から祖父を出すときに、財布を返すのを忘れたらしいので」。これに対して、ブレッキンリッジは、第二次世界大戦中に抑留された日系アメリカ人に与えられた補償こそが前例として関係があると主張した。結局のところ、ジョシュがブレッキンリッジの主張を認めたかどうかは定かではないけれども、彼は議論から手を引いた。ともかく、ジョシュは、ブレッキンリッジの立場、つまり彼が司法次官として公民権の熱心な擁護者となることを受け入れ、ブレッキンリッジの任命を支持する気になったように思われる。この会話は、このドラマの作者であり考案者でもある、アーロン・ソーキンの知性の賜物である。このエピソードは、非常に効率的に、合衆国の黒人に対する賠償をめぐる論争の重要な特徴の多くをとりあげている。[41] このドラマの放映に続いて、二〇〇〇年の末までに、『ハーパーズ』誌が賠償問題に関する「フォーラム」を設けて、裁判によって賠償金を得る最善の戦略に関して、何人もの高名な法廷弁護士たちの見解を掲載した。[42]

ロビンソンの本によって、賠償という考え方を支持する人びとの関心と活動が高まるとともに、あまり好意的でない人びとの関心も高まりはじめた。二〇〇〇年五月三〇日、保守派の論客のデイヴィッド・ホロウィッツが、オンライン雑誌の『サロン』で賠償という考え方を攻撃した。その記事は、「最新の公民権の災害」というメイン・タイトルを掲げ、「奴隷制への賠償が黒人にとって悪しき考え方であり、しかも人種主義的でもある一〇の理由」というサブ・タイトルがついていた。[43] 記事は、知識人ではない人びとにはあまり読まれない経路に現われたために、明白な反響はほとんどなかった。

しかし、ホロウィッツは、紛糾しそうな問題については非常に嗅覚のきく人間であり、この問題をこのまま放置しておくことはなかった。二〇〇一年の初めに、彼は、合衆国の主要な大学の学生新聞の多くに、「一〇の理由」というタイトルで広告を出そうとした。大部分の新聞は広告の掲載を拒否した。それを掲載した新聞は、郵便箱から配達した新聞が勝手に持ち去られたり、編集部が抗議する人びとによって取り囲まれるなどした。もっとも、それがもっとも顕著に見られたのは、有名な言論の自由運動の誕生の地、バークリーであった。ブラウン大学の学生新聞はこの広告を掲載し、大混乱を招いた。広告の活動が引き起こした旋風の刺激を受けて、『ニューヨーク・タイムズ』は一面記事で、「[ブラウン大学の] 新聞がこの広告を掲載したことで巻き起こった、多くの抗議の影で見過ごされているのは、奴隷制に対する賠償をめぐる国民的なより深い議論であり、この大学には議論を行なう肥沃な土壌があったはずだ」と指摘した。[44] ホロウィッツは、論争とそれにともなう世間の注目を欲しており、その両方をふんだんに手に入れた。

その後、ホロウィッツが引き起こした論争をめぐって多量のインクが費やされた。ビル・クリントンの「人種をめぐる対話」の議長であったジョン・ホープ・フランクリンのような著名な歴史家からさえも活字となった応答があったが、フランクリンはホロウィッツの広告を口汚い攻撃として退けた。[45] かつては自分自身が左翼の言論人であったので（保守主義に鞍替えするまで、新左翼の有力な雑誌であった『ランパーツ』の編集者を務めた）、ホロウィッツは、学生新聞に広告を載せたときに、誰を相手にしているのかを十分にわきまえており、これで左翼の一部に検閲を目指す傾向があることが明らかになろうという、彼がおそらく抱いていた期待は裏切られることはなかった。彼はその後、この問題を十分に利用した。たとえば、アメリカにおける賠償を求める全国黒人連合（N'COBRA）の代表のひとりと、大学のキャンパスをめぐる討論ツアーを行なったのは、そのひとつである。N'COBRAは、ランダール・ロビンソンがふたたび世論の注目を集めるまでは、賠償問題について（比較的目立たずに）活動していた主な集団であった。[46] ホロウィッツはまた、この事件を自身の資金集めにも利用した。彼は精力的に「賠償詐欺」の背後に潜む「人種的ゆすり商法」の「宣伝屋」たちを攻撃したけれども、彼は明らかにこの問題を自分自身の目的に利用するのを厭わなかった。[47] ホロウィッツとその敵対者たちが巻き起こした論争から一年余り立って、かつてはリベラルな見解を代表する雑誌であった『ニュー・リパブリック』も、賠償の観念を辛らつに攻撃する長文の記事を掲載した。この記事は、うわべはロビンソンの本

『負債』の書評という体裁をとっていたが、人種問題に関する比較的保守的な見解により右翼の新星となった、バークレーの言語学教授ジョン・マクウォーターの手になるものであった[48]。この頃になると、賠償問題は、進歩的な人びとのあいだでは有名な事件となり、保守的な人びとのあいだでは嫌悪の的となった。

一義的にはアメリカの国内問題であったにもかかわらず、二〇〇一年の夏の終わりに南アフリカのダーバンで開催された、反人種主義世界会議（WCAR）に先立って討議されたおかげで、賠償問題は世界的な政治問題として注目を浴びるようになった。ダーバン会議に至る準備期間に、有名なNGOのヒューマン・ライツ・ウォッチが、「賠償問題の手引き」と題する文書を公表した。この文書は、直接不法行為の被害者となった人びとに対する賠償と支配と搾取の長期的な結果を正そうとする人びと、すなわち記念的賠償と反制度的な賠償のあいだの溝を埋めようとするものであった。

今日に至るまで、賠償をめぐる議論としてはもっとも熟慮された革新的な提案のひとつとして、ヒューマン・ライツ・ウォッチは、奴隷制と人種的支配の遺産のゆえに、賠償問題をめぐる論争でこれまで焦点となってきた、「合衆国、ブラジル、南アフリカのような特定の多人種国家」を調査するための「事実上の真実委員会」となるものの創設と、「奴隷貿易と植民地主義が、独立後の政府によるその後の活動とは別個に、その国の住民の窮乏にどの程度まで影響を与えてきたのかを検証する特定の国向けの」別の調査組織の創設を提案した[49]。しかし、ヒューマン・ライツ・ウォッチの巧妙な賠償の手法は、自ら直接危害を受けた人びとと、過去の不法行為の結果に今日苦しんでいる人びと、とりわけもっとも貧しい人びとに対する賠償の区別を克服しようとするものだったが、すぐに洪水のなかに姿を消した。

ダーバンにおける議論が、反セム主義的な言葉さえ飛び交う口論へと墜落し、二〇〇一年九月一一日の攻撃、それに続いて市民的自由と人権への挑戦が起きると、ヒューマン・ライツ・ウォッチは、概略をすでに提示していた賠償の検証を求める計画を放棄した。しかしながら、ダーバン会議は、奴隷制は人類に対する犯罪だとする宣言を発し、賠償活動家にさらなる燃料を供給した。

『負債』とデイヴィッド・ホロウィッツとダーバンが生み出した雰囲気に囲まれて、黒人の誰かが公然と賠償理念に反対すれば、他の黒人に対する裏切りとさえ見られかねない状況になった。それでも、かつて二〇〇〇年初めのトランスアフリカ・フォーラムに出席したジャック・E・ホワイトは、『タイム』誌の彼のコラムで、「奴隷賠償のための戦いは、道徳的には正しくとも、まったく望みのない闘争だ」と書いた[50]。『タイム』のコラムニストであれば、あまりに主流派に近いという理由で、賠償運動の支援者たちは無視できるかもしれない。しかし、同じことは、現在の左翼の黒人では、私が知る限り他の唯一の著名な賠償理念の批判者、ニュースクール大学の政治学者、アドルフ・リードについては言えないだろう。リードの進歩主義者としての資格に異議を差しはさむのは難しいだろう。たとえば、彼は何年間にもわたって、(左翼の)雑誌『プログレッシヴ』に「クラス・ノーツ」というコラムを連載していた。それでも、賠償運動に関する批評には少しの手心も加えず、賠償の追求を「政治的な袋小路」だとして切り捨てた[51]。賠償が「アメリカ政治においては明らかに成功の見込みがない」という前提から出発して、リードは、賠償という観念が、アファーマティヴ・アクションの命運さえかなり危うくなった政治状況で、なぜ威力を持つようになったのかを理解しようと努めた。

リードは、賠償の観念には三つの次元、物質的、象徴的、心理的次元があると論じた。リードは、奴隷制や法的な分離によってアメリカ黒人住民に行なわれた経済的不法行為には、明らかに対策を講じなければならないことを認めた。彼はまた、賠償の象徴的次元、過去の不正行為の公的な確認を望む声にも理解を示した。しかし、これには「賠償のレトリックは必要ない」、賠償は「センチメンタルな公的な謝罪と集団的苦痛と癒しに関する感傷的な心理学的な戯言に関するクリントン的やり方」と彼が呼ぶものにお似合いだ、と強調した。ところで、リードがもっとも批判的であったのは、第三の心理的次元に関する賠償活動家たちの議論である。とりわけ、奴隷制の遺物が捻じ曲げた、もしくは破壊したとされる人種意識を正す、もしくは回復する」ことが重要だとする前提を拒否した。そして、この観念を、黒人が抑圧の経験によって心理的に混乱したと主張する「損傷テーゼ」と呼んだ[52]。リードによれば、黒人の窮状を理解するためのこのアプローチは、「上層の黒人たちに特別の指導的役割を明確に割り当てることになる」のであり、上層の黒人は、他の黒人のあいだに見られる心理的な損傷から、自分たちは免れていると信じているのであった。

他の多くの批判者と同じく、リードは、誰がそれを受け取るのかという、賠償金の分配にからむ複雑な問題を克服できないと考えていた。もし支払いが法人に対してなされるとすると、その法人にはどのようにして説明責任を負わせるのか。リードは後にこの批判を拡張して、肉体的な傷害を直接受けた人びとに補償をすることと、その子孫に賠償金を払うことは別の問題だと論じた。リードは、合衆国におけるリンチのおぞましい歴史に関する注目を集めた展示に関連して、この主張を行なった。「もし、既存の先例にもとづいて、賠償を請求できる例があるとすれば、これこそまさにその例だと思われる。名前の明らかな犠牲者と名前の明らかな犯人がおり、しかもその危害も特定できる[53]」。事実上、リードは、一部の人びとが、さまざまの賠償請求を区別し、犠牲者が特定できる場合にだけ、賠償金が支払われる可能性が高いという議論をしがちであったように、「犠牲者たち」と「奪われたものたち」を区別している。そして、これは、逆の観点からみて、一方に加害者、他方に受益者をおいて区別するやり方と符合している。[54] ローズウッドの虐殺、すなわち一九二三年のフロリダにおける黒人に対する襲撃の犠牲者に対して支払われた補償や、一九二一年のオクラホマのタルサにおける人種暴動で襲われた人びとに対する被害補償の勧告などは、この形式によく当てはまる。奴隷制とジム・クロウのもとで歴史的に黒人に対して行なわれた、一般的な不法行為への補償ではなく、これらの事例には、特定の個人とその家族になされた危害に対する賠償が含まれている。[55] それでも、タルサ人種暴動の生存者への賠償勧告を実現しようとする訴訟でさえ、時効の壁に阻まれて、いまのところ成功していない。[56]

しかしながら、結局のところ、賠償という考え方に対するリードの反対は政治的なものである。リードによれば、「賠償運動に関してもっとも理解に苦しむのは、政治的な動員に関する、もっとも単純で、もっともありふれた実践的な問題を完全に無視していることだ。この問題に関して私たちを成功に導く政治的勢力をどのように構築するというのだろうか」。そのうえ、「経済的・社会的不安という共通の状況のもとで、人種、ジェンダーや他のアイデンティティを超える幅広い連帯を構築できる可能性が高まっているときに、人種的に限定された賠償要求は、まさしくこうした連帯の構築を切り崩すことになる」。要するに、リードは、政治的な分裂の種になるとして、賠償という考えに反対したのであり、それは、空虚な、存在しないアメリカの共同体のためではなく、むしろ共通の階級的な立場のゆえにアメリカ社会でもっとも貧しく、その基盤にもとづいて政治的・社会的な変化を求めて動員できる可能性のある人びとのためであった。

リードの主張は、左翼にあっては孤高の声であった。それにもかかわらず、黒人のアメリカ人に対する賠償の追求を伝統的な左翼政治と調和させるのが困難なことは、「奴隷制と賠償」問題を扱った『インターナショナル・ソシアリスト・レヴュー』のベン・ダルビーの記事からも明らかである。ダルビーは、ランダール・ロビンソンに「エリート志向」があるとするリードの見方を共有しているが、その主要な批判の矛先は、賠償が改善するべき根本的な社会的分断を、経済的なものではなくて、人種的なものに見るロビンソンの傾向に向けられている。ダルビーは、「支配階級」はいつも、人種の境界に沿って労働者を分断する手段として人種主義を用いて、労働者の不利益と支配階級の利益をもたらしてきたと主張した。したがって、奴隷制と人種主義から生じた利益がすべての白人の利益となったことを強調する分析は、ポイントがずれているのである。「奴隷制と構造化された人種主義の遺産は、低い労働組合組織率と黒人と白人労働者両方にとっての低賃金を意味してきたのであり、……人種主義との闘いと階級意識の自覚が結合するという潜在的可能性こそ、常に意識される危険なのだ」。したがって、賠償要求に対する正しい答えは、「奴隷制から利益を得た豊かな資本家に払わせる」ことである。しかし、この説明では、支配階級はこの要求を認めることに尻込みするであろう。なぜなら、その意味するところがあまりに重大であるからだ。「これは単に多額の金銭を支払うことに対する抵抗ではない。……[もし、黒人が賠償金を受け取ったとすれば]、つぎは誰に払わなければならなくなるのだろうか。この国のブッシュたちやロックフェラーたちは自問しよう。アメリカン・インディアンは、土地と盗まれた多額の財産を要求している。利益のために組織的に搾取されてきた全労働者階級はどうか」(57)。

この分析の問題点は、「労働者階級」を何世代にもわたって比較的変わることなく存続する半ば人種的な存在に変形していることだ。それにもかかわらず、この議論は、人種にもとづく賠償という考え方を階級にもとづく要求に変形する方向を指し示している。おそらく政治的には見通しがもう少し良いだろうが、賠償という言葉が、過去の不正行為を解決することを意図したものであれ、現在や将来のそれを正そうとするものであれ、単なる富の再分配政策に相当するようなものの実現に有効かどうかは疑わしい。それでも、『インターナショナル・ソシアリスト・レヴュー』が賠償要求に注目したこと自体が、賠償という考え方が左翼のあいだに根を張ったことを物語っている。しかしながら、雑誌の取り扱いは、伝統的左翼の階級にもとづく普遍主義の観点からは、これが厄介な要求だったこともはっきりと示している。

　アドルフ・リードによる黒人への賠償を得るための運動に対する厳しい批判からは、その背後にある政治的動員という、避けて通れない問題が浮かび上がり、さらに言えば、黒人への賠償が実際に実現可能かどうかという問題も浮上する。近年では、二つの主要な集団が賠償問題で活発に運動している。ひとつの集団は、有名な賠償調整委員会（ＲＣＣ）で、当初はハーヴァード大学の法学部教授チャールズ・オーグルトゥリーとランダール・ロビンソンが議長を務めていた。ＲＣＣは二〇〇〇年八月に初めて組織された。賠償の理念を推進したもうひとつの集団は、Ｎ’ＣＯＢＲＡ、つまり、先に言及したアメリカにおける賠償を求める全国黒人連合の頭文字を取った名前の組織である。一九八七年から存在しているにもかかわらず、前者ほど名が売れているわけではない。両者には顕著な違いがある。ＲＣＣの構成員には、今日の合衆国においてもっとも社会的に成功し、存在感のある黒人の知識人と専門職の人びとが含まれている。この問題にこうした人びとが参加しているのは、アメリカ生活におけるこれらの人びとの明らかな成功が刺激した、人種的平等の希望に対する幻滅を反映しているように思われる。この問題に対するその真摯な取り組み方に、けっして疑問を投げかける意図はないけれども、これらの人びととの関与には、「生き残った者の罪悪感」のような雰囲気がただよっている。[58] 対照的に、N'COBRAに関与している人びとは、基本的にそれほど名前が知られておらず、合衆国のブラック・ナショナリストに典型的なアフリカ的な名前を持つ人びとがはるかに多い。二つの団体はいささか釣り合わない組み合わせだと思われる。

RCCも、N'COBRAも、ディアイドリア・ファーマー＝ペルマンが起こした二〇〇二年三月の訴訟を、公然と支持することはなかった。これらの組織の観点からすると、訴訟は一匹狼による活動のように思われたであろう。実際、賠償請求活動における主導権を自らの手に取り戻そうとするかのような行動を取った。RCCのオーグルトゥリーは、訴訟が「フリートボストン、エトナ保険、CSXおよび他の今後指摘される会社に限定され」た月の終わりに、『ニューヨーク・タイムズ』の社説の隣に掲載される署名入り記事において、批判的な意見を述べた。対照的に、「広範な賠償運動は、奴隷制とそれに続く法的な人種差別の時代に、他の民営機関と政府が果たした歴史的な役割を追究しようとする。これらの歴史的調査が目標とするところは、私たちの過去がアフリカ系アメリカ人の現在の状況にどれほど影響を与えているのかを、あらためてアメリカ社会が認識するようにさせることであり、本当に不利な立場にある人びとの手助けをすることで、アメリカをより良い場所にすることである」。[59] いいかえると、ファーマー＝ペルマン訴訟は、賠償調整委員会が想定するような、奴隷制や人種分離とその影響についての公的な議論を刺激することを目的としたのではなく、単なる金銭的な補償の追求にとどまっていたというのである。

訴訟が起こされた三週間後の二〇〇二年四月一三日、N'COBRAの側では、全国評議会が「会員への状況報告」を発行し、ファーマー＝ペルマンの努力を「賞賛する」一方で、共同で弁護団を率いるという申し出を断ったことを明らかにした。その理由は、訴訟が起こされる一二日前までは係争中の訴訟についてはまったく知らされておらず、評議会は、「その法律顧問団が参加せずに計画され実行された法廷戦略に参加することを望まない」からであった。とりわけ、N'COBRAが「アフリカ人の奴隷化に政府が果たした中心的な役割と、［政府が］奴隷制の痕跡の維持に果たし続けている役割を」強調するのとは対照的に、「準備された戦略には、合衆国政府に対して訴訟を起こすことが含まれてはいないように見える」からであった[60]。要するに、黒人のアメリカ人への賠償を求める近年の活動を主導した二つの主要な組織は、ファーマー＝ペルマン訴訟からは距離を置こうとしたのである。その主な理由は、その訴訟が連邦政府ではなく、民間企業だけに的を絞って提訴するものだったからである。ファーマー＝ペルマンが民間企業だけを狙ったことに対する二つの組織の批判は、『黒人宣言』が本来の標的であるべき政府ではなくて、教会に攻撃の矛先を向けたことを批判したチャールズ・ウィリーの場合とよく似ている。

表向きの批判に加えて、RCCとN'COBRAが、ファーマー＝ペルマン訴訟に乗り気ではなかった理由には、物議をかもしてきた賠償弁護士エドワード・フェイガンが訴訟に加わっていた点があったかもしれない。新たに登場した傑出した弁護士は、一九九〇年代末にホロコーストの生存者に対する損害賠償で一〇億ドル以上を勝ち取った裁判の弁護士として、またおそらく自分自身への弁護費用として何百万ドルもの金を手にした人間として、かなりの悪名をとどろかせていた。ホロコーストに関連する訴訟へのフェイガンの参加は物議をかもし、『ニューヨーク・タイムズ』のトップページに、彼がしばしば使ういかがわしい戦略や方法を検証する辛口の特集記事が組まれた。[61] しかし、ホロコーストの生存者の苦しみに対してスイス人に賠償を支払わせる手助けをしたのは、フェイガンにとっては皮切りにすぎなかった。二〇〇二年三月末にファーマー＝ペルマン訴訟を構築する手助けをしたのに続いて、その二カ月後、南アフリカにおけるアパルトヘイトの犠牲者のために、五〇〇億ドルの賠償を求めて、シティグループ、UBS、クレディ・スイスに対して起こされた集団訴訟の弁護団長も務めた。[62] 賠償活動家の観点からすると、ファーマー＝ペルマン訴訟への彼の参加は、賠償を単なる法的な問題というよりは政治的な問題にして紛糾させる可能性があると見えたのかもしれない

結局のところ、フェイガンはN'COBRAとRCCの標的をはずしてしまった。それによって、少なくともある程度は、これらの組織の念頭にあった戦略を実行不可能なものにした。ただし、ここでの問題は、フェイガンによる安っぽい宣伝が行なわれた可能性ではなく、法的に賠償を獲得する戦略を追求するのに、その要求を支える広範な草の根運動がないがために生じる困難だったのかもしれない。二〇〇〇年一月の賠償に関するトランスアフリカ・フォーラムに、N'COBRAの主任顧問弁護士、アジュア・アヤトロが出席しており、彼女とチャールズ・オーグルトゥリーには長年にわたる個人的な付き合いがあったけれども、この時点までは、RCCとN'COBRAは、少なくとも公式にはあまり親密な関係ではなかったように思われる。[63] しかしながら、ファーマー＝ペルマン訴訟が起こされた直後に、

N'COBRAと賠償調整委員会は共同声明を発表し、いっそう緊密に連携して活動することを表明した。この声明は、RCCが賠償訴訟を、今日ではW・E・B・デュボイスの「才能のある一〇分の一」の活動に相当するものであり、この団体が他の黒人から比較的孤立している状況を克服するための試みだと認識していたことを物語っている。N'COBRAの発表によると、両団体が計画する協力体制は、「RCCを［N'COBRAの］支援者とわれわれの仕事の受益者からなるアフリカ生まれの人びとの集団と結びつける。……N'COBRAの広いネットワークのおかげで、RCCと賠償を要求する広い基盤を持つ草の根運動の重要な結合が保障されるのである」[64]。二つの団体は、共通の目標を達成するには、より緊密な連携を保たなければならないと明らかに考えていた。

両組織の関係が改善し、「広い基盤を持つ草の根運動」が声明で言及されているにもかかわらず、このような運動が存在した証拠はあまりない。たとえば、ニューヨーク市では二〇〇二年三月二一日が「賠償啓発の日」だと宣言されたけれども、『ヴィレッジ・ヴォイス』誌の好意的な記者でさえ、この日を祝うブルックリンの行事では、「アイヴィー・リーグの出身者や裕福な活動家が互いに話し合う」場面が見られただけで、「町の他の賠償啓発の場でも同じ場面が繰り返された」と報道している[65]。同様に、二〇〇二年五月にハーレムのハリエット・タブマン校で行なわれることになっていた「賠償を求める全市的総動員一〇〇万人集会」も、ほとんど目に見える反響を呼ばなかった[66]。ハーレムの行事は、二〇〇二年八月一七日の土曜日に、首都ワシントンで予定されていた「賠償のための一〇〇万人全国集会」の機運を盛り上げる意図で開催された。しかし、集会の参加者は比較的貧弱で、おそらく数千人しかいなかった。ただし、RCCの共同議長チャールズ・オーグルトゥリーは、それはとても「活動的な」集まりだったという『ニューヨーク・タイムズ』の記事に賛同したけれども[67]。

奇妙なことに、賠償のための一〇〇万人集会の開催には、RCC、N'COBRAのいずれの組織も加わっていなかった。それに協力したのは、多くのブラック・ナショナリストのグループで、そこには全国黒人統一戦線、新ブラック・パンサー党[68]、統一黒人地位向上協会、つまり二〇世紀初頭にカリブで生まれ、「アフリカ帰還」運動の指導者だったマーカス・ガーヴィーが元来創設した団体などが含まれていた。賠償要求に注目を集めることに加えて、八月の集会では、ガーヴィーの生誕一一五周年を祝うことになっていた[69]。この行進を支えていたガーヴィー主義的、アフリカ中心主義的構造は、政治学者マイケル・ドーソンが最近発見したことを裏づけるものだ。彼によれば、現在の黒人の政治活動においては、他の潮流が比較的弱いために、「ブラック・ナショナリズムが、草の根レヴェルで、過去七五年間のいかなる時期よりも大きな成功を収めている」。すなわち、それは、ガーヴィーがその影響力の頂点を誇ったとき以降ということである[70]。

しかし、「賠償の言語」が黒人の政治活動の「共通理解」の一部になったという、ドーソンの主張は疑わしい。あるいは少なくともそれは、黒人がどの程度まで本気で賠償を実現しようとしているのかについて多くを語ることはない[71]。黒人の若者のあいだに賠償への支持がどの程度広まっているかを検証した、あるアナリストは、都市に住むヒップホップ世代の黒人の若者には、賠償訴訟とその目的についての認識がほとんどまったくないと主張している。ヒップホップを愛する人びとになじみの深い人物、ジャム・デフ・レコードの経営者で創設者でもある、ラッセル・シモンズは、自分の顧客たちのあいだに賠償運動の知識を広め、この問題に関する研究と活動を支援することを約束した。シモンズはまた、かつてNAACPの代表を務め、黒人に賠償の意義を伝えることを誓っていた、ベンジャミン・チャヴィス・ムハメッドが代表を務めるヒップ・ホップ・サミット・アクション・ネットワークに資金を提供した。運動を街頭にまで拡大しようとして、シモンズは、「四〇エーカーとベントレー」というテーマにもとづく宣伝活動を計画した。なぜなら、彼が言うには、高級車に対して「アメリカのこの世代は不幸にも、もっとも強い願望を抱くからだ」。これがヒップホップ世代にいかにアピールしたとしても、このテーマの選択は、黒人以外の国民のあいだに賠償の理念に対する支持を強めるという意味では、十分な計算がなされていなかったと言えるかもしれない。こうした人びとこそ、賠償追求の最終的な政治的成否に、重大な影響を及ぼすと考えられるにもかかわらず。『ヴォイス』の記者はつぎのように述べている。肝心なことは、もし賠償運動がどこかに行き着くとすれば、「弁護士や学者はシャツの袖を捲り上げて、高価な靴を脱ぎすてて、街を歩き回って足を泥まみれにし、古い公民権運動の親衛隊と現在のヒップホップ世代の」あいだにある「裂け目に橋を架ける方法を探さなければならないだろう[72]」。

もし歴史が何らかの指針となるとすれば、この運動が大衆運動となる展望を得るためには、賠償運動の活動家たちは、公民権運動の主流組織と黒人教会の支持を得る必要があるだろう。にもかかわらず、NAACPのウェブサイトを検証してみても、この問題の議論は見られないし、この問題に関する立場の表明はなおさら見られない[73]。しかしながら、特徴的なこととして、このNAACPのウェブサイトには、賠償問題に関する複数の世論調査の結果が掲載されている。二〇〇一年七月二三日に行なわれた世論調査では、「賠償を行えば、長く手付かずのままであった道徳的義務にアメリカが対処するのに役立つか」。という質問に対して、三四パーセントは役立つだろうと答えたが、五六パーセントは役に立たないと答えた。二〇〇二年三月に行なわれた世論調査では、回答者の七一パーセントが奴隷制に関する賠償の可能性を政府が調査することに反対している。最後に、奴隷制から利益を得たとされる企業に対する複数の訴訟が棄却された直後の、二〇〇四年四月初めの世論調査では、NAACPが「奴隷船の保険を引き受けた会社に対する訴訟に同意するか、反対するか」を回答者に聞いている。賛成したのは三分の一以下で、六一・五パーセントがこうした行動に反対した。これらの世論調査の母集団がどのように設定されているかは不明であるが、回答者はNAACPのメンバーだと推定できよう。ともかく、少なくともNAACPは、こうした否定的な結果を知らせたいと思っていたようである。[74]

賠償理念の背後に、草の根の支持者の動員が明らかに欠如していたことを考えると、これまでのところ、この運動のおそらくもっとも顕著な特徴は、黒人教会の存在感が比較的希薄なことであろう。教会は、歴史的にエリート黒人の意見と、大衆による草の根運動をつなぐもっとも信頼のおける仲介者であった。ヒップホップ運動の指導者たちが教会に取って代わり、賠償運動への支持を生み出すのに重大な役割を果たすという希望は、冷静に考えてかなり疑わしいと言えよう。とりわけ、願望の対象がベントレーだと公言している状況では。[75]

おそらく賠償運動を推進していた人びとは、法的な道を触媒として、黒人たち自身と社会全体に賠償という考え方に対する強い関心を生み出そうとしていたのであろう。この戦略を評価するには、公民権運動が、座り込みやボイコット、ワシントンでのデモ行進などをともなって、最初から完成したかたちで現われたわけではないことを忘れてはならない。運動が勢いを得るには時間が必要であった。それは、展望のない、（誤ってはいるが）従順で有名な一九五〇年代に始まったが、最後には「第二の再建期」

に至ったのであった。[76] 一九五〇年代の暗黒の日々の導火線に火をつけた火花は、法的な分離の時代の終わりを告げたブラウン裁判の判決であった。公民権運動の興隆に関するほぼすべての説明で、ブラウン判決は分岐点として語られている。しかしながら、ジェラルド・ローゼンバーグは、ブラウン判決が広範な変化の始まりを告知した主要な契機だとする一般的な説に異を唱え、法廷外の政治的な展開こそ、平等な権利の獲得にとってより重要であったと論じた。そうは言っても、彼が実証主義的な方法論に依拠していたことは考慮すべきだろう。それによると、公民権運動にとってのブラウン判決の重要性を証明するためには、たとえば、マーティン・ルーサー・キングの演説にブラウン判決へのおびただしい言及が必要だということになる。実際、ブラウン判決は、公民権闘争の多くの参加者たちに歓迎され、直接的な影響を与えた。人びとはこの判決をさらに大きな変化の先駆けだと思ったのである。[77] しかし、裁判所の判決それ自体だけでは、「地上の」問題をほとんど変えることはできない。それには政治的動員と法律の強制が必要だという、ローゼンバーグの主張は正しい。[78]

マイケル・ドーソンの研究、『黒人のヴィジョン』のもっとも特徴的な結論のひとつは、黒人の政治的議論や討論が、どの程度まで主流メディアによって広く無視されるようなかたちで行なわれているのかに関するものである。その重要な結果のひとつは、政治的な分析が、黒人にとってのナショナリスト的見解の重要性を過小評価する傾向があるという発見だ。ドーソンによれば、ナショナリズムが近年になって復活してきたのは、主に幻滅が広がったためである。アメリカでもっとも成功した黒人のあいだにさえ、合衆国における人種的平等の進捗の見込みに対する幻滅が広がっている。黒人に対する賠償という考え方は、地下深く黒人のナショナリスト団体のあいだで数年間かけて沸騰し、一九九〇年代末からある程度の力をつけて浮上してきた。その原因としては、他の集団が賠償請求に成功したという大きな社会的文脈と、運動の主要な推進者が社会的注目を集めたということがあげられる[79]。しかし、言葉のうえでは多数の黒人が支持しているにもかかわらず、賠償は、比較的小さな、ただし、しばしばきわめて目立つ集団が先頭に立って主導する活動であり、多くの人にとっては周縁的な関心事にすぎないのである。しかも、直近の賠償活動が始まって以来、合衆国における黒人に対する賠償の考え方に、社会全体が目に見えて共感するようになったという兆候はない。

結　論

この背景のもとで、アメリカ史において黒人が被った不正行為に対する賠償を得るという、たとえそれが本当であったとしても、見たところ不可能な目標を追求することで何が得られるのだろうか。法律を重視する賠償の用語を用いることには利点もあるが、同時にかなり重大な不利益も生むことになる。黒人への賠償を支持する人びとは、ホロコーストに関連してユダヤ人に支払われた賠償金や、第二次世界大戦中の不当な抑留に対して日系人に支払われた賠償金を、先例としてしばしば指摘する。これらの事例は、黒人たちが苦しんできた不法行為や、現在の合衆国における富の形成への黒人たちの無給の貢献に対して、黒人たちも同じように補償の要求をなぜしてはいけないのかという疑問を当然生じさせる。しかしながら、ホロコーストの生き残りと抑留された日系アメリカ人への賠償金の支払いと、自分自身が残虐行為の犠牲者ではなく、（「単に」）奴隷の子孫でしかない人びとへの補償は別問題だという議論にも一理ある。この理由から、タルサの人種暴動に関する裁判は、賠償の仕組みによって富の不平等を正そうとするもっと一般的な試みよりも、成功する可能性がいっそう大きいように思われる。ところが、すでに見てきたように、この事例に関して賠償を求めた訴訟は、時効を理由に棄却された[80]。黒人に対する賠償運動が成功するには、結局のところ、焦点を犯人から受益者に移す必要がある。しかし、これにはとても困難な障害が待ち受けている。運動が奉仕しようとする人びと、つまりアメリカ社会でもっとも恵まれない境遇にいる人びとは、日系アメリカ人のように、起訴可能な法的犯罪の犠牲者では必ずしもないという事実が障害となる。

アメリカ人が賠償という言葉で個人に対する金銭的支払いを連想するようになったからには、何人もの黒人と白人の識者が言及してきたように、このような目標は政治的には見込みがないように思われる。賠償運動の活動家の多くが、大学奨学金基金、中小企業へのローン、アメリカにおける人種的抑圧の歴史への関心を高めるための教育プログラムのような政策を求めているが、賠償という言葉の使い方が未熟なために、個々の黒人に何らかの影響を与えようとすれば多額にならざるをえない金銭的支払いのイメージがつきまとってしまう。しかも、個人への支払いという考え方は、その結果として生じる税負担を引き受ける可能性のある人びとの反発を招く。未払い賃金、機会の喪失等々での黒人に対する支払い義務は、いくつかの推計によると、驚くべきことではないが、天文学的な金額になる[81]。したがって、ナチス支配下で奴隷労働として搾取された人びとに補償するためにドイツ政府が最近設置した基金のような、黒人のアメリカ人に対する個人的な支払いの見通しは、かなり暗いように思われる。

しかし、おそらく個人的な補償は、黒人のアメリカ人への賠償を支持する大部分の人びとの真の目的ではない。これらの反対意見に応えて、チャールズ・オーグルトゥリーはつぎのように主張している。「賠償訴訟が成功したときに得られる何十億、おそらく何兆ドルになるお金は、すべてのアフリカ系アメリカ人に小切手として配られるのではなく、すべての賠償金は信託基金に預けられて、おそらく教会や他のコミュニティのなかで信頼されている組織によって運用されて、『底辺にへばりついた人びと』、すなわちアメリカン・ドリームを完全に実現することができなかったアフリカ系アメリカ人の家族が利用できるようになるだろう。……もちろん、これは家父長主義的なやり方だが、現在直面している問題を克服するにはぜひとも必要なやり方だ[82]」。しかし、もしこれが目的だとすれば、この政策目標の追求に関連して賠償という言葉を使うのは、それが個人への支払いを連想させるので、おそらく逆効果になると思われる。なぜなら、これは貧しい黒人に対する単なる富の再分配政策であって、いずれにせよ、それは現在のアメリカの政治状況では有望とはいえない目標である。「コミュニティのなかで信頼されている組織」によって基金は分配されるべきだという考え方は、オーグルトゥリー自身も十分自覚しているように、物議を醸さざるをえないだろう。もっと重要なことは、単一の賠償訴訟の成功によって資金が利用可能になるという状況はありえないように思われることだ。オーグルトゥリーが非常に重要だとみなし、「賠償訴訟に対する現代的な批判を免れている」（つまり、生き残った犠牲者が含まれている必要がある）としていた、タルサの賠償訴訟が、彼が回想録を書いた後で棄却された事実から見ると、とりわけその可能性は低いように思われる[83]。

結局のところ、合衆国における人種的平等の目標を達成するために、賠償訴訟のような法的戦略を使用するということは、何よりも戦術的な観点から理解しなければならない。賠償を追求すれば、奴隷制と人種分離が、黒人をしばしば虐待し、中傷し、アメリカ生活への完全な参加を否定するような社会をどのようにして作り上げてきたかを、よりよく理解するのに役立つのか。それはアメリカが享受する繁栄を生み出すのに黒人が果たした役割を、さらに十分に認識するのに役立つのか。それは、もっとも恵まれない境遇にいる黒人のアメリカ人の生活と機会の向上に役立つのか。

法的な道は魅力的に見える。なぜなら政治的な状況があまりにも絶望的だからだ。「裁判所は、人民の投票では得られないものを獲得できる唯一の場所だ」とオーグルトゥリーは言った[84]。しかし、この方法は、黒人の政治的目的にあまり関心がなく、法廷だけで勝利を得ればよいと考えるような侵入者に、運動への参加を許すことになる。同様に、金銭の追求は、平等な法的待遇を追及する公民権運動とは異なり、怒りと憎しみをかき立てる。なぜなら、それは、合衆国がこれまで憲法上も、他の方法によってもけっして認めたことのない経済的平等の理念を実現しようとするかのように見えるからだ。たとえ問題がそれほど困難なものではなかったとしても、法廷を通る道のりは長くなるように思われる。賠償訴訟の成功の見込みについて問われて、NAACP弁護基金の法廷代理人のテッド・ショーは、これらの訴訟は、「連邦最高裁判所がわれわれの生涯でもっとも保守的な状況で」行なわれており、「裁判所はわれわれが提起するいかなる訴訟にも敵対的になろう」と答えている[85]。

目標とするものが広範な経済的再分配であり、法的・政治的情勢が非常に望み薄の場合には、政治の司法化は必ずしもいい前兆とは限らない。政治学者で長年にわたってアメリカの人種政治を分析してきたジェニファー・ホーチルドは、この問題を簡潔に述べている。「政治的・道徳的な問題を深く議論するのに裁判制度を使うのは、賠償の要求を専門的な『法律用語で』塗り固めて歪曲することになる。……三世紀以上にもわたたって国家政策であったもの対して金銭的な補償を請求するには、計り知れない費用がかかる。しかも現金を見る可能性が現実的にないとすれば、とりわけそうである」[86]。キャロル・スウェインは以下のような主張を行なっているが、それはほぼ間違いなく正しい。「現在のところ賠償について語るのは得策ではない。人種関係を改善し、本当に困っている人びとを助ける政策に支持を集めるという観点からは、それは、はっきりと有害なものにさえなりうる。現在の賠償をめぐる議論は、白人有権者の感情を刺激し、人種の境界に橋渡しをしようとする試みを頓挫させ、白人ナショナリスト的感情に油を注ぎ、もっとも困窮しているマイノリティ集団の人びとを助けるという、その目的にさえ十分に適っているとは言えない」[87]。

黒人への賠償を求める活動には、運動へと拡大する兆候はほとんどない。なぜなら、合衆国政府が人種によって定義された集団に気前よく資金を配分する見込みがほとんどないように思われるからだ。現代における富と権力の格差の拡大に、本気で立ち向かうためには、現代の不平等に挑戦する人種横断的な運動を構築し、国民の広い層に訴えかける必要があるだろう[88]。

これこそまさに、入学許可基準におけるアファーマティヴ・アクションの利用を擁護しようとする、ミシガン大学の活動を支援した人びとが採用した方法であった。重大な法廷闘争に直面して、政策の支持者たちは、企業、軍隊、学界、「割り当て」(quotas)〔4〕にかつて反対したユダヤ人集団などの代表者を含む勢力を糾合した。これらの代表者たちは、多様な学生集団、結果的には多様性にあふれた知識人がいなくなれば、結局のところ、合衆国の正統性と健全性に危害が及ぶだろうと警告した。その議論は、効率性や効果と、過去の不法行為よりも未来の可能性と有望性を強調した[89]。かなりの程度まで、この見解が、ミシガン法学部裁判において、裁判所の浮動票、つまりサンドラ・デイ・オコウナー判事の（限定的ではあるが）支持を得るのに重要だったと思われる。その結果として、アファーマティヴ・アクションは、かなり不明瞭なかたちではあるが、もう一世代維持されることになったように思われる[90]。

結局、合衆国の人種的不平等は、奴隷制の歴史的遺産を考慮せずには理解できないけれども、その解決策は、奴隷制とジム・クロウの過去の違反行為を強調する法的な用語ではなく、政治家が明瞭に表現できるような前向きの言葉で述べられる必要があるだろう。こうした議論では、過去四〇年間に黒人が勝ち取った、多くの点で注目すべき成果についても、十分に扱うことができなければならない。賠償はこの身近な問題を扱う道具としてはなまくらすぎる。ワシントン特別区のナショナル・モールに、国立アフリカ系アメリカ人歴史・文化博物館を建てるような計画も、アメリカ生活における黒人の役割と合衆国におけるその滞在のほとんど聖書的な性質を認識するための手段として、有望であるように思われる。しかし同時に、もちろん、それはもっとも貧しい黒人の状況を改善するのにはほとんど何の役にも立たない。第2章で概観した言葉づかいを用いれば、博物館は、黒人に対して行なわれた歴史的な不法行為の文化的な側面を扱うのであって、経済的な不法行為を解決することはできない。経済的な不正を改善するには、すべてのアメリカ人に対する経済的平等の向上という、より広い基盤を持つ政治運動が必要になるだろう。社会主義的な左翼の一部が、賠償の旗印を掲げるようになり、より広い平等を目指す指針の一部にした兆候が見られるが、いまだにこうした展開は揺籃期にある。それが階級を超えた大衆的運動に発展していく見込みは、せいぜい不確実というところだ[91]。

この間、アメリカの黒人の一部が擁護してきた賠償要求の形式は、南部アフリカにも強力な影響を与えた。そこでは別の種類の歴史的不法行為が、その違いにもかかわらず、ホロコーストや奴隷制の経験と融合されていた。次章では、こうした主張に目を向けることにしよう。

第5章　ポストコロニアルな賠償——アパルトヘイト後のナミビアと南アフリカにおける賠償政治

前述のように、第二次世界大戦まで賠償という言葉は、主に戦争における勝者が受けた被害に関連して用いられていた。それは、戦争による損害を補償するために国家間で行なわれる取引を指していた。しかし、二〇世紀から二一世紀への転換期に成立した南アフリカ賠償運動（以下、SARM）は、その文書において、賠償を「抑圧された人びとや財産を奪われた人びとに対する、犯罪者が支払うべき負債を指す語」と定義している。[1] SARMや同種の運動にとっての賠償とは、旧来のような意味で戦争をしたかつての敵を罰することではなく、むしろ国家や私企業が過去の悪行に関して、その犠牲となった集団や個人（あるいはその子孫）と折り合いをつけ、償いを行なうことである。歴史と解放の関係についての進歩主義的な以前の見方とは対照的に、SARMや賠償を求める他のさまざまな団体は、過去の不正について折り合いをつけることが、より明るい未来への主な道筋だと唱えている。

本章では、南部アフリカ、とくにナミビアと南アフリカにおける賠償政治の広がりと展開を探る。その目的は、この地域における賠償政治が、賠償という言葉の意味の範囲、つまりアイデンティティ政治により近い記念的賠償から、共通性の政治により近い反制度的賠償までを、典型的に示していると論証することにある。これからみるように、アメリカの（あるいはアメリカで学んだ）法律家やアメリカの裁判所、アメリカにおける法律と政治の関係についての理解は、南部アフリカ（さらに、その延長として全世界）での賠償政治において中心的な役割を果たしている。最後に、本章では南部アフリカにおける賠償政治が、より大きくグローバルな、政治が司法化へと向かう流れの一部であることを示したい。

ナミビアにおける賠償政治

ナミビア、かつてのドイツ領南西アフリカでは、ヘレロの人びとが長年にわたって、ドイツの政府・企業に対して、一九〇四年から一九〇七年にかけてヘレロの人口を激減させた、第一次世界大戦前の一連の虐殺への補償を求めてきた。この虐殺は、ヘレロの土地への入植者による植民の拡大と、ドイツの植民地政府に対するヘレロの人びとの反乱の風聞から生じた緊張状態に続いて起こった。その結果、ヨーロッパ人の支配に対するナミビア北部でのヘレロ人の抵抗を根絶するため、ドイツ人は大量殺戮作戦を行ない、南部においても、ナマの人びとに対するほぼ同時進行の戦争が起こった。一九〇四年八月、北東部でのウォーターバーグの戦いで敗れた後、何千人ものヘレロの人びとがオマヘケ砂漠《ザントフェルト》として知られていた地域（カラハリ砂漠）へ逃れた。ドイツ人は西部、南部、北東部の水源地を封鎖して、ヘレロの人びとをオマヘケ砂漠の居住不能地域へ追い込んだ。[2] ベチュアナランド（現在のボツワナ）までたどり着けなかったヘレロの人びとは砂漠で行き倒れるか、ドイツの偵察隊に捕まって強制収容所に送られた。一九〇四年には首都のウィントフック、北部のオカハンジャ、沿岸部のスワコプムンドに収容所が建設され、その環境はしばしば命にかかわるほど劣悪であった。[3] ドイツ人による迫害の結果、続く二年ほどの間にヘレロの人口は著しく減少した。一九〇四年以前のヘレロ人口の推計にはばらつきがあるものの、その範囲は五万人から一二万人と考えられており、それがドイツ人の攻撃によって一万五〇〇〇人程度に落ち込んだ。どのような基準をもってしても、壊滅的な被害である。[4]

およそ一世紀前に起こった出来事にさかのぼって、ドイツ人がこの過去について償うべきだというヘレロの人びとの訴えは複雑である。[5] ドイツおよびドイツ企業に対する要求は、いくぶん曖昧に、大量殺戮と財産の強奪の両方に関する責任追及にもとづいている。ヘレロの最高首長クアイマ・リルアコによれば、ドイツ人の行動は一八九九年のハーグ陸戦条約に違反している。ジェノサイドという概念は第二次世界大戦まで存在しなかったにもかかわらず、この言葉は、ヘレロ・ホロコーストという概念とともに、ヘレロの人びとに対するドイツ人の焦土作戦を描写するレトリックのなかにたびたび表われている。殺害やしばしば死をもたらす迫害だけではなく、リルアコ首長によれば、ヘレロの人びとの多くが「奴隷」として、強制労働を行なう状態に貶められた。[6] 実際、歴史家ヤン゠バート・ゲヴァルトによれば、「一九〇五年から一九〇八年の間、生き残ったヘレロ人の過半数が強制収容所に入れられ、民間・行政・軍事企業を問わず強制労働に割り当てられた。収容者の多くは女性であった」。ドイツ人はヘレロの人びとを、ナマの人びとと同様に、「単一で、まとまりのない黒人労働者階級」に変えようとしたのである。[7]

殺害と強制労働に加えて、ヘレロの人びとは家畜と土地を徹底的に奪われた。実際、「ドイツは征服によって、ドイツ領南西アフリカにおけるヘレロ人の土地権を消滅させ、ヘレロ人には少しの土地も残さず」、ナミビア北・中央部と北東部の農地の白人による支配の礎を築いた。[8] この不正な割譲から生じる利益は今日まで続いており、ヨーロッパ系とその子孫、とくにドイツ系とアフリカーナーは、政治の領域では多数決原理が導入されたにもかかわらず、ナミビアにおける支配的な経済的地位を維持している。[9] まとめると、ヘレロの人びとに対して擁護しえない不法行為が行なわれたことについては、誰も異論を唱えない。しかし、賠償の問題は錯綜している。その理由は、その不法行為がはるか昔に行なわれたこと。賠償請求の法的根拠が不確かであること。他の集団、とりわけナマの人びとが、かりに民族主義による殺害と強奪に対する賠償請求を望むか、もしくはそれができるとしても、同じような賠償請求を行なわないかもしれないことによる。

しかし、ヘレロの人びとによって提起された権利の要求は、特別な反響を起こしている。なぜなら、ヘレロ人の虐殺は、ナチスのホロコーストと類似したもの、あるいは実際には、その予行演習とみなされてきたからである。[10] リルアコ首長によれば、「ヒトラーがユダヤ人に行なったことは、ドイツによるナミビアの植民地化にその起源がある。ホロコーストはここで、私たちに対して始まった。ヒトラーは、ここで起こったことの延長上にあった」。こうした類似性が推定されるのは、ヘレロ人の虐殺と砂漠への追放が、皇帝ヴィルヘルム二世の意を受けたロタール・フォン・トロータ中将が発した、現存する絶滅命令にもとづいて行なわれたことにもよる。[11] フォン・トロータの命令は、殺害と追放の惨劇をもたらした。しかし、ヘレロ人はユダヤ人の場合と異なって、武装の面で著しく劣り、すぐに圧倒されたとはいえ、武器を取って侵略者と戦った。ヘレロ人の苦しみは、やや婉曲的に「ヨーロッパの拡大」[12]として知られる過程において、ヨーロッパ人に植民地化された人びとがたどった運命の典型であった。対照的に、ユダヤ人はナチスが支配を奪取した社会の一員そのものであり、ドイツの統治への脅威というよりも、単にユダヤ人であるという理由で殺戮された。さらに、ユダヤ人の事例では、ユダヤ人のジェノサイドが最高幹部によって認可されたことに疑いがないとはいえ、絶滅命令の文書は発見されていない[13]。

ヘレロ人のホロコーストを、いまや聖典のようになったユダヤ人のホロコーストの序章とする枠組みは、その後の展開によってさらに補強されている。一九二七年から一九四二年にベルリンのカイザー・ヴィルヘルム人類学研究所長を務めることになるオイゲン・フィッシャー博士は、第一次世界大戦前に、ナミビアの「レホボスの混血人」についての研究を実施した。この「混血人」とは、ウィントフックの南部に住むボーア人（アフリカーナー）の入植者と現地の黒人のあいだに生まれた子孫である。フィッシャーはこの研究にもとづいて、人種的な交雑による子孫は「優性種」に比べて、知的にも社会的にも常に劣っていると結論づけた。ヒトラーはランツベルク刑務所での収監中、これらの研究を読んだ。彼はそこで『我が闘争』を執筆し、フィッシャーの著作は結果的に、ナチスの強制断種政策の根拠となった[14]。この背景を考えると、ヨーロッパ帝国主義時代の人種主義的な略奪が、全体主義的な暴力、とりわけナチスの訓練場となったという、第二次世界大戦直後のハンナ・アーレントの洞察を無視することは難しい[15]。こうした見解は、ヘレロ人に対する虐殺がユダヤ人に対する暴力の予行演習だという見方を支えている。

ヘレロの人びとがさらされた恐怖が明白であるにもかかわらず、[16]ドイツ政府は謝罪や賠償の支払いを拒んできた。おそらくもっとも頑なだったのは、一九九五年にヘルムート・コール首相がナミビアを訪れた際、ヘレロ人の代表との面会をまったく拒否したことである。一九九八年には、ナミビア訪問中の当時の連邦大統領ローマン・ヘルツォークが一切の謝罪を避け、ある新聞記事によれば、問題となる時代には「賠償を義務づける国際法が存在しなかった」と論じた。しかし、彼はさらなる検討のために、ベルリンへ「ヘレロ人の訴えを持ち帰ると約束した[17]」。

ドイツ政府はヘレロ人の要求に対して従来の姿勢を崩さず、事態の進展はないように見える。二〇〇三年一〇月のナミビア公式訪問では、おそらくドイツでもっともリベラルな政党（緑の党）の代表であったヨシュカ・フィッシャー外相が、ヘレロ人の虐殺への正式な謝罪を拒否した。フィッシャーはウィントフックで慎重に言葉を選びながら、「補償に関連するような声明は行なわない」と断言した。ドイツ政府は、植民地主義の遺産を補償によっては解決することはできない、という立場を公式にとっている[18]。この立場は、この地域にいるドイツの外交官によるその後の声明でも再確認されてきた。二〇〇四年初めには、在ナミビア大使ウォルフガング・マシンクが第一次世界大戦前のドイツ人の行ないに「遺憾」の意を示し、「ドイツ政府の代表が謝罪へともっとも近づいた」。大使は同時に、「開発援助はすべてのナミビア国民のためのもので、特定の民族集団のためのものではない」と主張した。しかし彼は、ドイツ政府が一九〇四年の虐殺（ジェノサイドという言葉は使われていない）の記念行為と「あなた方［ヘレロ人］の伝統と文化を保存するための特定の事業」に協力する、と提案した[19]。その後、二〇〇四年七月には、ドイツの在ボツワナ大使が、二〇世紀初頭のヘレロの人びとの殺害について、政府としての遺憾の意を示したが、今回もドイツの開発援助がある特定の民族集団ではなく、すべてのナミビア人の福祉を目的としていると強調した[20]。

ドイツ政府の「援助」はすべてのナミビア人のためだという主張とは対照的に、ヘレロ人の代表は、ドイツが賠償の支払いを拒むのは人種主義によるものだと主張している。ヘレロ人の代表的人物でリルアコ首長の補佐官であるンブルンバ・ケリーナ教授によれば、ヘレロ人とユダヤ人の賠償請求で異なる点は、「ユダヤ人は白人で、私たちは黒人だという」ことである[21]。確認しておくと、この発言はナチスの精神における人種意識の構造を見誤っている。ナチスの目的はドイツの全国民から、あらゆる種類の生存に値しない人びと（*lebensunwerten Lebens*）を浄化することであり、それにはユダヤ人、ジプシー（シンティ・ロマ）、精神障害者、身体障害者、同性愛者が含まれた。またナチスは、ユダヤ人を他の好ましくない人びとのなかでも、とりわけインディアン（すなわち、ネイティヴ・アメリカン）になぞらえた。だがそうした事実は、ヘレロ人の論点からは的外れである。ヘレロ人の代表は、人種的差異を理由に、ドイツ人の征服者によって二度にわたって罰せられてきたのであり、この人種的差異こそが、賠償問題に対するドイツ人の頑なな態度のもとになっていると訴えているのである。

しかし、ヘレロ人の要求に対しては、もうひとつの重要な反対の源がある。それは、ナミビア政府、つまり南アフリカ統治からの解放のための武装闘争を指揮した与党、南西アフリカ人民機構（以下、ＳＷＡＰＯ）の長期にわたる指導者サム・ヌジョマと、その後継者ヒフィケプニェ・ポハンバの政権である。ヘレロ人の指導者リルアコ首長とケリーナ教授からみれば、ナミビア政府はオヴァンボ人に支配されている。実際、オヴァンボ人はナミビアの全人口とＳＷＡＰＯの両方で多数派となっており、野党も主として、民族ごとに組織されているといわれている。[22] この人口構成の結果として、ンブルンバ・ケリーナによれば、「ヌジョマは、ヘレロ人を周縁的な地位に追いやろうとしてきた。いまやすべてが北部に行ってしまう[23]」。

この見方では、SWAPO政府は、ナミビアの主な海外援助国であるドイツとの対立を避けるために、ヘレロ人の要求への支援を拒否していることになる。実際、一九九〇年の独立以来、ドイツ政府は約五億ユーロ（概算で五億七五〇〇万ドル）を、人口わずか三〇〇万人のナミビアの経済的・社会的再建に提供している。そのうえ、SWAPOはある面で過去の追及に抵抗しているとみられてきた。その理由のひとつは、SWAPO自体が「組織的」とまでは言えないまでも、より最近に起こった賠償請求の対象となるような、清算すべき虐殺を抱えているからである。実際、SWAPO政府は解放闘争のあいだの行動について、数多くの問題に直面している。その結果、解放闘争の間にSWAPOに抑留された人びとへの賠償問題が、「独立後のナミビアにおける人権問題の議論を独占してきた」。それはとりわけ「被害者の集団が結束に欠け」、「SWAPOに抑留された人びと以外に被害者を擁護する団体が不足している」からである。[24] しかし西洋世界では、第一次世界大戦前の時代の賠償問題がより大きな関心を集めてきた。その理由のひとつとしては、ヘレロ人のホロコーストがどの程度、ユダヤ人のホロコーストの準備段階だったのかという問題に対して新たな関心が生まれたことがあげられる。

ヨシュカ・フィッシャー外相が表現したように、ドイツ政府は明らかに、特定の「植民地時代の歴史への責任」を感じている。[25] だが、続く開発援助への言及が示すように、ドイツ人はこれらの支払いを、賠償への圧力から来るものとして描くことは望んでいない。とはいえ、海外援助は両国政府のどちらかがそう呼ぶことを望めば賠償とみなすことができるため、これは部分的には純粋に用語上の問題にすぎない。ナミビア政府への海外援助は、かりにそれが賠償とされても、（少なくとも名目上は）国全体に支払われる。それに対して、ヘレロ人だけに向けた賠償は、（誰がヘレロ人かを特定可能と考えた場合）他の民族集団よりも、ヘレロ人の利益になると考えられる。どのような理由にせよ、ドイツ政府には、ナミビアへの経済的な支払いを賠償ではなく開発援助として描き、支払いは特定の集団ではなく社会全体に行なわれるべきだと主張する傾向がある。

ドイツによる虐待については、ナマの人びともまた同じような賠償請求を起こしうるため、ヘレロの人びとの要求は、ナミビア流のアイデンティティ政治の要素を明らかに含んでいる。ヘレロ人への賠償から誰が利益を得るのか（ヘレロ人だけなのか、国全体なのか）と尋ねられた際、リルアコ首長とケリーナ教授は曖昧だったが、首長は「部族主義は、アフリカの死である」と述べた[26]。シドニー・ヘリングは、「ヘレロ民族は、ほぼイスラエル共和国と同じ立場から、賠償を求めている」と論じた。彼は『部族』は『国家』ではない」と認めているが、「賠償のための国際法には、権利を侵害された人びとが国家によって代表されなければならないとする規定はない[27]」。もちろん、ヘリングは正しい。多くの非国家集団が自らの政府からの賠償の獲得に成功しており、このことが賠償という言葉の現在の用法の目新しさでもある。しかし、ドイツ政府に対してヘレロ人が直面してきた困難をみれば、非国家集団が外国政府、それも国家全体に対する歴史的な犯罪への「責任」を表明し、巨額の財政支援を行なっている外国政府に対して賠償請求を行なうことが、いっそう厄介な問題であることがわかる。ドイツ人が一九五〇年代初めに建国期のイスラエルに賠償を支払ったとき、支援と問題となる犯罪の関連性は明らかで、曖昧なところがなく、しかもごく最近のものだった。[28] これらの関連性は、ヘレロ人の場合にはあまり明瞭ではない。

ヘレロ人が要求を続けるにあたって、他の地域における類似の活動の成功はその支えとなってきた。イスラエルの事例とのさまざまな違いにもかかわらず、ヘレロ人は賠償のための議論で、ユダヤ人へのドイツの戦後賠償で定められた先行事例をしばしば引用している。一九九八年には、ンブルンバ・ケリーナが他の類似例を指摘した。ただしその事例は、被害者のための賠償を獲得するという点で、とくに成功しているわけではない。第二次世界大戦中に性的に搾取された人びとに対する犯罪を日本政府が認めたことを耳にして、多くのヘレロ人と同様、祖父がドイツ人であるケリーナ教授は、「ああ、慰安婦は私の祖母だと思った。そして、もし日本人が賠償を払えるのなら、ドイツ人［も］払えるだろうと思った」。[29] だが、慰安婦や第二次世界大戦中に北アメリカで強制収容された日系人への補償は、問題となる犯罪によって実際に被害を受けた人びとへの賠償に関わるものである。（合衆国の場合、前に述べたように、この公式は、黒人による奴隷制への賠償請求の機先を制する手段として成立した。）ヘレロの人びとに関して、こうした請求を行なうことは不可能である。問題となる不正行為からの歴史的距離によって、ヘレロ人の事例はより困難で、複雑きわまるものとなっている。

ヘレロ人への賠償を支持する人びとは法廷を通して、目的の達成を目指してきた。そして、ワシントンでフィリップ・ムソリーノ弁護士という熱心な協力者を見つけた。ムソリーノは、ヘレロ人による請求が「比較的制限された範囲で起こり、目にあまるほどひどく、立証可能」であり、また「事件の訴追を容易にする、実際の絶滅命令」が現存していることから、ヘレロ人が勝訴しうるとみなした。[30] ムソリーノは直近のホロコースト関連の判例で定められた先行事例に従って、虐殺の時点でドイツ領南西アフリカにおいて活動を行なっていた、ドイツ銀行と二つの企業を訴えた。二つの企業は、現在はドイツ・アフリカ・ラインあるいはサフマリンとして知られるヴェーアマン・ラインと、オレンシュタイン・ウント・コッペルとしても知られ、問題の時代に南西アフリカにおいて中心的な鉄道建設企業だったテレックス・コーポレーションである。訴訟では、原告であるヘレロ人賠償組合、ヘレロ人全体、その最高首長クアイマ・リルアコと数十人の個人に対して、二〇億ドルの支払いを求めた。

訴状によれば、被告は「ドイツ帝国と暴力的な同盟にあった」という主張にもとづいて選ばれ、それらの企業は「ヘレロ民族の奴隷化と大量殺戮を容赦なく進めた。……わずか数十年後のヨーロッパでのホロコーストの取り返しのつかない恐怖を、身も凍るような正確さで予兆しつつ、被告とドイツ帝国が形成した商業企業体は、共通の経済利害を追い求めて、明確に認可された絶滅、部族の文化と社会組織の破壊、強制収容、強制労働、医学的実験、女性と子どもの搾取を実行した(31)」。

ヘレロ人がドイツ政府から補償を引き出そうとするなかで、多くの困難に直面していたことを考えれば、当初、企業だけを相手取った訴訟を選んだことは、おそらく驚きではないだろう。ジョエル・ポールは、こうした行動についてより一般的に考察しながら、つぎのように問いかけた、「なぜ国際法はこのとき、このようなかたちで、多国籍企業に着目するようになったのだろうか？……この問題への単純な答えのひとつは、現在でも補償を提供しうる犯罪行為者が企業しかないからである。個々の犯罪者はしばしば、死亡しているか、行方不明であるか、国内法廷の司法権が及ばないか、巨額の被害請求に応えることができないかのいずれかである。多国籍企業は、その永続性、規模や富、さまざまな司法管轄に関わる遍在性によって、唯一の被告として注目されている」[32]。しかし、すべての企業が同じように永続的ではないことが判明する。当初の訴状に続いて、原告はテレックス・コーポレーションを訴訟の被告から外した。問題の不法行為の時点では、同社が別の経営陣のもとにあったという主張を認めたためである。ムソリーノはテレックスに代わって、ドイツ政府に対する二〇億ドルの追加訴訟を加えた[33]。

奴隷制への賠償を求めるさまざまな活動のいくつかが、不正行為に対する政府の責任に光を当てることに失敗したと批判されてきたように、金銭的補償を求めて私企業を訴えることは、国家による犯罪行為の矮小化だとみなされかねない。そのうえ、企業との和解は、一切の過失や遺憾を表明することなく、「これをやり過ごす」ための支払いとなるかもしれない。ドイツ政府からの謝罪を望むヘレロの人びとは、金銭だけでは満足しそうにない。

しかし、謝罪が金銭の支払いの単なる手がかり以上に、ヘレロ人の要求の重要な要素なのかどうかは、十分に明らかではない。二〇〇一年九月のドイツ政府を相手取った訴訟へのコメントとして、リルアコ首長は「ドイツ人は、ユダヤ人が流した血に対して金銭を支払った。私たちに対しても補償せよ。傷を癒やすときがきた」と述べた。ここでは、公式の謝罪や遺憾の表明への言及がない[34]。二〇〇四年一月にも、リルアコ首長は同じ趣旨のことを述べている。「過去の傷は癒やされなければならない。私たちの賠償請求は、私たちの尊厳を回復し、私たちから不法に奪われたものを取り戻す努力とみなされるべきである。……私はもういちどドイツ政府に、私たちの民族のジェノサイドを認め、お互いの利益に関する問題を解決するため、ヘレロ人との対話を行なうことを求める」[35]。実際、私が検討したヘレロ人による賠償請求の文書のなかで、補償の要求とは対照的に、謝罪の要求を目にした記憶はない。

だが、賠償政治に関わる人びとのすべてが、謝罪を受けることに関心があるわけではない。たとえば、前に述べたように、一九八〇年代の日系アメリカ人補償運動の主な立案者ジョン・タテイシは、当初は謝罪に対して関心がなく、経済的な補償のみを望んでいた。彼は「謝罪は、ただの言葉にすぎない」と述べている[36]。彼に関する限り、政府による過去の犯罪行為に対する認知の真摯さを示すのは、金銭だけであった。しかし、結局彼はこの方法が誤りだと説得され、強制収容された日系人は最終的に、公式の謝罪と金銭的補償の両方を得た。

しかし、ドイツの政府・企業が訴訟の対象だとすれば、なぜ合衆国で訴訟が行なわれるのだろうか。賠償要求に関するドイツ政府の頑なさを考えれば、ヘレロ人がドイツの法廷での勝算は少ないと考えたとしても不思議ではない。実際、ある報道によれば、ヘレロ人は「そこのほうが勝算が大きいと判断したために」合衆国で訴訟を起こしたという[37]。しかし、なぜそうなるのだろうか。それはある面では、「損害への補償を獲得し、社会問題を解決する手段としての私的訴訟に依存する、法律文化の自然な所産」である。くわえて、アメリカの法制度のさまざまな特徴、とくに敗訴しても罰金がなく、(損害への補償に加えて)懲罰的損害賠償が可能である点などは、合衆国をこうした種類の訴訟を行なうのに恰好の場にしている[38]。ここで決定的に重要な法律は、外国人不法行為請求権法である。この法律はそもそも一八世紀末、海賊行為による損害請求を可能にするために成立したもので、比較的最近までほとんど利用されなかった。さらに、一九八〇年代初めのフィラルティガ対ペナ＝イラーラ事件では、「合衆国裁判所は、外国人が、合衆国市民でない個人から受けた人権侵害に対する賠償について、合衆国での訴訟を行なうことが可能だと認めた[39]」。同じような判例にともなって、その後、合衆国裁判所における人権裁判や賠償請求への扉は、より大きく開かれた。

しかし、合衆国においてさえも、法的な道筋には曲折があった。二〇〇三年六月、コロンビア特別区裁判所は、ヘレロ人の訴訟がその管轄外であると宣言した。これに対応して、原告は、こんどはニューヨーク州裁判所で訴訟を起こした。[40] 法的論争はしばらくのあいだ続くにちがいない。ヘレロ人の法的行動が直面する困難は、「私たちはどこまでさかのぼるべきか」という、見慣れた問いを提起する。ヘリングは、ヘレロ人が南アフリカによる統治の間、賠償請求から事実上閉め出されていたこと、アパルトヘイト後の南アフリカが一九一三年の先住民土地法、すなわちヘレロ人が補償を求めている犯罪行為で被害を受けたのとほぼ同時期までさかのぼって、不動産の返還請求を認めていることを指摘している。[41] そのうえ、ドイツのブランデンブルク州は近年、ヴァチカンとのあいだで、宗教改革期および一九世紀初めに没収された教会財産への補償として、ブランデンブルク州が教会に対して一〇〇万ユーロ以上を支払うという条件の協定を結んだ。[42] このような合意からは、私たちがどこまでさかのぼれるのかについての、あらゆる法的制限が取り払われたかにみえるかもしれない。

賠償請求への展望がこうして開いたことに続いて、現代南アフリカにおける賠償政治の複雑な問題へと向かおう。そこでの賠償請求はきわめて最近のものから、ヨーロッパ人が南アフリカの地に到来したその瞬間にさかのぼるものまで、多岐にわたっている。

アパルトヘイト後の南アフリカにおける賠償政治

南アフリカにおけるアパルトヘイト後の情況は、きわめて多数の賠償政治の現場となってきた。これらの運動は一般に、三つの類型に分けられる。ひとつは主に、私が象徴的要求と呼んできたもので、真実と和解委員会（以下、TRC）の賠償委任とクルマニ・サポート・グループの活動から生じたものである。もうひとつは、ジュビリー南アフリカのような団体の反グローバリゼーション活動から生じる反制度的賠償要求で、これらの要求は多かれ少なかれ、アパルトヘイト時代の過去だけを対象にしている。最後は、反制度的賠償のより過激なタイプで、一六五二年以来のヨーロッパによる植民地化の歴史全体における、アフリカ人の土地の強奪に対する異議申し立てを含んでいる。この種の賠償を支持する人びとは、「私たちはどこまでさかのぼるべきか」という問いに対して、「はるか昔まで」という答えを出すだろう。

だが、この賠償要求団体のリストでさえ、賠償問題をめぐって活動してきた団体のすべてを網羅しているわけではない。アフリカーナーの団体がイギリス女王に対して、二〇世紀への世紀転換期のボーア（南アフリカ）戦争における、強制収容所の使用に対する謝罪を求めていることも無視できない[43]。もしヘレロ人による請求の痛切さが、第一次世界大戦前のナミビアでの出来事がユダヤ人のホロコーストの予行演習だった、という見方によっていっそう強化されているとすれば、イギリス国王に対する謝罪の要求は、強制収容所に歴史上初めて収容されたのはボーア人だという主張によって、気品が増している。しかしながら、アパルトヘイト後の体制下におけるアフリカーナーの怨恨は、また別の話である。以下では、アパルトヘイトに限定した、あるいは植民地主義一般に対する賠償を求める人びとに焦点を当てる。なぜなら、これらの要求は、アパルトヘイト後の南アフリカ社会において、もっとも重要な賠償請求となってきたからである。

現代南アフリカで要求されてきた賠償のさまざま類型を検討する前に、賠償という概念そのものが、南アフリカ人に受け入れられるうえでいくらかの困難をともない、それはかなりの程度、国外とりわけアメリカの（あるいは、少なくともアメリカで学んだ）法律家によって、南アフリカに持ち込まれたものであることに留意すべきである。[44] 暴力・和解研究センターのクリス・コルヴィンによる、南アフリカにおける賠償政治についての貴重な研究によれば、ＴＲＣは一九九七年の時点で、委員会によって特定された被害者数を「当惑するほど少ない」と考え、それに対応して、人びとを委員会での証言の過程に参加させるために、賠償の概念を用いはじめた。[45] いいかえれば、賠償はその時点では、潜在的な被害者が要求したものではなく、ＴＲＣがその活動への関与を促すために用いた餌だったのである。

被害者の側で賠償請求への関心が比較的低い状態は、今後劇的に変わるだろう。南アフリカで賠償の概念を普及させるのにとりわけ重要な役割を果たしたのは、アート・セロタという活動家兼法律家だったかもしれない。彼の名前は、この地域の賠償活動家やその他の人びととのインタヴューのなかで、数え切れないほど登場する。セロタは、合衆国と南アフリカにおける人種的公正に関わる運動に長らく携わっており、一九九六年には合衆国における賠償の必要性を論じた著書を出版している。[46] 賠償政治の登場の主な要因を一個人に帰するのには躊躇があるが、賠償問題についての彼のたゆみない活動が、南アフリカ全土のみならず、合衆国にもその足跡を残していることは否定できない。同様に、ハーヴァードで学んだ南アフリカ人法律家で、ウェスタン・ケープ大学の法学教授のジェレミー・サーキンも、ニューヨーク州で業務経験があり、ヘレロ人の法律顧問を務めている。

アパルトヘイトの賠償問題に関連して、アフリカ南部と合衆国を拠点とする活動のあいだに、高いレヴェルの協力と協調が生じていると、指摘することもできよう。こうした展開は、ワシントンのトランスアフリカ・フォーラムの指導者に関して顕著にみられる特徴である。二一世紀の初めに、創設者ランダール・ロビンソン（執筆活動のため、カリブに引退）から、労働組合運動家ビル・フレッチャーが会長を引き継いだ後、両大陸の賠償運動家のつながりはいっそう強まったように見える。たとえば、アパルトヘイトによって得られた利益に対して賠償を求める二〇〇二年一一月の訴訟（二二四頁を参照）では、フレッチャーが連絡窓口となる人物のひとりに挙げられている。人種の境界線が一国的現象ではなく、グローバルな現象だというデュボイスの指摘が、アフリカ人とそのディアスポラによる子孫への賠償を獲得する運動に関して、復活していると言うことができるかもしれない。これらの団体を結びつけるうえで、賠償の言説が近年重要な役割を果たしてきたかもしれないが、合衆国とアフリカの黒人のあいだに共感が生じたのは、これが初めてというわけではない。一九五〇年代と一九六〇年代の公民権運動に関わった人びとの多くは、自らの活動を、人種的な不正行為を克服するための世界的な運動の一部と考えていた(47)。

南アフリカにおける記念的賠償要求

南アフリカ真実と和解委員会は、多くの理由から、世界中で過去と折り合いをつける方法を求める団体のなかで、特別の権威を誇ってきた。TRCは最初の真実委員会でも、もっとも成功をおさめた委員会でも必ずしもないが、いまや移行のための正義に関するすべての事例のモデルとみなされている。[48]この高い地位は、おそらく二つの事実によるものである。ひとつは、委員会を二人の聖職者デズモンド・ツツ大主教とアレックス・ボレインが主導し、その進行にキリスト教的な許しと和解の色彩を与えたこと。もうひとつは、委員会が人種的な支配制度への最終結審に立ち会ったことが関係している。この人種的な支配制度は、その最終的な撤廃の頃には異様な変則的存在となっており、そのために世界的な注目を浴び、その非難の的となっていた。

しかし、加害者と被害者の両者に証言をする機会を与えた、TRCのいまやほぼ神話的な地位のために、私たちは多くの未完の事業が残されたままだという事実から目をそらしがちになる。[49]TRCは、アパルトヘイト後の南アフリカ人の生活に大きな影響を与えるのに失敗した。その理由のひとつは、TRCが、アパルトヘイト国家が残した黒人と白人の著しい経済的不平等に対処しなかった、あるいはおそらく委員会の権限の条件を考えると、それに取り組むことができなかったことによる。マフムード・マムダニが指摘したように、TRCは加害者と被害者の関係だけに関心があり、受益者と犠牲者の関係には関心を示さなかった。委員会はアパルトヘイト体制を純粋に全体主義国家とみなし、植民地主義国家とはみなさなかったのである[50]。

だが、TRCの賠償回復委員会は、少なくとも政治的動機による犯罪の被害者については、賠償の支払いを勧告する権限があった。発足当初、委員会は一万四〇〇〇人以上の人権侵害の被害者への緊急賠償計画を処理した。その後、一九九八年の暫定最終報告書のなかで、TRCは賠償回復委員会が作成した賠償の手順を提案した。けれども、政府はこれらの勧告をほとんど実行せず、潜在的な賠償の受け手のあいだで不満感がしだいに強まった。すでに指摘したように、過去と折り合いをつける過程全体のなかで、賠償問題は当初は目立った要素ではなかった。その一方で、「個人への金銭的賠償が、舞台の中央へ躍り出た。……［金銭的］賠償は、より幅広く長期的な賠償の過程や計画の係争点のひとつを単に示すのではなく、被害者救済に対する政府の政治的、法的、倫理的な関与の重要な指標として機能するようになった[51]」。

賠償問題の浮上とその問題に手をこまねいてきたという評価を受けて、アフリカ民族会議（以下、ANC）が率いる南アフリカ政府は、「最終的な賠償政策を策定し、実行することのできない政府が問題を先延ばしにしてきた、と主張する被害者の代表とますます激しく対立することになった[52]」。二〇〇三年初めの時点では、TRCに登録された被害者は、それぞれ二〇〇〇から五〇〇〇ラント（三〇〇から七五〇ドル）という比較的少額の「緊急暫定賠償」を受け取った[53]。しかし、こうした解決は、多数の被害者の期待にかなうものではなかった。TRCが勧告した賠償計画への政府による対応に不満が高まったことで、政府の政策と行動を鋭く批判する被害者団体による活動が急増した。それに対して、政府官僚は「人びとは金銭のための闘争に参加したのではない」という立場をとった。[54] この立場は正しいかもしれないが、記憶の癒やし研究所の所長マイケル・ラプスリー牧師が指摘したように、他の人びとが窮乏している一方で、新たな体制から大きな利益を得た人びとがこうした立場をとることは、議論の引き延ばしをはかっているように見える。[55]

ある著名な人物の見方では、このとげとげしい状況は、ANC政府がより優れた政治的手腕で問題を扱っていれば、避けることができた。南アフリカ真実と和解委員会の一員のメアリ・バートンは、インタヴューでつぎのように主張している。「もし政府が診療所を開設するたびに、『これが賠償だ』と言っていれば、その方が賢明だった」。そうすれば、人びとはまるで（さらに多くの）賠償が支払われているかのように、政府が大衆の求めにより有効に応じているかのように、感じたはずだからだ。バートンのコメントは、すでにヘレロ人の請求の議論で検討した論点、すなわち賠償とは一面では用語上の問題であり、それゆえ見方の問題でもあるので、誰かが「賠償」と呼ぶことを選べば、あらゆる支払いが賠償でありうる、という論点を想起させる。そうはいっても、バートンはつぎのように述べている。「いったん［TRCの］勧告が行なわれると、人びとの期待が高まり」、言ってみれば、秘密が知れ渡ってしまった。しかし、メアリ・バートンの立場に対して、ANCは単に賠償問題の重要性を見誤っただけだと論じることもできよう。賠償の請求が駆け引きのなかで比較的遅かったことを考えれば、これはそれほど驚くべきことではない。いずれにしても、賠償問題について政府が一切妥協しないという見方にもとづいて、さまざまな個人や団体が、法的手段を含めた賠償を要求するために動員を始めた。[56]

実際、そうした人びとのなかには、ホロコースト関連訴訟を経験した有名弁護士と契約した者も現われた。まもなく、どこにでも現われるかのようなエド・フェイガン、すなわちホロコースト被害者のためにスイスの銀行から一二億五〇〇〇万ドルを獲得した運動で知られ、そのためスイスでは悪名高い人物が、四人のアパルトヘイト被害者によるシティグループとＵＢＳ、クレディ・スイスを相手取った、二〇〇二年六月のジュネーヴでの集団訴訟の主任弁護士として登場した。もっとも有名な原告はおそらくルル・ピーターセン[3]で、一九七六年ソウェト蜂起で射殺された彼女の兄、当時一三歳のヘクターが友人の手に抱かれて運ばれる写真は、世界中でアパルトヘイトの残酷さの象徴となった[57]。訴訟では、アパルトヘイト体制が国連から非難され、一九八五年から一九九三年まで国連による制裁対象となっていたにもかかわらず、被告の企業がアパルトヘイト時代の政府に貸し付けを行ない、利益を得たことが争点となった。訴訟を起こした弁護士は報道機関に対して、数十万人の南アフリカ人がこの訴訟に名を連ねることを望む、と伝えた。ＴＲＣは暫定最終報告書で、「数多くの証拠は、アパルトヘイト政策の暗い歴史を通して、その成立、採用、実行、修正に企業利害が中心的役割を果たしたことを示している[58]」と記したとき、異論があるとしても、この種の運動への扉を開けた。しかし、請求が法廷で認められるかどうかはまた別の問題である。

ヘレロ人の事例との関連ですでに議論した理由によって、訴訟はアメリカの裁判所で起こされた。フェイガンの共同弁護人のドゥミサ・ンツェベザは、「合衆国には、人道に対する罪に共謀した人びとを訴追するために、誰もが用いることができる法律があると信じている[59]」と述べた。ンツェベザは外国人不法行為請求権法を念頭においているように思われるが、もっと一般的に、フィラルティガ事件以降の合衆国における、世界のあらゆる地域で起こった人権訴訟に対する、開放的な環境に言及しているのである。

フェイガンはそうした情況の創出と利用の両方に主導的に関わってきた。前に指摘したように、アパルトヘイト関連の訴訟は、フェイガンが合衆国で奴隷制に対する賠償を求めるディアイジリア・ファーマー＝ペルマンの訴訟に参加した、二カ月後に起こされた。けれども、奴隷制の訴訟と同じく、アパルトヘイト関連の受益への損害賠償を求める訴訟は、フェイガンが参加した訴訟の不幸なパターンに当てはまるようである。債務免除運動組織のジュビリー南アフリカは数年にわたって、ドイツとスイスの金融機関によるアパルトヘイト支援とそこから得られた利益に対して、訴訟を計画していた。[60] 二〇〇一年一一月末には、フェイガンおよび同じくホロコースト関連訴訟に関わったワシントンの弁護士マイケル・ハウスフェルドが、法的訴訟の計画についてジュビリー南アフリカと検討している、と『フォーワード』紙が報じた。[61] しかしハウスフェルドは、二〇〇二年六月の訴訟についての談話では、それ以前にいかなる協力が存在したにせよ、フェイガンの二〇〇二年六月の訴訟は寝耳に水だと明かした。ハウスフェルドが「アパルトヘイト被害者のための別の訴訟を起こすために、約二〇人の弁護士や大学関係者と協力しており」、その訴訟は「十分な調査の後に起こされるだろう」と述べたとも報じられている。ハウスフェルドはまた、フェイガンの訴訟は「時期尚早」であり、「一握りの企業に『すべての悪』の責任を負わせようとすることで、問題全体に悪評をもたらしている」と述べたとされる。[62]

賠償活動家のなかでフェイガンに批判的なのは、けっしてハウスフェルドだけではない。ビルマ（ミャンマー）で奴隷労働を用いたとして、大石油企業ユノカルに対する訴訟の主任弁護士となったテリー・コリングワースも、同様の見解だった。南アフリカに関する出来事を専門に扱う『サウススキャン』紙による報道によれば、コリングワースは「フェイガンが、アパルトヘイト時代の南アフリカで活動したほとんどすべての企業を訴えるのは、『法的手続きの明らかな行き過ぎ』」だと同紙に語った。「この行き過ぎは、対抗する企業側に『外国人不法行為請求権法のもとで、やっかいな訴訟にさらされているという、同情的なイメージを与えた。単にアパルトヘイト時代の南アフリカに投資したというだけで、被害者集団に損害を与えたとするに十分だという理屈は、およそうまくいきそうにない』とも、彼は述べている」[63]。TRC賠償回復委員会の委員長フレンジウィ・ムキーゼは訴訟について、「法廷闘争は」和解を進めようとするTRCの運動の「まがい物」であり、「きりがない賠償要求の扉を開ける」ことになるだろう、と述べた[64]。実際、より多くの賠償請求がすぐ間近に迫っていた。

象徴的賠償要求から反制度的賠償要求へ

フェイガンとその顧客による訴訟活動に加えて、ANC政府による賠償への緩慢な対応は、他の団体の賠償請求に対する関心を高めることにもなった。この点での主な団体は、クルマニ・サポート・グループ（「クルマニ」は、ズールー語で「声を上げろ！」の意）である。この団体は、TRCの過程と関連して被害者支援のために一九九五年に成立した。しかし、時がたつにつれて、クルマニは賠償問題に深く関わるようになり、政府に対してTRCの暫定最終報告書の勧告に従うよう、圧力をかけた。さらに二〇〇〇年四月までに、国会議事堂前でデモ行進を行ない、政府が未払いの請求を支払うべきであるという誓願を、大統領に送った。それ以来、この団体は支援者の請求を実現するため、同様の運動を行なってきた[65]。

ANC政府からの反応がないことに業を煮やしたクルマニは、賠償要求に法的手段を用いることを選んだ。ある報道によれば、「南アフリカ人の原告のひとりは、アパルトヘイト被害者に対して政府が行なった賠償の約束がなおざりにされていると考え、この道を選んだと述べている」[66]。クルマニ・サポート・グループは訴訟を通じて賠償を求めるなかで、一九九〇年代末に債務免除を求めたジュビリー二〇〇〇運動の一環として成立した、ジュビリー南アフリカと共闘した。ロンドンに本拠をおくジュビリー運動は、聖書に記された五〇年ごとの債務支払い停止を根拠にしていた。そのうえ、ジュビリーの活動家は、第三世界の多額の債務は「忌まわしい債務」だと主張した。つまり当該の政府間できわめて不平等な条件で、あるいはきわめて倫理的に問題のある体制によって契約されたもので、現在の第三世界諸国が抱える債務は違法だと論じた。運動はある程度の成功を収めたものの（とくにアイルランドの大物ロックバンド、U2のリードシンガーのボノのような著名人が債務免除運動に関わった結果として）、その限界はまさしく運動の名前そのものに示されていた。この理由と、アート・セロタの弁護から発した団体内部の展開の結果、南アフリカ支部は結局「二〇〇〇」という年代を団体名から外し、ますますその焦点を賠償に関する事柄に移しはじめた[67]。二〇〇二年一一月までには、団体はクルマニとともに、アパルトヘイト債務賠償運動に参加した。

ワシントンの法律家マイケル・ハウスフェルドが、フェイガンの戦術に対する前述の批判のなかで言及していた訴訟を起こしたのは、両者の連合であった。二〇〇二年一一月一二日、ハウスフェルドとその他の弁護士が、「アパルトヘイトのシステムを支援、幇助した」二〇の「外国企業と銀行」に対する訴訟を起こした。この訴訟は合衆国で起こされた。「なぜなら合衆国は、その司法権のもとでこの種の訴訟が可能な世界で唯一の国」だからである。訴訟活動は、クルマニ・サポート・グループの個々のメンバーのために始められたが、先に述べたTRCの暫定最終報告書を出発点にしている。報告書は、企業活動が、たとえ副次的であったとしても、アパルトヘイト体制の維持と支援に役割を果たしたと強調していた。ジュビリー南アフリカが裁判資料とともに発表した声明によれば、「［これらの企業は］アパルトヘイト被害者の苦しみが増すなかで、巨額の利益を得た。被害を受けた共同体の再建と発展に役立つ社会的事業拡大の支援と、企業が可能にした損害を被った特定の個人に対する補償について、議論に加わってほしいという私たちの要請を、銀行と企業は一貫して無視してきた」。訴訟を起こした弁護士は、TRCが個人と同じく企業に対しても、国家の犯罪への共謀に関する証言と引き替えに、恩赦を求める機会を与えたにもかかわらず、いかなる企業もそうしなかったと主張した。「結果として、私たちは外国企業と銀行が、国家統一和解促進法［TRCを成立させた法律］の精神のもとで与えられた資格を要求する権利を喪失したものとみなし、訴訟を起こした」[68]。

訴訟を起こすのに先立って、アフリカ南部の賠償活動家は、自分たちの主張をより幅広い国際世論に訴え、自分たちの運動が持つ富の再分配的側面を強調しようとした。二〇〇二年一一月三日から五日にかけての、ヨーロッパ連合と南アフリカからの開発援助NGOによるコペンハーゲンでの会議では、出席者がアパルトヘイトによる債務と賠償の問題について集中的な議論を行ない、「少なくとも数カ国のヨーロッパ連合加盟国政府を愕然とさせた」。参加団体は最終的に、「原則として集団訴訟を支持する決議を可決した。……この決議はヨーロッパ連合加盟国政府に対して、加盟国内の銀行と企業がアパルトヘイトを支援し、体制に協力したと認識することを要求し、［決議は］『南アフリカの人民は、……したがって債務免除と補償支払いの権利を有する』と述べている」。この会議報告書によれば、全世界で「債務免除と被害者補償への要求が、かつてない規模の反響を起こしている」[69]。

クルマニとジュビリー南アフリカの訴訟は、アパルトヘイトのシステムから利益を得た企業を訴えるという点で、フェイガンの訴訟に追随しているが、これらの団体は、二〇〇二年六月の訴訟におけるフェイガンの手法に批判的で、クルマニの活動家は公にフェイガンの訴訟活動と距離をおいていた。二〇〇二年初めからの合衆国での奴隷制関連の訴訟と同様に、フェイガンは政治的要求よりも金銭的補償に重点をおく傾向があり、賠償政治を富の再分配のためのいっそう広範な政治の一部とみる人びとの反感を買っていた。ジュビリー南アフリカの書記長ジョージ・ドアによれば、「私たちにとって、これ［賠償請求］は運動の活力を維持する方法のひとつにすぎない。私たちにとっては、社会運動が法的訴訟を先導するのであって、その逆ではない。個々の賠償は、法的にはもっとも重要だが、政治的にはまったく重要ではない。金銭による賠償は無関係ではないが、それはより大きな社会変革の触媒でしかない。［ジュビリー南アフリカ］に属する私たちは、賠償を通じて富を得る人びとに対して、警戒を続けなくてはならない」。さらに、ドアの視点では、個々の賠償を話題にするのは、アパルトヘイトの崩壊後における富の再分配のために人びとを動員する手段であって、純粋に戦術的な問題である。この画期的な出来事の後、人びとを政治に動員し続けるのはいっそう困難になった。なぜなら、人びとの不満の矛先は、国民党による統治時代ほどには明確ではなくなったからである[70]。ドアの述懐は、おそらく他の誰よりも明確に、反制度的な賠償政治の考え方を反映している。すなわち、賠償は、それ自体が最終目的だとも、社会変革に向かう広い運動と無関係だとも、ある特定の集団だけの利益だとも、考えられていない。むしろ賠償は、過去と折り合いをつけることに異様なほど関心を抱く時代における、経済的再配分と平等をもとめる政治の手段だとみなされている。

ナミビア政府と同じく、南アフリカ政府はこれらの訴訟活動と距離をおいており、その理由も同じである。南アフリカ政府は、賠償訴訟が海外から資本を誘致しようとする国家の努力の障害になるのではないか、という懸念を示してきた[71]。だが、これらの訴訟で潜在的な投資家が南アフリカを避けるかどうかについては、南アフリカがアフリカで圧倒的に重要な経済大国であり、国際資本にとって重大な市場であることを考えると、議論の余地がある。ノーベル経済学賞を受賞したジョセフ・スティグリッツは、賠償は南アフリカでの投資傾向には、政府官僚が言うような悪影響を与えないと主張した[72]。いずれにしても、賠償問題について何らかの対策を打つように求める圧力を受けて、タボ・ンベキ大統領は、二〇〇三年四月のTRC最終報告書提出と時を同じくして、アパルトヘイト被害者に「一回限り」の三万ラント（約四七〇〇ドル）の支払いを提案した。さらに、政府は「TRCによる『共同体の回復』と『自由の象徴と理念を提示する』体系的な計画の勧告」を受け入れた。「これらの計画には、新しい地名を含めた、自由のための闘争を称揚するシンボルやモニュメントが含まれる」。同時にンベキは、賠償を支払う資金を捻出するための、企業に対する「富裕税」の案は拒否し、合衆国の裁判所で起こされている訴訟を批判した。それに対して、少なくとも被害者の一部は満足しなかった。ある被害者はつぎのように言った。「私たちはただ、国家に私たちのことを認めてほしいだけだ。政府が私たちに差し出しているものは、まったく不十分だ[73]」。

だが、これらの訴訟がなくなるだろうというンベキの希望は打ち砕かれた。エド・フェイガンは、二〇〇二年六月に提訴した案件よりも勝算の高い訴訟を進めようとして、二〇〇三年一一月にニューヨークで一億ドルの訴訟を起こした。その訴訟では、ユニオンカーバイドとダウ・ケミカルを含む複数の企業が、過失によって南アフリカの労働者の年金、健康・生命保険、失業・退職基金を詐取したとされた。その結果はまだ不透明だが、賠償の概念によって生じた言説や法的活動は増え続けている。一部のアナリストによれば、これらの訴訟は個人への賠償支払いにはつながらないかもしれないが、訴訟によって、

企業が南アフリカのさまざまな社会基金に支払いを行なう、あるいは、黒人の経済的なエンパワーメントの問題に理解を示すように仕向けられるかもしれない。……［大統領タボ・］ンベキによって書かれたANCのウェブサイトの会報には、こうした方向性が示されているように思われる。彼はふたたび、発達した経済や社会の部門から「二級経済部門」に「資源移転」が行なわれるべきだと指摘した。そしてアナリストたちは、南アフリカに拠点をおく大企業もまた、訴訟をめぐって進む政治的動員によって、この方向へと追い立てられるかもしれないと考えている。政府は、多数の国民に対して非同情的なように見えることも、あるいは、より大きな政治的動員につながるような問題を放置することも、望んでいない[74]。

にもかかわらず政府は、デズモンド・ツツ大主教によるクルマニとジュビリー南アフリカの訴訟への支持を公然と無視する立場を崩そうとしなかった[75]。ここでも法的な駆け引きが今後しばらく続くことは確

実だが、その結果はまだわからない。

ラディカルな反制度的賠償要求：ＳＡＲＭ

ジュビリー南アフリカのジョージ・ドアによれば、この組織が債務免除よりも賠償に関心の比重を移すようになったのは、合衆国からアート・セロタが訪れ、この組織の議論や活動に参加した結果である。ジュビリー南アフリカの将来の方向をめぐる意見の相違から、セロタは二〇〇〇年半ばに団体を離れ、別の案件を進めはじめた。この頃ヨハネスブルクで開かれた集会では、全国規模の賠償運動を開始することが決議され、そうした運動の樹立に向けた歩みが進められた。これらの活動は南アフリカ賠償運動（ＳＡＲＭ）の設立をもたらし、二〇〇〇年一二月にダーバンで最初の会合が開かれた。[76]

この団体の最初の大規模な公開行事である第一回全国賠償会議は、二〇〇二年一月にヨハネスブルクで開かれた。この会議は、アフリカ南部のさまざまな民族集団から、「犯罪を行なった企業に対して、賠償請求を行なったか、その途上にある、先住民の賠償活動家」を一堂に集めた。参加した集団には、ナミビア（ヘレロ人）、ジンバブエ人、コイ人、サン人（しばしばブッシュマンとして知られる）、グリカ人、コラナ人の集団からの代表が含まれた。その他、会議には「労働、宗教、環境的正義、若者、地域開発などに関わる草の根団体」が参加した。会議のテーマは、「精神を解放せよ、土地を解放せよ、人民を解放せよ」だった。[77]

このように、土地権の要求はこの団体の活動の中心にあった。その文書によれば、SARMは「侵略者によって盗まれた土地が、土地を盗まれた人びとへ返還されるべきだと断固と主張する」。この団体の主張によると、そうした土地はほとんどの場所で共同所有されていた。この団体はまた、強制労働と「相続の断絶により失われた富、盗まれた資産、盗まれた鉱物や天然資源」に対する賠償を要求した。「そのうえ、言語と文化への損害と破壊、奴隷制を含むその他の搾取と人権侵害には、完全な補償と金銭的賠償が求められる」。賠償を通じて獲得されたあらゆる資源は、経済開発と「共同体と国家の建設」のために用いられる。SARMはより一般的には、つぎの事柄を推進しようとしていた。

- 公平な財産所有の価値を重視する、アフリカのアイデンティティの再生
- 先住民の知識体系の力
- 伝統的な指導層によって管理される、先住民による土地の再取得
- アフリカの伝統である農業保全の再建
- 伝統的諸制度の強化と尊重
- 植民地主義、人種主義、資本主義による奴隷制度から生じたあらゆる不均衡の是正
- 制度的人種主義と白人優越主義の双方を社会から撲滅する取り組み(78)

アフリカのアイデンティティ、文化、価値観の強調は、黒人意識運動にSARMの源流があることを反映している(79)。おそらくもっとも広く考えると、殺害された学生指導者スティーヴン・ビコと関係してい

る。もっと重要なことは、ＳＡＲＭが、私の知る限り、賠償への取り組みに先住民主義の観念を明確に持ち込んだ、アフリカで唯一の団体であることだ。こうしてこの団体は、主にアフリカの外ではあったが、他の白人入植地社会で一九六〇年代からますます強力になっていた比較的目新しい言説を、南アフリカの賠償政治に導入したのである。[80] このようにＳＡＲＭは南アフリカの賠償政治において独特であり、南アフリカは以前よりも、北アメリカやオーストラリアの事例に類似するようになった。

その手法は独特だが、ＳＡＲＭは土地問題について活動する、南アフリカで唯一の団体ではない。賠償それ自体の場合と同様に、土地権の要求をめぐって運動が活発になったのには、政府が義務を遅々として履行しないこともその理由のひとつになっている。一九九四年にアパルトヘイト制度が終わって以来、ある報道によれば、二〇〇一年末の時点で五万四三二四件の未決着土地権請求案件のうち、解決されたのはわずか一万二六七六件だった。[81] また、土地権の要求を進めたのは、全国土地委員会と呼ばれる非政府組織、長く続く反アパルトヘイト組織でかねてから土地の再配分を支持していた汎アフリカ会議（以下、ＰＡＣ）、それより多少とも有名でより有力な土地なき人びとの運動である。とくにロバート・ムガベのジンバブエと隣接していることから、土地をめぐる大きな社会的軋轢の亡霊は、南アフリカ社会に絶えずつきまとっていた。[82] とはいえ、こうした他の団体の関心は土地だけにあり、ＳＡＲＭの「先住民」問題にはなかった。[83] 実際、ＳＡＲＭの計画のこの側面は、運動にかなり独特のねじれをもたらしている。

そのうえ、ＳＡＲＭはその基本的戦術と展望において、他の賠償要求をする団体とは異なっている。たとえばＳＡＲＭは、法的活動を行なうクルマニ・サポート・グループと友好的な関係にあり、精神的な支援を行なったものの、SARM自体は賠償訴訟を起こしていない。その代わり、SARMは草の根レヴェルで活動し、SARMが重視する問題に関して支持者を組織してきた。SARMはこうして、二〇〇二年のあいだに北ケープ州とフリーステイト州で、調査と要求の発掘に特化した支部を合計四つ開設した。これらの要求のいくつかは、たとえば共同体や労働者の健康に損害を与えた鉱山や水路の汚染といった、南アフリカの天然資源採掘に関わった外国企業の業務による損害に対する賠償獲得活動を含んでいる[84]。

しかし、根本的には、南アフリカで過去の不正行為に対する賠償を求めるさまざまな団体の違いは、それらが向かっている「締切日」に関わっている。エド・フェイガンと彼の依頼人がさかのぼるのは一九七六年（ヘクター・ピーターセンの死をもたらしたソウェト蜂起の年）まで、クルマニ・サポート・グループはTRCの過程から派生し、その対象だった一九六〇年代初めのアパルトヘイトに対する武装闘争の始まりまで、さかのぼっている。対照的に、SARMは「一六五二年に始まった損害に対する賠償を目指している」[85]。ANC政府は、フェイガンやクルマニ・サポート・グループ、ジュビリー南アフリカによって起こされた訴訟を、投資の動向や全般的な南アフリカの福利への脅威とみなすかもしれないが、SARMの要求はいっそうラディカルである。他の団体が、アパルトヘイト体制のもとで被った損害に対する補償のみを目指しているのに対して、SARMは、オランダ人が初めて喜望峰に到達して以来の南アフリカ史全体を通して生じた、土地と経済的な分配に異議を申し立てる要求を行なっている。この団体はこうすることで、TRCは南アフリカを全体主義国家として扱い、植民地主義国家として扱っていないという、マフムード・マムダニの批判に応えている。

先住民の土地問題は、近年の南部アフリカでますます重要になってきている。たとえば、二〇〇一年初めには、コイ人、サン人、グリカ人の指導者が、「過去の不正に対する補償、盗まれた土地の返還、南アフリカの最初の先住民族としての公的な認知」を求めて、大規模な会議に集まった[86]。その年の後半には、約六万人のゴリンガイコナ族のコイコイ人が最高首長カルヴィン・コーネリアスに率いられて、ケープタウンで地価の高いヴィクトリアとアルフレッド・ウォーターフロント地区の広大な地域、すなわち、現在年間一〇〇〇万人を集客し、一万四〇〇〇人の恒久雇用を供給する造成海岸地区の返還を求めた。この集団の運動は、土地権請求を一九一三年の先住民土地法以前にさかのぼらないものに制限する、アパルトヘイト後の南アフリカ憲法の規定を破棄することを求めることを意味する。コイ人の活動家は、その伝統的な居住地における、持続的な収入と雇用に関する優先的な取り扱いを構想している。

これが、この地域の人びとに対する権利の侵害を是正する最善の方法だと、すべての人が納得しているわけではない。ケープタウンを拠点にして土地権を要求する団体、小規模農業支援プロジェクトの代表グレンダ・グローヴァーによれば、以前の所有者に土地を返還することは、一握りの人びと、とくに部族の首長や男性の世帯主を助けるだけである。グローヴァーはこう述べた。「私たちは、必要性とアファーマティヴ・アクションの観点から、再配分の過程に焦点を絞るべきだと感じる。それは、この著しく不平等な配分を認識し、何らかの対策を行なうものであるべきだ。財産を奪われてきた人びとが多数派であるため、助けを必要としている人びとが多数派となっている」[87]。これらのコイコイ人による要求は、先住民の人びとの土地権要求に関わる、より一般的な選択困難な難題の好例を示している。すなわち、疑いなく財産を奪われてきた人びとを、土地返還を通じて助けることが、他の人びと、その多くがやはり不利な立場におかれている人びとに対する、新たな権利侵害を生じないかどうかという難問である。この例のように人口の密集した都市部の場合、何らかの金銭的補償の取り決めを通じて解決される傾向があるが、その一方で、一般的に地価が安いために、係争になることが少ない農村部の場合、土地権請求が土地の譲渡によって解決されることが多い。

こうした方法による請求の解決は、南アフリカ最高裁判所による判決によって、さらに強まった。その判決では、「先住民のリフタスフェルトの人びと［南アフリカとボツワナの国境にまたがる、サン人あるいはブッシュマンの一部］は、土地の共同所有権とその領域における鉱物資源所有権の両方を有し」、「彼らの財産を奪おうとした法律は、『人種差別』である」と判断した(88)。ボツワナ政府が「ブッシュマン」を中央カラハリ動物保護区の伝統的な土地から排除したことは、先住民問題に関わる非政府組織と国連の懸念を掻き立てた。ボツワナ政府は「ブッシュマンの水源地の破壊、ブッシュマンの糧である狩猟の禁止、ブッシュマンが許可を受けずに、自らの土地に立ち入ることとの拒絶」を実行してきたとされる(89)。南アフリカの裁判所の判決がボツワナにも適用されるのか、このカラハリのブッシュマンの場合にも、植民地化の過程でヨーロッパ人の侵略者の手によって、南アフリカの黒人にふりかかった災厄をふたたび目撃することになるのかは、時とともに明らかになるだろう。実際、中央カラハリ動物保護区のブッシュマンに対するボツワナ政府の扱いは、絶滅命令の存在が知られていないとはいえ、第一次世界大戦前のヘレロ人に対するドイツ人の処置と、妙に似ているように思われる。

いずれにしても、土地の返還を求める団体からの圧力は、一般的にいって南アフリカ政治において強大な力となってきた。たとえば、土地なき人びとの運動は、もしその要求が受け入れられなければ、白人の農場の占拠を始めると脅迫した[90]。政府はすべての未決着土地権請求を二〇〇五年、タボ・ンベキ大統領によって設定された締め切りまでに[91]解決しようと望んでいるが、そうした解決は実現しそうにない。先住民の土地の返還という形態をとった賠償問題は、先住民主義の政治がより広がるのにしたがって、減少するというよりはむしろ増加しそうである。

結論

現在の南部アフリカにおける賠償政治の多様性は、賠償という言葉がもつ、多くの異なる意味を例示している。より具体的にいうと、さまざまな運動は、アイデンティティ政治と密接な、記念的で象徴的な手法から、旧来の左翼的な共通性の政治とより親和的な、反制度的な賠償の理解に至るまでの、賠償が広がりうる一連の範囲を示している。ヘレロ人によって起こされた、第一次世界大戦前の殺害と強奪に対するドイツへの賠償請求は、こうした連鎖のアイデンティティ政治側の極に、おそらくもっとも近くに位置すると考えられよう。ヘレロ人の要求は、ヘレロ人が現在所属する社会全体ではなく、主に自分たちの地位向上を意図している。南アフリカ真実と和解委員会によって約束された記念的賠償では、政府がかつての犯罪を確認し、同様の行為が将来繰り返されることに対する警告を示すことが、主に意図されていた。第2章で提示した図にもとづいてみれば、これらの要求では、金銭が経済的意味よりも、むしろ象徴的な意味をいっそう色濃く帯びている。エド・フェイガンが彼の依頼人の代理として、アパルトヘイトから利益を得た企業に対して訴訟を起こした事実はあるが、それらの訴訟も南アフリカ社会全体ではなく、主に依頼人個人の利益を意図するものである。フェイガンと彼の依頼人は、反制度的な賠償政治を重視する人びとと緊張関係にある。そうした人びとにとっては、これらの活動は経済的公正のためのより広範な闘争の一部であり、金銭は象徴的というよりも、主として経済的な意味をもっている。

その一方、クルマニ・サポート・グループとジュビリー南アフリカのアパルトヘイト債務賠償運動が進める賠償請求は、記念的賠償と反制度的賠償をまたぐハイブリッドなものである。これらの事例において、金銭は主に経済的な重要性をもっている。これらの二つの団体による法的活動は、当初は記念的賠償の失敗に端を発していたが、とくにジュビリー南アフリカの指導者層の見方では、反制度的な賠償の理解といっそう密接に絡まり合うようになった。これらの訴訟は、ある特定の被害者集団だけの生活の向上を目指すのではなく、すべての南アフリカ人、つまりすべての（「労働する」）人びとを受益の対象とする、より大きな反企業・反グローバル化の政治活動の一部である。クラウゼヴィッツの言葉を借りれば、この事例では、エド・フェイガンのような例よりも明らかに、法的活動が「他の手段による政治の継続」となっている。

最後に、コイ・サン人や他の先住民の人びと、さらに南アフリカ賠償運動によって起こされている賠償請求は、ヘレロ人の場合よりも曖昧ではあるが、アイデンティティ政治側の極に接近している。他の南アフリカ人が住む土地の返還を求めることで、ＳＡＲＭは植民地主義および資本主義的な秩序全体に挑戦しようとしている。もっとも、この団体はそうする過程で、相対的に少数の先住民集団の福利に焦点を当てており、その向上につながるだけかもしれない。しかし、少なくともいくつかの例では、

ＳＡＲＭがこれらの先住民集団を人口の多数派、つまりその一部がアパルトヘイトの受益者ではなく被害者である人びとと、対立させることが避けられないだろう。

それぞれの事例の特徴はどうあれ、賠償の概念が比較的最近まで、戦争で加えられた損害から生じる国家間の義務だけを意味していたにもかかわらず、世界中の活動や論争、政治的行動を刺激してきたことは注目すべきことである。南部アフリカでのこうした進展が、一九八〇年代末の日系アメリカ人と日系カナダ人に対する補償の決着後にとりわけ飛躍した、より広範な言説に端を発していることは疑いない。しかし、それはまた、アメリカ流の法律主義的な政治手法をその地域に持ち込んだ、特定の個人によっても大いに進められたものでもある。南部アフリカにおける賠償政治はこのように、ハーバーマスらが「政治の司法化」と形容する、近年の歴史の全般的な傾向に当てはまる。法的活動が他の手段による政治の継続であるというよりも、ますます法は、政治的闘争が繰り広げられる媒体になりつつある。これは良かれ悪しかれ、世界が「アメリカ化」されていることのもうひとつの意味である。

だが、進歩主義的な政治の歴史という見地からみれば、賠償政治にはある種の特殊性がある。かつての進歩主義的な政治は、およその定義から、過去を懐古主義的なものとして捨て去られるべき、劣って遅れた時代、あるいは、弁証法的対立の結果として、より明るい未来の胎動期とみなした。しかしいまや、過去はある意味で再評価されている。多くの団体や活動家（そして研究者）にとって、未来への道はいまや、過去の惨事を通して開くと考えられている。過去と折り合いをつけることによってのみ、私たちはより光り輝く日に前進できるといわれている。賠償政治の広がりはこうして、古い労働運動のスローガン「嘆くな、組織せよ」や、その南アフリカ版「嘆くな、動員せよ」に異議を突きつける。プロテスタントの聖職者兼反アパルトヘイト活動家で、旧体制末期に手紙に仕掛けられた爆弾で手を吹き飛ばされた、マイケル・ラプスリー牧師が述べたように、これは「政治的には正しくても、心理的には間違っている」というのが、正解なのかもしれない[92]。それでもなお、過去の権利侵害を政治的闘争の場として強調することは、進歩主義的な政治的言説にとって、利点と隠れた危険をあわせもつ重要な革新である。ホロコーストを私たちの時代の「出発点」とする意識が勃興するにつれて、それは今後しばらくのあいだ、私たちの政治に対する見方を構築しそうである。とはいえ、ジュビリー南アフリカのジョージ・ドアが言ったように、「賠償は未来を指向しない限り、よい理念ではない[93]」。

結論

私はこれまで、さまざまな歴史的不正行為に対する賠償請求が近年急増したのは、いくつかの要因が偶然に一致した結果だと主張してきた。第一に、ホロコーストが、少なくとも世論形成者であるエリートの歴史意識に中心的な役割を果たすようになったこと、この画期的な事件とそれへの反応が、過去に行なわれた自分たちへの不法行為に注意を向けようとする、そしておそらく補償を求めようとする多くの集団にとって、ひとつのひな形を提供したことがあげられる。第二次世界大戦後にユダヤ人とイスラエル国家に支払われた補償を賠償と呼ぶことで、この賠償という用語の解釈が大幅に変更されはじめ、それが重大な政治的結果につながったと思われる。この用語は、かつては戦争の敗者が勝者に対して支払う補償の名称であったが、時とともに非国家的集団や個人が受けた犯罪行為に対して国家が支払う補償のことを指すようになった。しかも、この犯罪行為には戦時中のものだけでなく、他の状況におけるものも含まれている。このように賠償の拡大は、人権思想の興隆や、準国家集団や個人が国際法の対象として現われたこと、一般的な政治の司法化などと平行して進んだ。この用語の変化がその後の政治的現実を形づくるのに果たした役割の大きさを認識するのに、すべての現実が言説にすぎないという見解に帰依する必要はない。なぜなら、いまや賠償という概念は世界中に広く普及し、現代政治の武器庫のなかで必須の手段のひとつになっているからだ。しかし、こうした展開に至るには、さらに別の展開が必要であった。

とりわけ、過去の不正行為への関心の拡大は、私たちの時代を他の時代の「後の」時代として、つまり、ポスト社会主義、ポスト国民主義、ポストモダニスト、ポストユートピアの時代として見る（少なくとも知的・政治的エリートのあいだにおける）傾向の重要な一部であった。その過程で、社会主義と国民＝国家の典型的な特徴だったより明るい未来というイメージは、ポストモダニズムの悲観主義的な皮肉に道を譲った。近代の未完のプロジェクトやその仲間である啓蒙思想の合理主義にもとづいた歴史的楽観主義は、これらのエリートのあいだでは痛ましい幻想だとみなされるようになった。その結果、歴史的過去が、多くの進歩的思想家や活動家の目には、未来よりもいっそう輝いて見えるようになった。いまやこれらの人びとは、未来ではなくて過去を「直す」ことができる領域だとみなした。この立場は、左翼にとって一九八九年が一種のルビコン川であったという事実と符合している。左翼は大敗し、自由市場と自由主義的な個人主義の唱道者が、これを押さえ込もうとした人びとに対して優勢となったのである。結果的に、ユートピアの政治は無茶苦茶になった[1]。

こうした背景のもとで、成長を続ける「記憶の企業家」の集団は、現在における過去の持続的で邪悪な生命力を異常なほどに強調した。不幸な過去の持続はそれに服従する者を衰弱させる。それゆえ、過去に冒された者たちは、悪魔を払いのけて前進するために、過去と折り合いをつけなければならないと、記憶の企業家たちは執拗に主張する。これらの議論とフロイトの主張や彼に続くセラピストのエピゴーネンのあいだに類似性を見るのは難しいことではない。しかし、記憶の企業家の集団は、これらの現代文化の潮流に深く影響されて、はるかに広く拡大しており、とりわけ、法律家、神学者、歴史家、政治的活動家などのあいだに根を下ろしている。これらの人びとが賠償や過去と折り合いをつけるという概念を流用した結果、「破壊されたものを集めて元に戻そうとする」事業が、多くの集団や個人や組織の主要な関心になった。

この事業は、英雄的行為よりもむしろ犠牲者を生むことを容認する方向、つまり不幸を乗り越えるというよりは不平不満を助長する方向に進む大きな文化的傾向と共振する。一九六〇年代に始まったホロコーストについての認識の拡大に続く、新しい「犠牲者の競争」を分析したジャン＝ミシェル・ショーモンと同じく、私たちの文化を「不平の文化」だと診断したロバート・ヒューズには先見の明があった[2]。もっと最近では、犯罪と処罰のパターンを分析したデイヴィッド・ガーランドが、今日の文化における肖像画として犠牲者が神格化されることを指摘した。「個人の犠牲者の経験を公益のもとに組み込むだけではもはや十分ではなく、公益を個別化し、個々の構成要素に分割しなければならなくなったのである。犠牲者それぞれが発言権を持つべきなのだ。……要するに、新しい文化のテーマ、犠牲者ということの新しい集合的な意味が生まれた」[3]。ガーランドによる特徴の描写によって、刑事司法の民営化にも目は向く。そこには他の多くの次元も含まれている。ガーランドが刑事法の文脈で述べた変貌と類似した状況が、国家が後援する残虐行為の領域でも見られるのである。

ちょうど司法の執行がますます民営化されてきたように、歴史も民営化されてきた。[4] つまり、近年になって過去が、専門家の手から離れて、「民主化される」につれて、それはまたいっそう増殖し、社会闘争の道具として用いられるようになった。いまや多くの「歴史」（histories）があるのであって、単一の「歴史」（history）があるのではない。これはポストモダニズムによる一元的な物語に対する抵抗の単なる結果ではなく、特定の過去に注意を向けさせようとしたり、その再考を促そうとする活動に結集する集団の拡大の結果でもある。こういう場合の賭け金は、さまざまな種類の社会的認知である。なるほど、オーウェルがはるか昔に指摘したように、政治的な賭け金はいつも私たちの過去の理解と関係している。しかし、政治的な意味を含む過去の解釈と、政治化された解釈、つまり「進行中のイデオロギー論争のために作られた武器」[5] とのあいだには違いがあり、この違いは維持されなければならない。

政体の細分化は、司法と歴史の民営化のもうひとつの側面であり、いくつかの点で、それが可能となる前提条件でもある。善意にもとづいているのかもしれないが、多文化主義の概念は、より大きな政体から分離しているという意識を奨励し、ひとまとまりとしての全市民のレヴェルの下に「想像の共同体」を容認することで、より自由民主主義的な社会において細分化の傾向を強めるのに役立った。これがこんどはアイデンティティ政治の勃興に反映されるようになる。アイデンティティ政治は、政治的に決められた運命の共同体の共通の一員だからというよりもむしろ、社会学的な特徴によって決められた集団の一員だということにもとづいて政治的な要求を行なう。[6] 犠牲者とその経験に対する関心が格上げされたおかげで、集団が被った昔の迫害を受け入れることで、いまやアイデンティティを作り上げるか、少なくとも強化することができるようになった。おそらくこの現象の卓越した例がホロコーストである。

ユダヤ人のなかには「ユダヤ人史の涙を催させる版」として拒否する者がいる物語に依存しているにもかかわらず、ホロコーストは、ユダヤ人組織の一部の者によって、集団への自己同一化の衰退を妨ぐために用いられてきた(7)。南京の大虐殺は、海外に飛散した中国人にとってよく似た機能を果たした。また、多くの海外在住のアルメニア人にとっての、二〇世紀初頭におけるアルメニア人のジェノサイドの場合も同様である(8)。

一九五〇年代と一九六〇年代には、真剣でもっとも洗練された政治をめぐる著作の大部分が、大衆政治と迎合主義に絶望したのに対して、私たちの時代はまったく異なる問題に直面している(9)。おそらく、これらの問題のなかでもっとも重要なものは、ユートピア的な政治とは関係ないにしても、まがりなりにも政治を行なうまとまった「公衆」という、まさしくその概念そのものである。たとえば、合衆国では、集合的公衆の衰退は、ここ三〇年間ほどのあいだにおける三大ネットワークの「市場占有率」の相対的な低落と、それが激増するケーブルテレビに視聴者を奪われている状況に反映されている。こうした傾向は他のところでも進んでいる。イタリアのシルヴィオ・ベルルスコーニの出現や、ドイツのゲアハルト・シュレーダーの登場さえもが示唆するように、政治とセールスマンの仕事はますます同じように見えるようになった。市民が「顧客」の挑戦を受ける時代は、いかなる政治的取り組みにとっても豊かな土壌ではない(10)。もっと一般的に言うと、市民権という概念自体がいろいろな方面で挑戦を受けるようになった。知識人のあいだではとりわけ、どの程度まで共通の市民権が社会経済組織に属するすべての構成員の必要性に実際に応えているのかについて疑念が生じた。「フリーサイズですべての人に合う」というのは、差異に対してあまりにも鈍感だとみなされるようになったのである(11)。その間、アメリカの政治は、意見を聞いてもらえる唯一の有権者、つまり金持ちの利害にますます奉仕するようになった[12]。

犠牲者意識の勃興には保守的な政治上の背景があったにもかかわらず、賠償政治に関与する人びとの政治的信条は、特定の集団の比較的狭い問題にもっぱら関心を持つ人びとから、自分たちの賠償活動をもっと広い共通性の政治を通じて理解する人びとまでさまざまである。限られた目的に関心のある人びとは、それらの人びとと関係する集団が苦しんだ過去が処理されてしまうと、多かれ少なかれ満足する。これらの人びとはある種のアイデンティティ政治を追求していると言うことができよう。賠償政治がもっと広い政治的闘争の一部であるような人びととの場合には、賠償を要求する運動は、すべての人びとにとっての不平等を克服するための、さらに広範でもっと重大な試みの単なる戦術だとみなされがちである。

賠償政治を狭く見る人びとにとっては、どのような賠償の取り決めにおいても金銭の意味は主に象徴的である。それは過去の苦しい経験を記念し、かつての犠牲者たちに犯人が心から後悔していることを証明するためのものである。「言葉は安上がり」なので、謝罪にともなう金銭によって、「主張していることが実行に移される」ことになる。金銭をともなわない謝罪は中身がないとみなされるだろうし、謝罪をともなわない金銭は侮辱的だとされても仕方がなかろう。しかしながら、反制度的な賠償政治の場合には、金銭の意味は、いわば経済的である。すなわち、分配される金銭は、とりわけかつて行なわれた不正行為から生じる経済的不平等を改善するためのものである。金銭は、お金が表わすものではなく、お金ですることに関して需要なのだ。賠償政治における金銭の意味は、補償を求める人びとが、「自分たちの」文化がその過程で損害を受けたと、どの程度思っているかによってさらに修正される場合がある。個人所有の財産は、芸術作品であれ、土地や家であれ、この種の厄介な問題を生じる可能性は少ない。より厄介な事例は、遺物や領域が神聖なもしくはその他の文化的に深い意義に満ちているとされる場合である。このようなときには、単なる金銭では十分ではない。なぜなら対象となるものや土地自体が、傷ついた人びとが回復を要求するものだからだ。ともかく、これらの過去や改善のための調停に対する反応は、人によって大きく異なるのがふつうで、記憶の企業家たちが、関係する集団のより広い層を代表する立場を占める場合もあれば、そうでないこともありうる。

ここまでの論点は、賠償政治はまさに政治の問題だと強調することで要約できるだろう。この主張は、道徳的な要求が少しも含まれていないという意味だと解釈してもらっては困る。しかし、要求が道徳的なものだと言うことは、こうした要求もまさにその一部である日常的な政治の世界からこれらの要求を切り離すことで、それを神聖化しがちである。私はここまで、賠償政治の勃興が特殊な歴史的局面に対する反応だということを示そうと努めてきた。この局面では、幅広くさまざまな過去に関心を持つ記憶の企業家たちが、他の集団がその記念や補償の目的を追求するのに用いた特有の言説を、企業家たち自身の目的に合うように翻案した。これは「世俗的」発展のひとつだという議論もあるだろう。すなわち、賠償政治は、西洋を志向する社会で起こってきた根本的な転換の問題だという議論であるが、この理解はおそらく物語の半分を把握しているにすぎない。なるほど、私たちはいくつかの点でいっそう「文明化」した。一例をあげると、動物の待遇に関する問題は、たとえば一〇〇年前にはありえなかったようなかたちで、私たちの関心事になった。動物を食べるということさえ、比較的新しいかたちで、道徳理論の関心を引き付けるようになったテーマである(13)。この転換は、著しい人権侵害への賠償請求権に関する国連の文書の法典編集、したがって国際法の法典編集に反映されている。

公的に検討すべき課題としての「賠償」の突出が終わりに近づきつつある兆しもある。「世界の裁判所」である合衆国で、賠償政治の勃興を容易にした主要な要因は、比較的「寛大な」法的な環境である。しかしながら、二〇〇三年の初めには、カリフォルニアの連邦控訴裁判所が、第二次世界大戦中にドイツや日本の会社のために行なった強制労働への補償を求めた多くの人びとの訴えを、時効によって告訴する権利を失ったという理由で退けた。ある法律の専門家の議論によると、これは「合衆国のアフリカ系アメリカ人の奴隷を含む、彼が呼ぶところの『超歴史的要求』にとってよい兆候ではない」[14]。二〇〇三年六月には、ワシントンの連邦控訴裁判所が、第二次世界大戦中に慰安婦として搾取された一五人の女性のために起こされた日本に対する訴訟を却下した[15]。すでに述べたように、一九二〇年代初めにオクラホマのタルサで起こった人種暴動に対する賠償を要求する訴訟も、同じように時効を根拠に却下された。ただし、すぐに上訴が行なわれている。

もっと一般的に言うと、国家やそれと密接に結びついていたとされる会社による過去の犯罪に対して損害賠償を求める者が、そうするための手段として用いる外国人不法行為請求権法（ＡＣＴＡ）の意義に、私たちは着目してきた。その例としては、アパルトヘイトに関連する訴訟を指摘することができる。二〇〇四年六月、最高裁判所は、一九九〇年代半ばまでは会社を訴えるために使われたことのなかったこの法律が、『国際法』の侵害に対する連邦裁判所における損害賠償訴訟の根拠となるかどうかという決定と、いかなる種類の法的な損害がその定義に当てはまるのかを決める方法に関する判断を迫られた」。ブッシュ政権と経済界は、こうした訴訟がアメリカ企業による国際的な投資に及ぼすと思われる身の毛もよだつ結果を警戒して、裁判所にACTAを制御するように促した[16]。ブッシュ政権と実業界からの反対にもかかわらず、裁判所は、「連邦裁判所が、個人を保護するように意図された国際的規範から、完全に目をそむけなければならないと言うのには何らかの説明が必要になろう」と論じて、法律が引き続き適用されることを支持した。それにもかかわらず、最高裁判所は、法律は「『裁判官らしい警戒心』でもって」適用されるべきであり、外交政策上の危険がある場合にはとりわけそうだと述べた。この点で、裁判所は、アパルトヘイト時代の南アフリカで事業を行なっていた企業に対する係争中の訴訟にとくに言及している。すでにみたように、南アフリカ政府はこれらの訴訟に反対しており、国務省もANC政府の立場を支持していた。裁判所は、「このような訴訟では、連邦裁判所がその訴訟が外交政策に与える影響に関する行政機関の意見を重視すべきだという議論が有力である」と述べた[17]。

その間に、新世紀の初めに生じた黒人のアメリカ人への損害賠償を求めるエネルギーは散逸したように見える。これは、九・一一以来の合衆国における政治的傾向と関連しているように思われる。こうした状況は、この種の重大な政治的事業の開始にはふさわしくないと思われたとしても不思議ではない。かなり大きな大衆的基盤がなければ、黒人のアメリカ人に対する賠償を勝ち取る活動は相対的に有望ではない。この運動にはそれがなかった。他方で、エド・フェイガンらが画策した法的駆け引きに嫌気がさした人びとは、政治の手段としての訴訟から身を引き、関係する問題を核とする草の根運動を組織する方向に進んだ。最後に、一九八九年以降に賠償政治の激増への扉を開いた有名事件、ホロコーストや、日系アメリカ人や日系カナダ人の強制収容と、これらの出来事を補償しようとするプロセスが舞台から消え去っていく。要するに、一九九〇年代の損害賠償請求の急騰への道を拓いた局面に見られた諸力が消えつつあり、暴力的な体制のもとで自分自身が苦しんだ人びとに関連する場合を除けば、残された事例はかなり複雑か、あまり成果が望めないものになりがちになった。

このようにして、不正行為の被害を受けた犠牲者自身、あるいはたぶんその直接の親族が、生存し補償を受けることができる限り、「賠償」は移行的正義の日常的なプロセスの一部であり続けるだろう。日系アメリカ人や日系カナダ人の賠償の事例は、このような補償がかつて不当な取り扱いを受けた人びとの尊厳の回復と、こうした補償に取り組んだ政府の正当性の回復に役に立つことを示している。国連が採択した「国際人権法の甚だしい違反及び人道法の重大な違反の被害者が救済及び賠償を受ける権利に関する基本原則及びガイドライン」[18]は、不法行為を受けた者が正当な、あるいは少なくともそれに近いものを受け取ることを保証するのに役立つと思われる。このようなガイドラインが機能していることで、無視されてきた要求を満たすという面では、今後「過去」が提供するものは少なくなるだろう。はるかに遠い過去だけが処理する必要のあるものとして残ると思われる。しかし、こうした事例の解決がもっとも難しいのである。

私たちは、破壊されたものを集めて元に戻そうと夢中になることで生じる負の側面も想起すべきである。ひとつの問題は、現在の困難を、誰か昔の迫害者が「私たちに対して行なった」ことの所産だと見る傾向が生まれることだ。もちろん、この見方は十分に正しいかもしれないし、人間の歴史を記録する会計簿で必要な処理を済ませなければならないだろう。しかし、それはまた現在の不正行為を犯す口実を提供することもある。自国が自らもたらした経済的痛手をイギリス帝国主義のせいにすることで、ジンバブエで権力の座にしがみつこうとするロバート・ムガベの必死さを考えてもらいたい。多くの人はこの策略を見透かしている。しかし、かつて植民地支配を受けた人びとが一般的に元の植民地支配者のはるか後塵を拝する世界では、この主張は一考を促すのに十分である。より一般的には、現在の不公平に対する説明として過去の犯罪を動員する傾向は、植民地支配が終わった世界で現在の権力者が実行する有害な政策から目をそらすのに役立つ可能性がある。同じように、人種主義はアメリカ社会の古くからある持続的な特徴であり、アメリカにおける人種的不平等を説得的に説明するのには不可欠だけれども、すべてのこうした不平等が奴隷制とジム・クロウに由来するということはありえない。さもなければ、アメリカで「成功した」黒人たちのことを理解する方法がないだろう。こうした人びとの実績を認め、どの程度までこうした成果が他の黒人にも可能だったのか、現在のところそこから締め出されているる人びとが成果を享受できるようにするには、どうしたらよいかを検討すべきである。一九六〇年代以来の黒人の進歩という現実を前にして、アメリカ人の多数派は賠償のような考えに懐疑的になっている。賠償はその影響があまりにも予測できないので、現今の状況にはふさわしくないとみなされている。

そのうえ、最終的に、過去の虐待の背後にある集団の相違を強化しないように気をつけなければならない。集団に対して行なわれた不法行為を正す活動として、賠償請求運動は、最初に不法行為が犯される根拠となった集団間の境界を維持するのに貢献する可能性がある。こうした境界を越えて傷を癒す必要があるかもしれないが、主な目標は人びとのあいだにあるこうした壁を取り壊すことでなければならない。不当にも不法行為を被り、傷を負った人びとの面倒を見ることに関心があることから、賠償政治は、人間を弱い存在で、消えることのない傷害を被ると考える傾向がある。実際、一部の人びとは不当な取り扱いや虐待によって恒久的な傷を負うが、その目標とするところは、人間は強くて回復力があるというイメージを植えつけることであるべきだ。過去の不法行為に執着するあまり、賠償政治は、私たちの関心を実際ほとんど何も変えることができない歴史へと極端に傾斜させる可能性がある。

記憶の企業家たちはしばしば、ウィリアム・フォークナーの名言、「過去は終わっていない、それは過去でさえない」を想起させようとする。過去、現在、未来を隔てる境界は束の間のもので、恣意的であり、私たちが今日正そうとしている社会問題の多くはたしかに過去の不法行為に根源がある。それにもかかわらず、深淵で、認識論的とさえ言える意味において、私たちは「破壊されたものを集めて元に戻す」ことはできない。過去が現在の不正行為へと枝分かれしたり、ある意味それを構成しさえしている状況を軽視すべきではないが、本当に私たちに何かできるのは、未来に関することだけだということを常に心に刻んでおく必要がある。「過去と折り合いをつける」のは、より良い未来を作るのに貢献するかもしれない。しかし、それはまたこの目標から注意をそらす結果を招くこともある。「過去の不正行為は終わって、処理済みだ。つまり虐殺されたものはたしかに虐殺された」というマックス・ホルクハイマーの言葉は正しかったのである[19]。

訳者あとがき

本書は、John Torpey, *Making Whole What Has Been Smashed: On Reparations Politics* (Cambridge, MA: Harvard University Press, 2006) の全訳である。第三章を酒井、第五章を津田が分担して翻訳したが、他の部分は藤川が翻訳した。また、訳語の統一なども藤川が行なった。

原著者ジョン・トーピーは、カリフォルニア大学アーヴァイン校の社会学助教授やブリティシュ・コロンビア大学の人類学・社会学・ヨーロッパ研究学科の准教授を歴任し、現在はニューヨーク市立大学大学院の社会学教授である。また、カリフォルニア大学バークリー校から、社会学の博士号を取得している。トーピーの他の著書には、*Intellectuals, Socialism, and Dissent: The East German Opposition and Its Legacy* (Minneapolis, Minn: University of Minnesota Press, 1995) や、本書の訳者らがすでに翻訳した *The Invention of the Passport: Surveillance, Citizenship, and the State* (Cambridge: Cambridge University Press, 2000) (『パスポートの発明——監視・シティズンシップ・国家』法政大学出版局、二〇〇八年) などがある。関係の深い編著書としては、*Politics and the Past: On Repairing Historical Injustices*（Lanham, MD: Rowman & Littlefield Publishers, 2003）があげられる。

トーピーは、比較歴史社会学の研究者だと自認しており、本人の弁によると、だいたい五年を周期として、大西洋世界の近現代史に関する特定のテーマを、比較史的視点をともなったグローバル・ヒストリーとして描いてきた。本書は、パスポートの発明に続いてとりあげたテーマ、歴史的賠償を題材としたもので、比較史であると同時に、それぞれの地域の歴史的賠償が、いかなる共通の時代背景をもち、先行する歴史的経験にどのような影響を受けてきたかを考察したものである。

原題"Making Whole What Has Been Smashed"の意味は、おそらくすぐに理解できないと思われるが、それはヴァルター・ベンヤミンが、「歴史哲学テーゼ」のなかで、パウル・クレーの一枚の絵を説明した文章の一文であり、破壊されたものを集めて元に戻すという意味である。破壊されたものを元通りにはできないという現実に対して、本書は、それをあえて求めるかのように見える歴史的賠償に執着するようになった時代が何を求めているのか。その背景には何があるのかを追求する。歴史的賠償をめぐる多くの研究は、賠償の正当性を訴えるという目的で歴史的事実を整理するものや、逆に歴史的賠償に根拠がないことを証明することに全力を傾注するものが多い。そうではなくとも、特定の事例に関心を集中するのはふつうにみられることである。

それに対して本書は、「すべき」という使命感とは距離をおいて、歴史的賠償に関わる多くの事例を総合的に把握しようとしたところに特徴がある。おそらく、それが本書の強みであると同時に、賠償の闘士あるいは記憶の企業家たちとっては弱みだとみなされる点でもあろう。トーピーは、さまざまな歴史的賠償を合わせてひとつの歴史的現象だと考えて、その歴史的原因や背景、相互関係を探り（第1章）、さらに類型化を試みている（第2章）。類型化がどの程度まで有益かについては議論が分かれると思われるが、多くの賠償運動を統一的に理解するためのひとつのシェマにはなるだろう。個別の事例を扱った第3〜5章は、第1章の主張を確認すると同時に、第2章の類型の有用性を検証する役割も果たしていると言えよう。

賠償問題あるいは、その元となる戦争責任を扱った研究の多くは、その起源をニュルンベルク裁判や極東軍事裁判に求めることが多いが、そうした裁判と過去四半世紀のあいだに頻繁にみられるようになった歴史的賠償の要求のあいだには、大きな時間的隔たりがある。戦争責任の問題とユダヤ人のジェノサイドに対する取り組みは継続的に行なわれてきたが、ホロコーストという言葉がドイツで流布するようになったのは一九七九年のことである。ホロコーストの世界化、つまり歴史的賠償の普遍化はそれ以降の出来事なのである。本書における、著者のトーピーの試みは、過去四半世紀に特徴的な現象として、歴史的賠償の問題を歴史化しようとするところに大きな特徴がある。以下では、トーピーの主張の特徴を簡単にみてみよう。

歴史的賠償請求の激増を普遍的な人権観念の普及と同一視する見方がある。それは歴史の啓蒙主義的理解と言ってもよいかもしれない。たしかに国際刑事裁判所の活動や国際的な人権擁護団体の活躍を見ると、こうした見解にも一理ある。しかし、人権の普及に関しても、前述の大きな時間的な断絶の問題は、説明の必要がある。こうした状況が生まれるには、よく指摘されるように冷戦の終結が必要であったと思われるが、それだけであろうか。

トーピーは、他の研究者の主張にも耳を傾けながら、未来を志向する進歩主義的な政治、未来のユートピアに向かう包括的な社会の改良を目指す理想が没落したことを、近年になって賠償政治が活発に展開されるようになったもっとも大きな原因だと考えている。崩壊したのは、共産（社会）主義と国民国家が理想的な未来を切り拓くことができるという理念である。共産主義についての説明は不要であろう。国民国家については、少し説明しておきたい。

民主主義的とされる国民国家は、その能力と正統性に関して二重の挑戦を受けている。グローバリゼーションの進展にともなう問題解決能力の低下と、アイデンティティ・ポリティックスの進展などによる、利益の共同体としての正統性の喪失である。先住民、人種や民族集団、エスニック集団、女性、LGBTなどの独自性の主張は、共通のアイデンティティにもとづく共同体としての正統性を傷つけた。また新自由主義にもとづく個人主義の推進は、公益の土台を掘り崩した。それは、それぞれの集団が独自の歴史意識を持ち、個人が損得勘定の単位となることを意味している。たとえば、バラ色の国民国家の進歩の歴史は厳しい批判の対象になり、その犠牲者たちの歴史に光を当てることが歴史学の責務のようになった。オーストラリアの右翼の歴史家ジェフリー・ブレイニーは、これを「喪章史観」と呼んでいる。また、殺人事件は、社会に対する犯罪というよりも、個人に対する犯罪であるという観念が強まり、遺族の声を聴く必要性がますます叫ばれるようになっている。

賠償（reparation）という語の意味の変化は、こうした状況を反映している。第二次世界大戦までは、賠償という語は、国家間の戦争の賠償を意味するものであったが、国家が民族集団や個人に対して行なった残虐行為や犯罪に対するあらゆるかたちの対応を包含するようになった。

トーピーによれば、共産主義や民主的な国民国家による理想的な未来の実現という夢が失われ、公益にもとづく公共性の土台が崩される状況で、現在、社会的な不平等（国境を問わず）を改善しようとする人びとの目が、未来ではなく過去の不正を正す方向に向けられるようになった。こうした傾向を助長したのが、トーピーが「記憶の企業家」と呼ぶ人びとである。それらはこの問題に関心を抱く、神学者、弁護士、セラピスト、歴史家、傷ついた活動家などである。トーピーは企業家という言葉を侮辱的な意味で使っているわけではないと断っているが、肯定的に使っているとも思われない。

トーピーは、歴史的賠償を求める多種多様な運動がかかえる共通の原因と歴史的背景を探っている。歴史的責任を強調する活動には、国民国家に代わる帰属意識に目覚めた、ディアスポラの一員だと自認しているエスニックの活動家たちが、きわめて大きな役割を果たしてきた。世界に広がるユダヤ人による活動はあまりにもよく知られているが、南京大虐殺を告発した中国系アメリカ人のアイリス・チャンや、トルコによるアルメニア人のジェノサイドの告発に関わった欧米のアルメニア人も、そうした例として挙げられよう。

このような賠償運動にひな形を提供したのがホロコーストであり、それに続く歴史的賠償を求める運動は、それを試金石として、それ以上の残虐行為もしくはそれと同等な性質を持つことを主張することで、運動の正当性の根拠とした。ただし、最近の四半世紀に起こった歴史的賠償請求運動に、直接的な契機を提供したのは、日系アメリカ人や日系カナダ人の補償を求める運動の成功であった。これは、本書の第3章のテーマである。また同章は、賠償による解決が、どの程度まで加害者と被害者の本当の和解を生み出したのかを検証しようとする章でもある。第4章は、アフリカ系アメリカ人の賠償要求の歴史をたどり、それが日系アメリカ人への補償が認められたことによって、ふたたび活性化した様子を描いている。そこには奴隷制の賠償と、より最近まで続いたジム・クロウ制度による差別への補償という二つの課題が横たわっており、いずれも難しい問題である。また、この章は、黒人による歴史的賠償請求の運動がほとんど成功の見込みがないことと、黒人運動の主要な団体の協力や草の根レヴェルの支持もないことも示している。こうした黒人の賠償要求は、モデルとしてのホロコーストやアメリカにおける他の賠償の法的理解とともに、南アフリカやナミビアにおける歴史的賠償の問題に大きな影響を与えた。これが第5章のテーマである。さらに多数の真実委員会のモデルとなった、南アフリカの真実と和解委員会の意義が語られる。南部アフリカの事例は、歴史的賠償の多様な様相を示す事例であり、それはトーピーが第2章で示した歴史的賠償の類型の範囲を検証する章でもある。

トーピー自身のこうした状況に対する見解は、結論を読んでいただければ、容易に理解できるだろう。それに代えて、最後に賠償要求の類型について考えることで、訳者による説明の最後としたい。永原陽子編『「植民地責任」論――脱植民地化の比較史』（青木書店、二〇〇九年）という本が手元にあるが、戦争責任と分離されるような、奴隷制や長期にわたる植民地支配に対する責任、「植民地責任」という概念を新たに提唱している。そこで列挙された中身のほぼすべてはトーピーの類型に含まれている。『罪』として成立しようとしまいと、問われるべき『責任』はあり、償われるべき人々がいるという主張は、本書の言う『植民地責任』の考え方である」との主張によって示される、植民地責任にもとづく補償の要求は、トーピーの類型でいえば、「反制度的・経済的」な極にもっとも近接する主張ということになるだろう。直接的に罪を犯した犯罪者も、その被害者もいない状況で、現在かつての植民地主義のおかげで利益を得ているとされる受益者の道義的責任が問われることになる。しかし、たとえば、アフリカの多くの諸国が陥っている貧困状態が奴隷貿易の結果だと証明することは容易なことではない。したがって、受益者の道義的責任を認めさせることは、それが経済的な賠償につながる場合には、たとえ正当な要求であっても、いっそう困難だということが予想される。この場合、経済的な賠償を求めようとして、道義的な責任を認めさせようとする戦略は効果的なのであろうか。

それでは、多額の金銭的賠償をともなわない場合はどうなるのだろうか。オーストラリアの首相ケヴィン・ラッドは、二〇〇八年にオーストラリアの先住民に対して、二〇〇九年には児童施設で虐待を受けた児童に対して謝罪をしている。いずれも世論の圧倒的支持を受けた。トーピーの「記念的・象徴的」な極に近接するような賠償要求であっても、それだけでは、「言葉は安上がりだ」というトーピーの警句を思い起こすと、それが多くの犠牲者たち、とりわけ「文化的」な極に近い要求を持つ先住民たちを満足させるものではないことは容易に想像できる。謝罪は犠牲者よりも、道義的な罪悪感を拭いきれなかった受益者たちの禊であり、国民国家の正統性の安上がりの回復手段であったと言えば、言いすぎであろうか。オーストラリアの進歩的な学者たちが大喜びする様子は、それを秘かに願っていたのではないかという疑念をいだかせさえする。こうしたひねくれた読みをする人にも本書は好適であろう。「賠償すべきだ」という道義主義者にも目を通してほしい。

本書の翻訳をするにあたって、二〇〇九年の夏、ニューヨークにトーピー教授を訪ねた。エンパイア・ステイト・ビルディングに近い、ニューヨーク市立大学大学院のオフィスで会うことができた。そのときの話では、アメリカの特殊性、とりわけ宗教に関心を抱いているとのことだったが、結婚して、子供が生まれたところでもあり、今回のテーマは五年では終わりそうにないと話していた。帰りがけに、アイ・ラブ・ニューヨーク・Tシャツをいただいたが、お世辞にも趣味はいいとは言えないと思う。しかし、とても協力的で、公私にわたって忙しいなか、私の訪問に時間を割き、さらにメールでのやりとりなど、質問にも即座に答えていただいた協力には、心から謝意を表したい。

最後にもう一言だけつけ加えさせてもらいたい。二〇一三年五月、日本維新の会の共同代表、橋本徹の従軍慰安婦に関する発言は、多方面からの激しい批判と、ネットを中心にする擁護の言論を生み出した。橋本が発言の趣旨を捻じ曲げたとマスコミに責任転嫁するなど、議論が起こるというよりも問題は迷走したかのような観を呈した。しかし、いずれにしても、関係国への言及を除けば、戦争責任の問題と個人への賠償問題を国際的な視点から考えようとする発言は、ほとんどなかったように思われる。従軍慰安婦問題を考えるときに、賠償問題に関する国際的な動向は必須の知識だと思われる。個人に対する賠償責任の問題や、その背景にある歴史意識の変化が、世界的な世論と国際法を動かしており、そうしたことに無知な言論は、日本国内向けには有効であったとしても、国際的には意味がないどころか、日本に対する不信感を直接関係のない人びとにまで広めるという意味で、きわめて有害である。

従軍慰安婦問題の再燃と時を同じくして、イギリス政府が植民地時代に行なったケニヤのマウマウ団への弾圧によるキクユ人の犠牲者に、謝罪と賠償を行なうことを表明した。個人に対する賠償は、独立したケニヤ政府の責任だとする立場が認められなかった結果である。賠償が国と国の関係で完結するという立場は、植民地責任という文脈でも旗色が悪くなっている。イギリスの賠償問題は、従軍慰安婦問題と深く関わっている。それを並べて論じることのない日本の言論は、あまりにも狭隘である。本書は、どのような立場の人にとっても、こうした視点を意識するのに役立つだろう。

二〇一三年七月

藤川　隆男

索　引

註　　記

日本語版への序文

（1） Elazar Barkan, *The Guilt of Nations: Restitution and Negotiating Historical Injustices* (New York: Norton, 2000).

（2） Azar Gat, *War in Human Civilization* (New York: Oxford University Press, 2005)〔アザー・ガット／石津朋之ほか監訳『文明と戦争』中央公論新社，2012 年〕.

序　論

（1） *The New Yorker*, December 17, 2001. 一コマ漫画にはロバート・マンコフ（Robert Mankoff）の署名あり。

（2） "Four Generations of Americans Demand Sitcom Reparations," *The Onion, www.theonion.com*.

（3） Wole Soyinka, *The Burden of Memory, the Muse of Forgiveness* (New York: Oxford University Press, 1999), p. 90.

（4） Elazar Barkan, *The Guilt of Nations: Restitution and Negotiating Historical Injustices* (New York: Norton, 2000), p. 310.

（5） "South Africa: Payouts for Apartheid," *New York Times*, October 20, 1998, p. A8. 詳細については，第 5 章を参照。

（6） "Los Angeles to Draft Law Revealing Business Links to Slavery," *New York Times*, May 18, 2003, p. 29; Ross E. Milloy, "Panel Calls for Reparations in Tulsa Race Riot," *New York Times*, March 1, 2001, p. A12; Brent Staples, "Coming to Grips with the Unthinkable," *New York Times*, March 16, 2003, p. A12.

（7） ここでおそらく，やや技術的な理由から述べておかなければならないことがある。私は一般的に「アフリカ系アメリカ人」のことを，「黒人のアメリカ人」もしくは「黒人」と呼びたい。後者の用語が，奴隷の先祖の血筋をかなりの程度ひく人口だということを示すものだからだ。これらの人びとは完全にアメリカの集団である。それはちょうど南アフリカのカラードが南アフリカの歴史の特殊な産物であるのと同じだ。（この二つの集団の理解に役立つ比較としては，George Frederickson, *White Supremacy: A Comparative Study in American & South African History* [New York: Oxford University Press, 1981], pp. 255–257 を参照。）アフリカからの移民の数は比較的少ない状況が続いているけれども，それは増加している。これらの移民の経験は，黒人のアメリカ人の経験とかなりはっきりと異なっている。一方の集団は強制移住に起源をもち，他方の集団はそうではない。これが両者の

違いの核心にある。カリブ海地域から合衆国に来たアフリカ系の移民は，両者の一種中間に位置するような集団である。この集団の人びともカリブ海地域の奴隷の子孫であるが，合衆国への入国は自発的なものであった可能性が高い。つまり，カリブ海地域から来た黒人も，アメリカ社会でかなり異なった経験を味わったと考えられる。その結果，これらの集団のあいだには，しばしば分裂や衝突が見られる。エリートのための高等教育機関へのアクセスをめぐる対立については，Sara Rimer and Karen W. Arenson, "Top Colleges Take More Blacks, But Which Ones?" *New York Times*, June 24, 2004, p. A19 を参照。

（8） Campaign for Labor Rights, "April 16: Endorse the Demands," *Labor Alerts*, posted March 12, 2000. この記事を紹介してくれたトッド・ギトリンに感謝したい。

（9） Human Rights Watch, "An Approach to Reparations," July 19, 2001, *www.hrw.org*.

（10） "U.S. Will Pay Reparations to Former Latin American Internees," *New York Times*, June 15, 1998, p. A19.

（11） Soyinka, *The Burden of Memory*, pp. 45–47 を参照。

（12） 北アフリカの人間の奴隷貿易への関与については，Ronald Segal, *Islam's Black Slaves: The Other Black Diaspora* (New York: Farrar, Straus and Giroux, 2001)〔ロナルド・シーガル／設樂國廣監訳『イスラームの黒人奴隷——もう一つのブラック・ディアスポラ』明石書店，2007 年〕を参照。

（13） Norimitsu Onishi, "Senegalese Loner Works to Build Africa, His Way," *New York Times*, April 10, 2002, p. A3.

（14） Mike Robinson, "Judge Dismisses Slave Reparations Suit," Associated Press, January 24, 2004, *www.usatoday.com* で利用可能〔現在リンク切れ〕。また Associated Press, "Oklahoma Judge Dismisses Race Riot Suit," March 23, 2004 は，*www.prometheus6.org* で利用可能。

（15） BBC News, "Apartheid Victims File Suit," June 19, 2002 は http://news.bbc.co.uk/2/hi/africa/2054898.stm で利用可能。

（16） 私たちとホロコーストの経験の距離が拡大していることを示す好例としては，Daniel Mendelsohn, "What Happened to Uncle Schmiel?" *New York Times Magazine*, July 14, 2002, pp. 24–29ff を参照。

（17） 増加し続けている関連文献のうちの主要な研究には，Barkan, *The Guilt of Nations*; Janna Thompson, *Taking Responsibility for the Past: Reparation and Historical Justice* (Malden, MA: Polity, 2002); Priscilla Hayner, *Unspeakable Truths: Confronting State Terror and Atrocity* (New York: Routledge, 2001)〔プリシラ・B. ヘイナー／阿部利洋訳『語りえぬ真実——真実委員会の挑戦』平凡社，2006 年〕; Ruti Teitel, *Transitional Justice* (New York: Oxford University Press, 2000); Hermann Lübbe, *"Ich entschuldige mich": Das neue politische Bußritual* (Berlin: Siedler, 2001); Martha Minow, *Between Vengeance and Forgiveness* (Boston: Beacon Press, 1998)〔マーサ・ミノウ／荒木教夫・駒村圭吾訳『復讐と赦しのあいだ——ジェノサイドと大規模暴力の後で歴史と向き合う』信山社出版，2003 年〕; 私自身の編集による *Politics and the Past: On Repairing Historical Injustices* (Lanham, MD: Rowman & Littlefield,

2003）を参照。これらの問題の多くを分析した先駆的な研究としては，Nicholas Tavuchis, *Mea Culpa: A Sociology of Apology and Reconciliation*（Stanford, CA: Stanford University Press, 1991）を参照。

（18） Hayner, *Unspeakable Truths*〔ヘイナー『語りえぬ真実』〕を参照。

（19） John D. Skrentny, *The Minority Rights Revolution*（Cambridge, MA: Belknap/Harvard University Press, 2002）を参照。

（20） Michael Ignatieff, *Human Rights as Politics and Idolatry*（Princeton, NJ: Princeton University Press, 2001）, pp. 21–22〔マイケル・イグナティエフ著，エイミー・ガットマン編／添谷育志・金田耕一訳『人権の政治学』風行社，2006年，「I　政治としての人権」59–60頁〕.

（21） Max Weber, "Politics as a Vocation," in Hans Gerth and C. Wright Mills, eds., *From Max Weber: Essays in Sociology*（New York: Oxford University Press, 1946）, pp. 118–128〔マックス・ウェーバー／脇圭平訳『職業としての政治』岩波書店，1980年，82頁以下〕.

第1章　浮上する水面下の歴史

（1） たとえば，John Ibbitson, "Campaign to Remember U.S. Slavery Takes Root," *Globe and Mail*（Toronto）, July 15, 2002, p. A3を参照。

（2） リン・ヒョングは，「ヴェルサイユ条約302条に規定されているように，補償は個人が国家に要求するものなのに対して，賠償（金）や損害賠償は，国家間で解決されるべきものだ」と述べている。Hyung Gu Lynn, "Systemic Lock: The Institutionalization of History in Post-1965 South Korea-Japan Relations," *Journal of American East Asian Relations* 9, no. 1–2（Spring-Summer 2000）: 72.

（3） この言葉が指す範囲とその一貫性には議論の余地がある。私はここではこの言葉を，（主に西）ヨーロッパと南北アメリカで構成されるキリスト教が支配的な世界という意味で用いている。これを「ラテン・キリスト教世界」と呼ぶ人もいる。

（4） Peter Novick, *The Holocaust in American Life*（Boston: Houghton Mifflin, 1999）; Daniel Levy and Natan Sznaider, *The Holocaust and Memory in the Global Age*, trans. Assenka Oksiloff（Philadelphia: Temple University Press, 2005）; Jeffrey Alexander, "On the Social Construction of Moral Universals: The 'Holocaust' from War Crime to Trauma Drama," *European Journal of Social Theory* 5, no. 1（February 2002）: 5–86を参照。

（5） ホロコーストが他の過去の犯罪，この場合には共産主義の犯罪から人びとの関心を奪い去ったというもっとも扇情的な主張のひとつは，Stéphane Courtois, "Introduction: The Crimes of Communism," in Stéphane Courtois et al., *The Black Book of Communism: Crimes, Terror, Repression*, trans. Jonathan Murphy and Mark Kramer（Cambridge, MA: Harvard University Press, 1999）, p. 23〔ステファヌ・クルトワ「序　共産主義の犯罪」ステファヌ・クルトワほか／外川継男訳『共産主義黒書――犯罪・テロル・抑圧』〈ソ連篇〉恵雅堂出版，2001年，7–40頁（とくに32頁と思われる）〕である。この〈ソ連篇〉とその影響については，本章の終わりに近い部分で論じる。

(6) スーダンのダルフール地方で起こった出来事は，過去の犯罪を考える場合にホロコーストが占めていた中心的な位置に変化が生じつつあることを示しているのかもしれない。このケースでは，ホロコーストよりもルワンダとの対比がいっそう頻繁に行なわれた。この変化は，複数の要因の結果から生じたように思われる。ホロコーストに関連する賠償請求が減少した結果，基準としてのホロコーストは衰退した。2004 年はちょうどルワンダのジェノサイドの 10 周年と偶然一致した。スーダンとルワンダの地理的（そしておそらく「人種的」）類似性などが，その要因として挙げられる。

(7) Thucydides, *History of the Peloponnesian War*, trans. Rex Warner (New York: Penguin, 1972), p. 402〔トゥキュディデス／城江良和訳『歴史 2』京都大学学術出版会，2003 年，75 頁〕.

(8) 興味深い分析としては，Jeffrey K. Olick and Brenda Coughlin, "The Politics of Regret: Analytical Frames," in John Torpey, ed., *Politics and the Past: On Repairing Historical Injustices* (Lanham, MD: Rowman & Littlefield, 2003)。

(9) Edmund Burke, *Reflections on the Revolution in France*, ed. Conor Cruise O'Brien (New York: Penguin Books, 1969 [1790]), pp. 246–247〔エドマンド・バーク／半澤孝麿訳『フランス革命の省察』みすず書房，1989 年，175–177 頁〕.

(10) Karl Marx, "The Eighteenth Brumaire of Louis Bonaparte," in Robert Tucker, ed., *The Marx-Engels Reader*, 2nd ed. (New York: Norton, 1978 [1852]), p. 595〔カール・マルクス「ルイ・ボナパルトのブリュメール 18 日」，大内兵衛・細川嘉之監訳『マルクス・エンゲルス全集』第 8 巻，大月書店，1962 年，107 頁〕.

(11) Karl Marx and Friedrich Engels, "The Communist Manifesto," in Tucker, ed., *The Marx-Engels Reader*, esp. Part I, "Bourgeois and Proletarians"〔マルクス，エンゲルス／水田洋訳「共産党宣言」，『共産党宣言・共産主義の諸原理』講談社，2008 年，とくに「1　ブルジョワとプロレタリア」〕を参照。

(12) Friedrich Nietzsche, "On the Use and Disadvantages of History for Life," in Nietzsche, *Untimely Meditations*, trans. R. J. Hollingdale, ed. Daniel Breazeale (Cambridge: Cambridge University Press, 1997), pp. 102–103〔フリードリヒ・ニーチェ「生に対する歴史の利害について」，浅井真男ほか訳『世界文学大系 42　ニーチェ』筑摩書房，1960 年，322 頁〕.

(13) Walter Benjamin, "Theses on the Philosophy of History," in *Illuminations*, ed. Hannah Arendt (New York: Shocken Books, 1968), pp. 257–258〔ヴァルター・ベンヤミン／野村修訳「歴史哲学テーゼ」，『暴力批判論』（ヴァルター・ベンヤミン著作集 1），晶文社，1992 年，111–131 頁，とくに 119 頁，冒頭の引用を参照〕，ベンヤミンは 1940 年の死の直前にこのテーゼを著わした。

(14) Sigmund Freud, *Civilization and Its Discontents*, trans. James Strachey (New York: W.W. Norton, 1961 [1930])〔ジグムント・フロイト／浜川祥枝訳「文化への不満」『フロイト著作集第 3 巻　文化・芸術論』人文書院，1969 年所収，431–496 頁〕.

(15) Karl Jaspers, *Die Schuldfrage: Von der politischen Haftung Deutschlands* (München: Piper, 1987 [1946])〔カール・ヤスパース／橋本文夫訳『戦争の罪を問う』平凡社，

1998年〕，1947年の原著の新しい英訳 *The Question of German Guilt*, trans. E. B. Ashton（New York: Fordham University Press, 2000）が近年出版されている。この言葉は一般的に “responsibility”（一般的な責任）と訳されるが，ドイツ語の原文ではヤスパースは，概して *Verantwortung*（“responsibility”）ではなく，*Haftung* を用いている。おそらくこれは重要で，この語は，ふつう “liability”（法的責任）と訳される。たとえば，“limited liability company”（有限会社）という表現に相当するドイツ語の表現（つまり，*GmbH—Gesellschaft mit beschränkter Haftung*）の場合のように。

(16) 関連する論考は，Jürgen Habermas, *Eine Art Schadensabwicklung: Kleine politische Schriften VI*（Frankfurt am Main: Suhrkamp, 1987）〔ユルゲン・ハーバーマス「一種の損害補償——ドイツにおける現代史記述の弁護論的傾向」，J. ハーバーマスほか著／徳永恂ほか訳『過ぎ去ろうとしない過去——ナチズムとドイツ歴史家論争』人文書院，1995年所収，50-89頁〕を参照。ハーバーマスによるヤスパースの『戦争の罪を問う』の評価に関しては，Habermas, *Philosophical-Political Profiles*, trans. Frederick G. Lawrence（Cambridge, MA: MIT Press, 1983）〔J. ハーバーマス／小牧治・村上隆夫訳『哲学的・政治的プロフィール——現代ヨーロッパの哲学者たち』上，未來社，1984年〕のヤスパースに関する論文を参照。ヤスパースの著作をめぐる議論とハーバーマスのその主要なテーマの流用に関しては，Anson Rabinbach, “The German as Pariah: Karl Jaspers's *The Question of German Guilt*,” in Rabinbach, *In the Shadow of Catastrophe: German Intellectuals Between Apocalypse and Enlightenment*（Berkeley, CA: University of California Press, 1997）を参照。

(17) 第三帝国の敗北から現われた二つのドイツにおけるナチスの過去に対する異なった対応については，Jeffrey Herf, *Divided Memory: The Nazi Past in the Two Germanys*（Cambridge, MA: Harvard University Press, 1997）を参照。戦後のドイツと日本における過去と折り合いをつける活動を分析し，ドイツと比較して日本にこれが欠けているとした研究としては，Ian Buruma, *The Wages of Guilt: Memories of War in Germany and Japan*（New York: Meridian, 1994）〔イアン・ブルマ／石井信平訳『戦争の記憶』筑摩書房，2003年〕を参照。

(18) Hannah Arendt, “Preface to the First Edition,” *The Origins of Totalitarianism*（New York: Harcourt, Brace, 1973［1951］), p. ix〔ハナ・アーレント／大久保和郎・大島通義・大島かおり訳『全体主義の起原』全3冊，みすず書房，1972-1974年。邦訳に初版の序文はない〕.

(19) Eric Wolf, *Europe and the People Without History*（Berkeley, CA: University of California Press, 1997［1982］）のタイトルを借用させてもらった。

(20) Lukas Meyer, “Inheriting Public Goods and Public Evils,” unpublished ms., University of Bremen, June 1999, p. 15.

(21) Tyler Cowen, “How Far Back Should We Go?” unpublished ms., George Mason University, July 1999 を参照。

(22) Jeremy Waldron, “Redressing Historic Injustice,” ch. 2 of *Cosmopolitan Right*, ms., 2001, p. 20. また Waldron, “Superseding Historic Injustice,” *Ethics* 103（October 1992):

4-28 も参照。

(23) Meyer, "Inheriting Public Goods and Public Evils," p. 29 で引用。原文は著者が英訳したもの。

(24) Andrew Schaap, "Guilty Subjects and Political Responsibility: Arendt, Jaspers, and the Resonance of the 'German Question' in Politics of Reconciliation," *Political Studies* 49 (2001): 762.

(25) Danny Postel, "The Awful Truth [about Lynching]," *Chronicle of Higher Education*, July 12, 2002. この論文を私に紹介してくれたトッド・ギトリンに感謝したい。

(26) Ian Buruma, "War Guilt, and the Difference Between Germany and Japan," *New York Times*, December 29, 1998, p. A19 を参照。さらに詳しい議論をみるには，Ian Buruma, "The Joys and Perils of Victimhood," *New York Review of Books* (April 8, 1999) を参照。

(27) そのウェブサイト *www.nyu.edu* を参照。

(28) Anne-Marie Slaughter and David Bosco, "Plaintiff's Diplomacy," *Foreign Affairs* (September-October 2000): 102-116.

(29) Nathan Glazer, *We are all Multiculturalists Now* (Cambridge, MA: Harvard University Press, 1997).

(30) 迫力に満ちた批判をみるには，Brian Barry, *Culture and Equality: An Egalitarian Critique of Multiculturalism* (Cambridge, MA: Harvard University Press, 2001) を参照。

(31) Robert Hughes, *Culture of Complaint: The Fraying of America* (New York: Oxford University Press, 1993).

(32) David Garland, *The Culture of Control: Crime and Social Order in Contemporary Society* (Chicago: University of Chicago Press, 2001), pp. 11-12, 傍点は筆者。

(33) Margaret Thatcher quoted in "AIDS, Education and the Year 2000!", *Woman's Own* magazine (GB), October 31, 1987, pp. 8-10.

(34) レーガン大統領第一期就任演説，1981 年 1 月 20 日〔原文および日本語訳は http://www.bauddha.net/reagun_1_inaugural/index.html を参照〕。

(35) John Micklethwait and Adrian Wooldridge, "It Depends What the Meaning of 'Liberal' Is," *New York Times*, June 27, 2004, "Week in Review," p. 3 を参照。

(36) Cass Sunstein, "The Right-Wing Assault," *American Prospect,* March 1, 2003, *www.prospect.org* で利用可能。

(37) 人権侵害の否定と認知をめぐる政治に関する挑発的で説得力のある議論としては，Stanley Cohen, *States of Denial: Knowing about Atrocities and Suffering* (Malden, MA: Blackwell, 2001) を参照。

(38) 私はこの点においても，コグランやオリックと見解を異にしている（Olick and Coughlin, "The Politics of Regret"）。ノルベルト・エリアスが最初に輪郭を描き，彼らが依拠している発展主義は，賠償政治の勃興の理解に非常に長期的なスタイルでアプローチすることを意味する。この立場は有用ではあるが，歴史的にはあまりにも漠然としている。彼らのアプローチと私のアプローチの関係をはっきりさせるには，フィル・ゴースキの理論のタイプ分けを用いるのが有効かもしれな

い。ゴースキが呼ぶところの第一階層の理論には，「社会世界における特殊な出来事や一連の出来事の具体的な説明（たとえば，ペリー・アンダーソンの絶対主義の理論)」が必要であるのに対して，第二階層の理論は，「社会生活の研究に対する一般的なアプローチ」を提供する。私のアプローチは，オリックとコクランのアプローチを補完するものだと考えてもらいたい。私のものが第一階層の理論に類似しているのに対して，彼らのものは第二階層のものにより近い。この点に関しては，Philip Gorski, "Reply," *Comparative & Historical Sociology: Newsletter of the ASA Comparative and Historical Sociology Section* 15, no. 4 (Spring 2004): 8を参照。

(39) Daniel Bell, *The Coming of Post-Industrial Society* (New York: Basic Books, 1976)〔ダニエル・ベル／内田忠夫ほか訳『脱工業社会の到来――社会予測の一つの試み』ダイヤモンド社，1975年〕; Alvin Gouldner, *The Future of Intellectuals and the Rise of the New Class* (New York: Continuum, 1979)〔A. W. グールドナー／原田達訳『知の資本論――知識人の未来と新しい階級』新曜社，1988年〕を参照。

(40) おそらくここではトマス・カシュマンの指摘を想起する価値があるだろう。「『ジェノサイド防止産業』が急速に発達したにもかかわらず」，1990年代にはボスニアとルワンダで大規模な虐殺が二つ起こった。いまやこれに，スーダンのダルフールにおける虐殺がつけ加えられるかもしれない。Thomas Cushman, "Is Genocide Preventable? Some Theoretical Considerations," *Journal of Genocide Research* 5, no. 4 (December 2003): 526を参照。

(41) 南アフリカにおける過去の犯罪と折り合いをつけようとする，この種の言説の役割を批判的に分析したものとしては，Richard A. Wilson, *The Politics of Truth and Reconciliation in South Africa: Legitimizing the Post-Apartheid State* (Cambridge: Cambridge University Press, 2001）を参照。

(42) セラピストや心理療法的な傾向のある一部の社会学者については，Jeffrey Alexander et al., eds., *Cultural Trauma and Collective Identity* (Berkeley, CA: University of California Press, 2004）を参照。

(43) ホロコーストに関連する不法行為への賠償請求における法律家や歴史家の役割については，Ariel Colonomos, "The Holocaust Era Assets and the Globalization of Shame," paper presented at the July 2001 meeting of the International Studies Association, Hong Kongを参照。

(44) Erving Goffman, *Stigma: Notes on the Management of Spoiled Identity* (New York: Simon & Schuster, 1963), p. 27〔アーヴィング・ゴッフマン／石黒毅訳『スティグマの社会学――烙印を押されたアイデンティティ』せりか書房，1980年，50頁〕.

(45) Edward T. Linenthal, *Preserving Memory: The Struggle to Create America's Holocaust Museum* (New York: Columbia University Press, 2001 [1995]), p. 21に引用。

(46) Goffman, *Stigma*, p. 38〔ゴッフマン『スティグマの社会学』66頁。著者の引用が原著の文脈に沿ったものかどうかについてはいささか疑問が残る〕.

(47) Joseph Berger, "The 'Second Generation' Reflects on the Holocaust," *New York Times*, January 17, 2000, p. A11.

(48) Dalton Conley, "Calculating Slavery Reparations: Theory, Numbers, and Implications,"

in John Torpey, ed., *Politics and the Past: On Repairing Historical Injustices* (Lanham, MD: Rowman & Littlefield, 2003), pp. 117-125 を参照。

(49) Kerwin Lee Klein, "On the Emergence of Memory in Historical Discourse," *Representations* 69 (Winter 2000): 145.

(50) 国際移行的正義センター（ICTJ）の概要については，Lynda Richardson, "Helping Countries, and People, to Heal," *New York Times*, November 23, 2001, p. A25，また，Priscilla Hayner, *Unspeakable Truths: Confronting State Terror and Atrocity* (New York: Routledge, 2001)〔プリシラ・B. ヘイナー／阿部利洋訳『語りえぬ真実――真実委員会の挑戦』平凡社，2006 年〕も参照。ヘイナーは，国際移行的正義センターで指導的役割を果たしている。

(51) Deborah Posel and Graeme Simpson, eds., *Commissioning the Past: Understanding South Africa's Truth and Reconciliation Commission* (Johannesburg: Witwatersrand University Press, 2001), pp. 1-2.

(52) 平等な市民権を保持しようとする主張が支持を失いつつある状況については，Brian Barry, *Culture and Equality: An Egalitarian Critique of Multiculturalism* (Cambridge, MA: Harvard University Press, 2001) を参照。

(53) George Steiner, *Grammars of Creation* (New Haven, CT: Yale University Press, 2001), p. 3.

(54) Jürgen Habermas, "Foreword," *The Postnational Constellation: Political Essays*, trans. Max Pensky (Cambridge, MA: MIT Press, 2001), p. xviii，著者の翻訳は原著の "Vorwort," *Die postnationale Konstellation: Politische Essays* (Frankfurt am Main: Suhrkamp, 1998), p. 7 より。

(55) Todd Gitlin, *The Twilight of Common Dreams: Why America Is Wracked by Culture Wars* (New York: Metropolitan Books, 1995)〔トッド・ギトリン／疋田三良・向井俊二訳『アメリカの文化戦争――たそがれゆく共通の夢』彩流社，2001 年〕．ポストモダニズムと政治にまつわる議論については，Edward Rothstein, "Moral Relativity Is a Hot Topic? True. Absolutely," *New York Times*, July 13, 2002, pp. A13-15 も参照。

(56) Steiner, *Grammars of Creation*, p. 329.

(57) Nietzsche, "On the Uses and Disadvantages of History for Life"; Charles Maier, "A Surfeit of Memory? Reflections on History, Melancholy, and Denial," *History and Memory* 5, no. 2 (Fall-Winter 1993): 136-151 も参照。

(58) Ken Jowitt, "A World Without Leninism," in Jowitt, *New World Disorder: The Leninist Extinction* (Berkeley, CA: University of California Press, 1992), p. 306.

(59) Alexis de Tocqueville, *Democracy in America*, trans. and ed. Harvey Mansfield and Delba Winthrop (Chicago: University of Chicago Press, 2000 [1835]), pp. 395-396〔アレクシス・ド・トクヴィル／松本礼二訳『アメリカのデモクラシー』第 2 巻（下），岩波書店，2005 年，418-419 頁〕.

(60) Karl Marx, *Capital*, vol. 1 in Tucker, ed., *The Marx-Engels Reader*, p. 435〔カール・マルクス／資本論翻訳委員会訳『資本論』第 1 巻 b，新日本出版社，1997 年，1280 頁〕.

(61) 資本主義世界システムにおける人種の変遷をめぐる貴重な議論としては，Howard Winant, *The World Is a Ghetto: Race and Democracy Since World War II* (New

York: Basic Books, 2001)。Michael Adas, *Machines as the Measure of Men: Science, Technology, and Ideologies of Western Dominance* (Ithaca, NY: Cornell University Press, 1989) の議論に依拠しながら，ジョージ・フレドリクソンは，ヨーロッパによる世界的な征服と植民地化の背後にある中心的な動機が人種主義だとの主張には疑念をいだいている。もちろん人種主義はすぐに社会階層を構築するのに決定的な役割を果たすのであるが。George Fredrickson, *Racism: A Short History* (Princeton, NJ: Princeton University Press, 2002), pp. 108–109〔ジョージ・M. フレドリクソン／李孝徳訳『人種主義の歴史』みすず書房，2009 年，107–108 頁〕を参照。

(62) 言及しているのは，Frantz Fanon, *A Dying Colonialism*, trans. Haakon Chevalier (New York: Grove Press, 1967 [1959])〔フランツ・ファノン／宮ケ谷徳三ほか訳『革命の社会学』みすず書房，1984 年〕.

(63) W. E. Burghardt Du Bois, *The World and Africa: An Inquiry into the Part Which Africa Has Played in World History* (New York: Viking, 1946), p. 258.

(64) George Fredrickson, *Black Liberation: A Comparative History of Black Ideologies in the United States and South Africa* (New York: Oxford University Press, 1995), esp. ch. 5; Michael Dawson, *Black Visions: The Roots of Contemporary African-American Political Ideologies* (Chicago: University of Chicago Press, 2001), ch. 5.

(65) Mary L. Dudziak, *Cold War Civil Rights: Race and the Image of American Democracy* (Princeton, NJ: Princeton University Press, 2000); Fredrickson, *Racism: A Short History*, pp. 129–132〔フレドリクソン『人種主義の歴史』131–134 頁〕を参照。

(66) 1990 年代以降に，世界的に人種関係の改善が比較的停滞していることに関しては，Winant, *The World Is a Ghetto* を参照。

(67) Gustav Niebuhr, "Forgive Them Their Debts, World Council Says," *New York Times*, December 15, 1998, p. A10; Joseph Kahn, "Wealthy Nations Propose Doubling Poor's Debt Relief," *New York Times*, September 17, 2000, pp. 1, 10; Joseph Kahn, "International Lenders' New Image: A Human Face," *New York Times*, September 26, 2000, p. A5 を参照。

(68) 公民権運動以降の合衆国における黒人住民の進歩，もしくは進歩の欠如に関するさまざまな見解については，以下の文献を参照。Orlando Patterson, *The Ordeal of Integration: Progress and Resentment in America's "Racial" Crisis* (New York: Basic Civitas, 1997) は楽観的な見解を示しており，William Julius Wilson, *The Bridge over the Racial Divide: Rising Inequality and Coalition Politics* (Berkeley, CA: University of California Press, 1999) は悲観的な見方をしているが，人種よりも階級を強調する多人種連合による政治によって進歩が不可能ではないと考えている。もっとも悲観的なのは，Dawson, *Black Visions* で，現在に対して悲観的であるばかりではなく，当面ほとんど進歩の見込みがないとしている。

(69) Karl Polanyi, *The Great Transformation: The Political and Economic Origins of Our Time* (Boston: Beacon Press, 1944)〔カール・ポラニー／野口建彦・栖原学訳『新訳 大転換——市場社会の形成と崩壊』東洋経済新報社，2009 年〕.

(70) Eric Hobsbawm, *The Age of Extremes: A History of the World, 1914–1991* (New York: Vintage Books, 1996 [1994], p. 96 and *passim*〔エリック・ホブズボーム／河合秀和

訳『20 世紀の歴史――極端な時代』上，三省堂，1996 年，143 頁以下〕．創造的破壊という言葉はシュムペーターの言葉である。Joseph Schumpeter, *Capitalism, Socialism, and Democracy*（New York: Harper & Brothers, 1942）〔J. A. シュムペーター／中山伊知郎・東畑精一訳『資本主義・社会主義・民主主義』（新装版）東洋経済新報社，1995 年，130 頁など〕を参照。

(71) Robert Michels, *Political Parties: A Sociological Study of the Oligarchical Tendencies of Modern Democracy*（New York: Dover, 1959 [1915]）〔ロベルト・ミヘルス／森博・樋口晟子訳『現代民主主義における政党の社会学――集団活動の寡頭制的傾向についての研究』全 2 巻，木鐸社，1973–1974 年〕; Philip Selznick, *The Organizational Weapon: A Study of Bolshevik Strategy and Tactics*（Glencoe, IL: Free Press, 1960）を参照。

(72) とりわけ François Furet, *The Passing of an Illusion: The Idea of Communism in the Twentieth Century*, trans. Deborah Furet（Chicago: University of Chicago Press, 1999 [1995]）〔フランソワ・フュレ／楠瀬正浩訳『幻想の過去―― 20 世紀の全体主義』バジリコ株式会社，2007 年〕; Courtois et al., *The Black Book of Communism*〔ステファヌ・クルトワ「序　共産主義の犯罪」ステファヌ・クルトワほか／外川継男訳『共産主義黒書――犯罪・テロル・抑圧』〈ソ連篇〉，〈コミンテルン・アジア篇〉，恵雅堂出版，2001，2006 年-〕を参照。『共産主義黒書』をめぐる議論に関しては，John Torpey, "What Future for the Future? Reflections on the *Black Book of Communism*," *Human Rights Review* 2, no. 2（January-March 2001）: 135–143 を参照。

(73) トクヴィルの批判に関しては，Alexis de Tocqeville, *The Old Regime and the Revolution*, trans. Stuart Gilbert（Garden City, NY: Doubleday Anchor, 1955）, pt. lll, ch. 1〔アレクシス・ド・トクヴィル／小山勉訳『旧体制と大革命』筑摩書房，1998 年，第 3 部第 1 章〕を参照。

(74) Hannah Arendt, *On Revolution*（New York: Viking, 1965 [1963]）, p. 249〔ハンナ・アレント／志水速雄訳『革命について』中央公論社，1975 年，262 頁〕を参照。

(75) 「遅ればせの革命」はユルゲン・ハーバーマスの言葉である。Jürgen Habermas, *Die nachholende Revolution: Kleine Politische Schriften VII*（Frankfurt am Main: Suhrkamp, 1990）〔ユルゲン・ハーバーマス／三島憲一ほか訳『遅ればせの革命』岩波書店，1992 年〕を参照。東ヨーロッパ各地で開かれた円卓会議については，Jon Elster, ed., *The Roundtable Talks and the Breakdown of Communism*（Chicago: University of Chicago Press, 1996）を参照。

(76) Steiner, *Grammars of Creation*, p. 7.

(77) マイケル・イグナティエフは，国家を中傷する人権運動の傾向に対して，機能している国家がなければ，法律はなく，したがって人権もないと，最近応答している。Michael Ignatieff, *Human Rights as Politics and Idolatry*, ed. Amy Gutmann（Princeton, NJ: Princeton University Press, 2001）, p. 35〔マイケル・イグナティエフ著，エイミー・ガットマン編／添谷育志・金田耕一訳『人権の政治学』風行社，2006 年，77 頁〕.

(78) Max Weber, "The Nation," in Hans Gerth and C. Wright Mills, eds., *From Max Weber:*

Essays in Sociology (New York: Oxford University Press, 1946), p. 176.

(79) Ronald Niezen, *The Origins of Indigenism: Human Rights and the Politics of Identity* (Berkeley, CA: University of California Press, 2003) を参照。

(80) Hannah Arendt, *The Origins of Totalitarianism* (New York: Harcourt, Brace, 1973 [1951]), ch. 9〔ハナ・アーレント『全体主義の起原』2巻，第9章〕を参照。

(81) 論争を引き起こしたアーレントの1959年の論文，"Reflections on Little Rock," in Peter Baehr, ed., *The Portable Hannah Arendt* (New York: Penguin, 2000), pp. 231-246〔ハンナ・アレント「リトル・ロックについて考える」，ハンナ・アレント著，ジェローム・コーン編／中山元訳『責任と判断』筑摩書房，2007年所収，253-277頁〕を参照。

(82) T. H. Marshall, "Citizenship and Social Class," in his *Class, Citizenship, and Social Development*, ed. Seymour Martin Lipset (Garden City, NY: Doubleday, 1964 [1949]), pp. 71-134〔T. H. マーシャル著，トム・ボットモア編／岩崎信彦・中村健吾訳『シティズンシップと社会的階級』法律文化社，1993年，3-130頁〕を参照。「密度の濃い」市民権概念の基礎としての社会的連帯の重要性に関しては，David Abraham, "Citizenship Solidarity and Rights Individualism: On the Decline of National Citizenship in the U.S., Germany, and Israel," manuscript, Shelby Cullom Davis Center for Historical Studies, Princeton University, 2002 を参照。

(83) Will Kymlicka, *Multicultural Citizenship: A Liberal Theory of Minority Rights* (Oxford: Oxford University Press, 1995)〔ウィル・キムリッカ／角田猛之・石山文彦・山崎康仕監訳『多文化時代の市民権——マイノリティの権利と自由主義』晃洋書房，1998年〕.

(84) この論争に関する近年の動向に関しては，the Center for Research and Documentation on Japan's War Responsibility のウェブサイト *http://space.geocities.jp/japanwarres/* を参照。関連する論文としては，Laura Hein and Mark Selden, eds., *Censoring History: Citizenship and Memory in Japan, Germany, and the United States* (Armonk, NY: M. E. Sharpe, 2000) and Andrew Horvat and Gebhard Hielscher, eds., *Sharing the Burden of the Past: Legacies of War in Europe, America, and Asia* (Tokyo: The Asia Foundation/Friedrich-Ebert-Stiftung, 2003) を参照。

(85) Sasha Polakow-Suransky, "Reviving South African History," *The Chronicle of Higher Education*, June 14, 2002 を参照。

(86) チャンがザ・レイプ・オブ・ナンキンを追悼し，それに対する損害賠償請求を行なおうと運動するようになったきっかけは，1994年にカリフォルニア州クパチーノで開かれたアジアにおける第二次世界大戦の歴史を保存する世界同盟の会議で衝撃を受けたことだと記している。Iris Chang, *The Rape of Nanking: The Forgotten Holocaust of World War II* (New York: Basic Books, 1997)〔アイリス・チャン／巫召鴻訳『ザ・レイプ・オブ・南京——第二次世界大戦の忘れられたホロコースト』同時代社，2007年〕を参照。The Alliance for Preserving the Truth of Sino-Japanese War, つまり第二次世界大戦の歴史を保存する世界同盟のメンバーのサイトは *www.sjwar.org* にある〔ただし，世界同盟自体のサイト *http://www.global-*

alliance.net/related.html のほうにアクセスすることをお勧めする〕。

(87) "Turkey: Warning to France," *New York Times*, January 13, 2001, p. A4; "Switzerland: Lawmakers Accept Armenian Genocide," *New York Times*, December 17, 2003, p. A8 を参照。

(88) Randall Robinson, *The Debt: What America Owes to Blacks* (New York: Dutton, 2000), ロビンソンが25年ほど前に設立したトランスアフリカ・フォーラムは,「アフリカン・ディアスポラ」と強い結びつきを育んでいるように思われる。この問題に関しては第4章でさらに詳しく論じる。

(89) Albert O. Hirschman, *Exit, Voice, and Loyalty: Responses to Decline in Firms, Organizations, and States* (Cambridge, MA: Harvard University Press, 1970)〔A. O. ハーシュマン／矢野修一訳『離脱・発言・忠誠——企業・組織・国家における衰退への反応』ミネルヴァ書房, 2005年〕.

(90) Hobsbawm, *The Age of Extremes*〔ホブズボーム『20世紀の歴史——極端な時代』〕; Furet, *The Passing of an Illusion*〔フュレ『幻想の過去』〕; Ernst Nolte, *Der europäische Bürgerkrieg 1917–1945: Nationalsozialismus und Bolschewismus* (Berlin: Propyläen Verlag, 1987).

(91) Jürgen Habermas, "Learning from Catastrophe? A Look Back at the Short Twentieth Century," in Habermas, *The Postnational Constellation*, p.46; 著者はつぎの原著, "Aus Katastrophen lernen? Ein zeitdiagnostischer Rückblick auf das kurze 20. Jahrhundert," in *Die postnationale Konstellation*, p.75 から英訳した。

(92) Charles Maier, "Consigning the Twentieth Century to History: Alternative Narratives for the Modern Era," *American Historical Review* 105, no.3 (June 2000): 827, ハンナ・アーレントはこの観点を『全体主義の起原』(Arendt, *The Origins of Totalitarianism*) ではっきりと述べているが, 植民地世界でヨーロッパの支配下にあって苦しんだ人びとのあいだでも, これはふつうに見られる。非ヨーロッパ人のあいだにおけるナチズムとヨーロッパ人によるアフリカ先住民の取り扱いの類似性の認識を示す例としては, "A Declaration to the Nations of the World Issued by the Non-European United Committee, Cape Town, South Africa, 1945," reproduced in Du Bois, *The World and Africa*, pp.39–41 を参照。ジョージ・フレドリクソンは, 合衆国, 南アフリカ, ナチス・ドイツの「明らかに人種主義的な体制」を前述の『人種主義の歴史』(Fredrickson, *Racism*) で比較している。

(93) Mark Mazower, *Dark Continent: Europe's Twentieth Century* (New York: Knopf, 1998), p.xiii. アダム・ホックシールドは, コンゴにおけるレオポルド王の残虐行為でよく似た主題を用いている。「ブリュッセルやパリやストックホルムの街角で, シコット［カバの皮でできた鞭］を誰かが使っているのを見てぞっとする人でも, 別の場所ではこれをふつうの行為として受け入れた。こうした思考様式は, 約半世紀後に別の状況でも現われる。ソビボルやトレブリンカのナチスの強制収容所の司令官であったときに起こった大量虐殺について, フランツ・シュタングルは,『本当のことを言うと, 人はそれに慣れてしまった』と述べた」。Adam Hochschild, *King Leopold's Ghost: A Story of Greed, Terror, and Heroism in Colonial Af-*

rica (New York: Houghton Mifflin, 1998), p.122 を参照。

(94) Joseph Conrad, *Heart of Darkness and The Secret Sharer*, with an introduction by Albert J. Guerard (New York: Signet/New American Library, 1950 [1910]), pp.69–70〔ジョウゼフ・コンラッド／岩清水由美子訳『闇の奥』長崎県立大学学術研究会, 2001 年, 8 頁〕.

(95) Hochschild, *King Leopold's Ghost*, p.225.

(96) 盗まれた世代に関する調査, 公式にはアボリジナルおよびトレス諸島民の子どもの家族からの別離に関する調査は, こうした別離をもたらした法律や政策, それに付随する身体的・性的虐待を検証するために行なわれた。この調査のもっとも際立った結論のひとつに, こうしたことを行なう過程で, オーストラリア政府がジェノサイドを犯したという発見がある。この発見の論理的根拠は, 問題の行為が 1948 年の国連ジェノサイド条約の条項を満たすという点にあった。条文によれば,「強制的に一つの集団の子どもを他の集団に移す」のはジェノサイドの行為を構成するのである。"Bringing Them Home: Report of the National Inquiry into the Separation of Aboriginal and Torres Strait Islander Children from Their Families," Australian Human Rights and Equal Opportunity Commission のサイト *http://www.hreoc.gov.au/social_justice/bth_report/report/index.html* で利用可能。以下も参照。Antonella Romeo. "Die geraubte Generation," *Die Zeit*, May 31, 2000, *www.zeit.de* で利用可能。Thomas Schmid, "Australiens Holocaust," *Die Zeit*, May 31, 2000, *www.zeit.de* で利用可能。

(97) Stephen Kinzer, "Turkish Region Recalls Massacre of Armenians," *New York Times*, May 10, 2000, p. A3 を参照。

(98) Novick, *The Holocaust in American Life*, pp.100–101. ピッツバーグにおける 2000 年の社会科学史協会の大会で, ベン・キアナンと交わした会話によって, これらの戦争犯罪人の裁判でのジェノサイドの告発の意義を再認識した。しかしながら, 訴追を恐れて, 狂気に侵された支配者が訴追を免れるために権力にしがみつこうとするかどうかは, いまのところわからない。

(99) これは, Samantha Power, *"A Problem from Hell": America and the Age of Genocide* (New York: Basic Books, 2002)〔サマンサ・パワー／星野尚美訳『集団人間破壊の時代――平和維持活動の現実と市民の役割』ミネルヴァ書房, 2010 年〕の出版後に急に大きな注目を浴びるようになったテーマである。

(100) Furet, *The Passing of an Illusion*, p.502〔フュレ『幻想の過去』716 頁〕.

(101)「社会主義から資本主義への移行」の特徴を分析した例としては, Gil Eyal, Ivan Szelenyi, and Eleanor Townsley, *Making Capitalism Without Capitalists: The New Ruling Elites in Eastern Europe* (New York: Verso, 1998) を参照。

(102) 会合は通常ダヴォスで開かれるので, ダヴォス会議という名称がこの会議の略称として定着した。しかし, 2002 年には, 2001 年 9 月 11 日の攻撃の結果, ニューヨーク市への信頼感を示すためにこの町で会議が開催された。

(103) Simon Romero, "Brazil Forum More Local Than Worldly," *New York Times*, February 7, 2002, *www.nytimes.com* で利用可能。

(104) Dan Diner, *Das Jahrhundert verstehen: Eine universalhistorische Deutung* (Frankfurt am Main: Fischer Taschenbuch, 2000), p. 66.

(105) Ilya Ehrenburg and Vassily Grossman, eds., *The Black Book: The Ruthless Murder of Jews by German-Fascist Invaders Throughout the Temporarily-Occupied Regions of the Soviet Union and in the Death Camps of Poland During the War of 1941-1945*, trans. John Glad and James S. Levine (New York: Holocaust Publications, 1981).『共産主義黒書』(*The Black Book of Communism*) に先行するこの書物の存在を教えてくれたリック・ウォーリンに感謝したい。

(106) Courtois, "Introduction: The Crimes of Communism," in Courtois et a1., *The Black Book of Communism*, p. 23〔クルトワ「序　共産主義の犯罪」クルトワほか『共産主義黒書』〈ソ連篇〉, 28, 32 頁〕.

(107) ホロコーストと比べて, 共産主義の悪行が十分な取り扱いを受けてこなかったという奇妙な意見が, 近年フランスでは広く流布するようになった。しかし, ホロコーストと比較して, 共産主義が綿密に吟味されてこなかったという主張は, 共産主義が東ヨーロッパで支配を続けていた時代に, この制度に対する関心がなかったというよりもむしろ, 遅まきながらフランスが共産主義との関係を処理しようとするようになったことを反映している。Alain Besançon, *La malheur du siècle: Sur le communisme, le nazisme. et l'unicité de Shoah* (Paris: Fayard, 1998) を参照。ブザンソンの共産主義に関する「記憶喪失」とホロコーストに関する「記憶増進」という見解に対する批判は, Henry Rousso, "La Légitimité d'une comparaison empirique," in Rousso, ed., *Stalinisme et nazisme: Histoire et mémoire comparées* (Paris: Éditions Complexe, 1999), p. 18 をとりわけ参照。『共産主義黒書』の意義をめぐる議論について詳しくは, 私の論文 "What Future for the Future? Reflections on *The Black Book of Communism*" と,『共産主義黒書』のシンポジウムを特集した *Human Rights Review* に掲載された他の論文を参照。

(108) Diner, *Das Jahrhundert verstehen*, p. 233.

(109) Jean-Louis Margolin, "Cambodia," in Courtois et al., *The Black Book of Communism*, p. 634〔ジャン゠ルイ・マルゴラン「カンボジア」クルトワほか『共産主義黒書』〈コミンテルン・アジア編〉, 321 頁〕. 社会集団の「人種化」と国家主導の虐殺の関連をめぐる幅広い議論については, Eric Weitz, "Race, Nation, Class: Das 'Schwarzbuch des Kommunismus' und das Problem des Vergleichs zwischen nationalsozialistischen und sowjetischen Verbrechen," *Werkstatt Geschichte* 22 (1999): 75–91 と同じく Weitz, *A Century of Genocide: Utopias of Race and Nation* (Princeton, NJ: Princeton University Press, 2003) を参照。

(110) Novick, *The Holocaust in American Life*. ノヴィクの議論は, Norman Finkelstein, *The Holocaust Industry: Reflections on the Exploitation of Jewish Suffering* (New York: Verso, 2000)〔ノーマン・G. フィンケルスタイン／立木勝訳『ホロコースト産業——同胞の苦しみを「売り物」にするユダヤ人エリートたち』三交社, 2004 年〕でみられるノーマン・フィンケルスタインの議論よりも, さらに慎重である。

(111) チャールズ・メイヤーは, ヨーロッパ大西洋世界の外では, 経験や問題の性

質が異なっており，ホロコーストは「局地的な」関心事だとみなされていると主張している。Maier, "Consigning the Twentieth Century to History," p. 826 を参照。民衆の歴史意識のレヴェルでは疑いなく正しいかもしれないが，私はこの見方にいくつかの留保をつぎの論文で示した。"'Making Whole What Has Been Smashed': Reflections on Reparations," *Journal of Modern History* 73, no. 2 (June 2001): 333-358.

(112) Wole Soyinka, *The Burden of Memory, the Muse of Forgiveness* (New York: Oxford University Press, 1999), p. 83 を参照。

(113) 2000 年 7 月 7 日に出された報告書のタイトルは，*Rwanda: The Preventable Genocide* であり，*www.visiontv.ca* で利用可能〔現在は利用できない〕。引用部分は ch. 24, "Recommendations," p. 266 より。

(114) この点については，Samantha Power, "To Suffer by Comparison?" paper presented at the 1999 Annual Meeting of the Social Science History Association, Fort Worth, TX, November 1999 を参照。

(115) Horst Möller, *Der rote Holocaust und die Deutschen: Die Debatte um das 'Schwarzbuch des Kommunismus'* (München: Piper, 1999) を参照。

(116) 代表的な例としては，Russell Thornton, *American Indian Holocaust and Survival: A Population History Since 1492* (Norman: University of Oklahoma Press, 1987); David Stannard, *American Holocaust: Columbus and the Conquest of the New World* (New York: Oxford University Press, 1992) を参照。奴隷制とそれに続く黒人の虐待が「アメリカのホロコースト」だとする見解が，アフリカ系アメリカ人への損害賠償を促進しようとする人びとのあいだで広まっている。この点については，第 4 章を参照。

(117) A. A. Mazrui, "Who Should Pay for Slavery?" *World Press Review* 40, no. 8 (August 1993): 22.

第 2 章 賠償政治の解剖

(1) Charles S. Maier, "Overcoming the Past? Narrative and Negotiation, Remembering and Reparation: Issues at the Interface of History and the Law," in John Torpey, ed., *Politics and the Past: On Repairing Historical Injustices* (Lanham, MD; Rowman & Littlefield, 2003), pp. 295-304.

(2) Robert Paxton, *Europe in the Twentieth Century* (New York: Harcourt, Brace, Jovanovich, 1975). この例は，パクストンがマイケル・マラスとの共著でこの後すぐに，フランスとナチスの共謀関係に関する決定的な本を書くことになるという点で，ここで行なっている議論ととりわけ関係が深い。Robert Paxton and Michael Marrus, *Vichy France and the Jews* (New York: Basic Books, 1981).

(3) Wolfgang Mommsen, *Max Weber and German Politics, 1890-1920*, trans. Michael S. Steinberg (Chicago: University of Chicago Press, 1984 [1959]), pp. 312-320, esp. p. 313〔ヴォルフガング・J. モムゼン／安世舟・五十嵐一郎・田中浩ほか訳『マックス・ヴェーバーとドイツ政治　1890〜1920』未來社，1993-1994 年，558-568 頁とくに 559-560 頁〕.

(4) Paxton, *Europe in the Twentieth Century*, p. 221.

(5) Karl Jaspers, *The Question of German Guilt*, trans. E. B. Ashton (New York: Fordham University Press, 2000), pp. 112–113. 著者はこれを *Die Schuldfrage: Von der politischen Haftung Deutschlands* (München: Piper, 1987 [1946]), p. 81〔カール・ヤスパース／橋本文夫訳『戦争の罪を問う』平凡社，1998 年，182 頁〕にもとづいて少し修正している。

(6) Ibid. 著者は翻訳を少し修正した。

(7) T. H. Marshall, "Citizenship and Social Class," in Marshall, *Class, Citizenship, and Social Development* (Garden City, NY: Doubleday, 1964), pp. 71–134〔T. H. マーシャル著，トム・ボットモア編／岩崎信彦・中村健吾訳）『シティズンシップと社会的階級』法律文化社，1993 年，3–130 頁〕.

(8) "Draft Basic Principles and Guidelines on the Right to a Remedy and Reparation for Victims of Violations of International Human Rights and Humanitarian Law," (revised August 15, 2003) *www.unhchr.ch* で利用可能〔現在はリンク切れだが，*http://untreaty.un.org/cod/avl/ha/ga_60-147/ga_60-147.html* で修正された決議が利用可能〕; Priscilla Hayner, *Unspeakable Truths: Confronting State Terror and Atrocity* (New York; Routledge, 2001), p. 171〔プリシラ・B. ヘイナー／阿部利洋訳『語りえぬ真実——真実委員会の挑戦』平凡社，2006 年，226 頁〕も参照。

(9) 主権概念に対する懐疑的な見解は，Stephen D. Krasner, *Sovereignty: Organized Hypocrisy* (Princeton, NJ: Princeton University Press, 1999) を参照。マイケル・イグナティエフは，第二次世界大戦後の人権パラダイムの前進は 20 世紀の重要な一面であり，20 世紀を文字どおりの大惨事だと見る人びとが誤っていることを示している，と述べている。Michael Ignatieff, *The Rights Revolution* (Toronto: Anansi, 2000)〔マイケル・イグナティエフ／金田耕一訳『ライツ・レヴォリューション——権利社会をどう生きるか』風行社，2008 年〕; do., *Human Rights as Politics and Idolatry*, ed. Amy Gutmann (Princeton, NJ: Princeton University Press, 2001)〔マイケル・イグナティエフ著，エイミー・ガットマン編／添谷育志・金田耕一訳『人権の政治学』風行社，2006 年〕を参照。

(10) 『ニューヨーク・タイムズ』の社説も，先住民アメリカン・インディアンに対する公式の謝罪に関してこの点を指摘している。謝罪の提案に対するインディアンの反応を描写して，『ニューヨーク・タイムズ』の社説担当者たちは，「部族の指導者たちは，あきあきした気持ち（「紙に書かれた言葉」にすぎない）や，あまり喜びはないが是認する気持ち（「最初の一歩としてはいい」）などが混ざり合った反応を示している」。なぜなら，「連邦による賠償や補償要求の解決が問題となっているわけではないからだ」と述べている。*New York Times*, June 28, 2004, p. A18. 日系アメリカ人や日系カナダ人に対する補償に関しては，本書第 3 章を参照。

(11) たとえば，Elazar Barkan, *The Guilt of Nations; Restitution and Negotiating Historical Injustices* (New York: W. W. Norton, 2000) を参照。

(12) Marj Brown et a1., *Land Restitution in South Africa: A Long Way Home* (Cape Town: Idasa, 1998); Paul Brodeur, *Restitution: The Land Claims of the Mashpee, Passamaquoddy,*

and Penobscot Indians of New England (Boston: Northeastern University Press, 1985).

(13) *Personal Justice Denied: Report of the Commission on Wartime Relocation and Internment of Civilians* (Seattle: University of Washington Press, 1997 [1983]), p. 12〔戦時民間人再定住・抑留に関する委員会編／読売新聞社外報部訳編『拒否された個人の正義——日系米人強制収容の記録』三省堂，1983 年。引用箇所は邦訳に欠落〕.

(14) Martha Minow, *Between Vengeance and Forgiveness: Facing History after Genocide and Mass Violence* (Boston: Beacon Press, 1998), pp. 61ff〔マーサ・ミノウ／荒木教夫・駒村圭吾訳『復讐と赦しのあいだ——ジェノサイドと大規模暴力の後で歴史と向き合う』信山社出版，2003 年，95 頁以下〕を参照。

(15) ここではつぎの本の書名を借用している。Philip Rieff, *The Triumph of the Therapeutic* (New York: Harper & Row, 1966). アメリカ生活におけるこの勝利の利点を懐疑的に見ている研究は，Eva S. Moskowitz, *In Therapy We Trust: America's Obsession with Self-Fulfillment* (Baltimore, MD: Johns Hopkins University Press, 2001)。

(16) トラウマという概念が，身体的な観念から精神的なものに変質したことについては，Ian Hacking, *Rewriting the Soul: Multiple Personality and the Sciences of Memory* (Princeton, NJ: Princeton University Press, 1995), esp. pp. 185–186〔イアン・ハッキング／北沢格訳『記憶を書きかえる——多重人格と心のメカニズム』早川書房，1998 年，227–245 頁〕を参照。PTSD〔心的外傷後ストレス障害〕の診断がさらに最近になって拡大していることに関しては，Allan Young, *The Harmony of Illusions: Inventing Post-Traumatic Stress Disorder* (Princeton, NJ: Princeton University Press, 1995)〔アラン・ヤング／中井久夫ほか訳『PTSD の医療人類学』みすず書房，2001 年〕を参照。

(17) 有用な分類法については，Heribert Adam and Kogila Moodley, *Seeking Mandela: Negotiating Compromises in Divided Societies* (Philadelphia: Temple University Press, 2005) を参照。それ以前のヴァージョンが彼らの論文 "Divided Memories: Confronting the Crimes of Previous Regimes," *Telos* 118 (Winter 2000): 87–108 に見られる。

(18) 「場」という概念が社会研究の分析単位として巧みに使用されている例としては，Pierre Bourdieu, "The Structure of the Scientific Field and the Social Conditions of the Progress of Reason," *Social Science Information* 14, no. 5 (1975): 19–47; reprinted in Charles C. Lemert, ed., *French Sociology: Rupture and Renewal Since 1968* (New York: Columbia University Press, 1981), pp. 257–292 を参照。

(19) しかしながら，ニコラス・タヴァチスは，謝罪がいま行なわれている行為に直接関わっていない人間によって，意味のある謝罪が可能かどうかに関して，疑問を呈している。Nicholas Tavuchis, *Mea Culpa: A Sociology of Apology and Reconciliation* (Stanford, CA: Stanford University Press, 1991), p. 49 を参照。

(20) Guillermo O'Donnell, Philippe C. Schmitter, and Laurence Whitehead, eds., *Transitions from Authoritarian Rule: Prospects for Democracy* (Baltimore, MD: Johns Hopkins University Press, 1986)〔ギジェルモ・オドンネル，フィリップ・シュミッター／真柄秀子・井戸正伸訳『民主化の比較政治学——権威主義支配以後の政治世界』未來社，1996 年〕; Neil J. Kritz, *Transitional Justice: How Emerging Democracies Reck-*

on with Former Regimes（Washington, DC: United States Institute of Peace Press, 1995）; A. James McAdams, *Transitional Justice and the Rule of Law in New Democracies*（Notre Dame, IN: University of Notre Dame Press, 1997）; Jon Elster, "Coming to Terms with the Past: A Framework for the Study of Justice in the Transition to Democracy," *European Journal of Sociology* 39（1998）: 7-48; Ruti Teitel, *Transitional Justice*（New York: Oxford University Press, 2000）; を参照。移行的正義というパラダイムがいったん確立すると，それは遡及的に戦後のヨーロッパに適用された。第二次世界大戦直後のヨーロッパにおける移行的正義の複雑性については，István Deák, Jan T. Gross, and Tony Judt, eds., *The Politics of Retribution in Europe: World War II and Its Aftermath*（Princeton, NJ: Princeton University Press, 2000）を参照。

（21） Samuel Huntington, *The Third Wave: Democratization in the Late 20th Century*（Norman: University of Oklahoma Press, 1991）〔サミュエル・P.ハンチントン／坪郷實・中道寿一・藪野祐三訳『第三の波—— 20 世紀後半の民主化』三嶺書房，2000 年〕を参照。

（22） 真実委員会や歴史的調査委員会に関して激増している文献については，A. James McAdams, *Judging the Past in Unified Germany*（New York: Cambridge University Press, 2001）; Antjie Krog, *Country of My Skull: Guilt, Sorrow, and the Limits of Forgiveness in the New South Africa*（New York: Three Rivers Press, 1999 [1998]）および包括的な最近の研究である Hayner, *Unspeakable Truths*〔ヘイナー『語りえぬ真実』〕を参照。

（23） Thea van Boven et al., eds., *Seminar on the Right to Restitution, Compensation, and Rehabilitation for Victims of Gross Violations of Human Rights and Fundamental Freedoms*（Utrecht, The Netherlands: Studie- en Informatiecentrum Mensenrechten, Netherlands Institute of Human Rights, 1992）。この分野における国連の明確なガイドラインとしての，かつてのいわゆるファン・ボーヴェンの原則には，バッショーニの原則が取って代わった。"The right to restitution, compensation and rehabilitation for victims of gross violations of human rights and fundamental freedoms: Final report of the Special Rapporteur, Mr. M. Cherif Bassiouni, submitted in accordance with Commission resolution 1999/33," E/CN.4/2000/62, January 18, 2000 を参照，*www.unhchr.ch* に関連するサイトで利用可能〔*http://untreaty.un.org/cod/avl/ha/ga_60-147/ga_60-147.html* を検索〕。The "Basic Principles and Guidelines on the Right to a Remedy and Reparation for Victims of Violations of International Human Rights and Humanitarian Law" のもっとも新しいヴァージョンは，*www.hshr.org* で見ることができる〔違うサイトに接続するので，*http://www2.ohchr.org/english/law/remedy.htm* を検索〕。

（24） この点については，Huntington, *The Third Wave*〔ハンチントン『第三の波』〕を参照。最近の国連の Human Development Report 2002, *Deepening Democracy in a Fragmented World*〔国連開発計画（UNDP）編／横田洋三・秋月弘子監修『人間開発計画書 2002 ——ガバナンスと人間開発』国際協力出版会，2002 年〕によると，この「第三の波」は，民主的移行のすべての理論の基礎となっているが，この波はすでに頂点に達しているのかもしれない。報告書の完全なテキストは，*www.*

undp.org で利用可能。要約は，Barbara Crossette, “U.N: Report Says New Democracies Falter,” *New York Times*, July 24, 2002, p. A8 を参照。

(25) Tina Rosenberg, *The Haunted Land: Facing Europe's Ghosts after Communism* (New York: Random House, 1995)〔T. ローゼンバーグ／平野和子訳『過去と闘う国々——共産主義のトラウマをどう生きるか』新曜社，1999 年〕を参照。ハヴェルによる共産主義体制の土台の分析については，彼の論文 “The Power of the Powerless,” in Vaclav Havel, *Living in Truth*, ed. Jan Vladislav (London: Faber and Faber, 1987 [1978]) を参照。過去の体制と折り合いをつけるプロセスの有用な分類法については，Heribert Adam and Kanya Adam, “The Politics of Memory in Divided Societies,” in Wilmot James and Linda van de Vijver, eds., *After the TRC: Reflections on Truth and Reconciliation in South Africa* (Athens: Ohio University Press, 2001), pp. 32–47 を参照。

(26) Huntington, *The Third Wave*〔ハンチントン『第三の波』〕を参照。

(27) Sharon Lean, “Is Truth Enough? Reparations and Reconciliation in Latin America,” in Torpey, ed., *Politics and the Past* を参照。

(28) Hayner, *Unspeakable Truths*, ch. 11〔ヘイナー『語りえぬ真実』，第 11 章「政府による補償」225–239 頁〕を参照。

(29) Jon Elster, *Closing the Books: Transitional Justice in Historical Perspective* (Cambridge: Cambridge University Press, 2004).

(30) Barrington Moore, Jr., *The Social Origins of Dictatorship and Democracy: Lord and Peasant in the Making of the Modern World* (Boston: Beacon Press, 1966)〔バリントン・ムーア，Jr.／宮崎隆次ほか訳『独裁と民主政治の社会的起源——近代世界形成過程における領主と農民』全 2 巻，岩波書店，1986 年〕.

(31) Aristide Zolberg et al., *Escape from Violence: Conflict and the Refugee Crisis in the Developing World* (New York: Oxford University Press, 1989), p. 255.

(32) かつての共産主義国における過去との折り合いをつけることに関する最良の研究は，Rosenberg, *The Haunted Land*〔ローゼンバーグ『過去と闘う国々』〕である。彼女の論説 “In Chile, the Balance Tips Toward the Victims,” *New York Times*, August 22, 2000, p. A26 も参照。東ヨーロッパにおける権利の回復と民営化については，Barkan, *The Guilt of Nations*, ch. 6 を参照。

(33) 国内の植民地主義の概念については，Robert Blauner, *Racial Oppression in America* (New York: Harper & Row, 1972) を参照。改訂版は Blauner, *Still the Big News: Racial Oppression in America* (Philadelphia: Temple University Press, 2001) を参照。

(34) 要求のなかで強調されていたダムには，マヤ・アチの先住民が反対していたとされるグアテマラのダム，タイのパクムン・ダムなどが含まれる。国際河川ネットワークのアヴィヴァ・インホフによって配布された “Issues Forum on World Bank, Dams, and Reparations,” April 10, 2000, *aviva@irn.org* の発表を参照〔サイトは検索不能，国際河川ネットワークは，*http://www.internationalrivers.org/chi*〕。この事例を紹介してくれたトッド・ギトリンに感謝したい。

(35) この問題は以下でいっそう詳しく議論する。

(36) Mahmood Mamdani, “Degrees of Reconciliation and Forms of Justice: Making Sense

of the African Experience," paper presented at the conference "Justice or Reconciliation?" at the Center for International Studies, University of Chicago, April 25–26, 1997, p. 6; Hayner, *Unspeakable Truths*, p. 164〔ヘイナー『語りえぬ真実』218 頁〕から引用。

(37) Mahmood Mamdani, "A Diminished Truth," in James and van de Vijver, eds., *After the TRC*, p. 59.

(38) John Torpey, "'Making Whole What Has Been Smashed': Reflections on Reparations," *Journal of Modern History* 73, no. 2 (June 2001): 333–358.

(39) たとえば，チリにおける賠償計画に関するヘイナーの叙述を参照。Hayner, *Unspeakable Truths*, pp. 172–173〔ヘイナー『語りえぬ真実』226–227 頁〕.

(40) ベルギーのルーヴァン＝ラ＝ヌーヴにあるルーヴァン・カトリック大学のフーヴァー経済・社会倫理講座で客員研究員であったときに，この計画について話したさい（2003 年 10 月 23 日），この区別を示唆してくれたフィリップ・ヴァン・パレースに感謝したい。

(41) アイデンティティ政治と共通性の政治の区別については，Todd Gitlin, *The Twilight of Common Dreams: Why America Is Wracked by Culture Wars* (New York: Metropolitan Books, 1995)〔トッド・ギトリン／疋田三良・向井俊二訳『アメリカの文化戦争――たそがれゆく共通の夢』彩流社，2001 年〕を参照。

(42) Will Kymlicka, *Multicultural Citizenship: A Liberal Theory of Minority Rights* (New York: Oxford University Press, 1995)〔ウィル・キムリッカ／角田猛之・石山文彦・山崎康仕監訳『多文化時代の市民権――マイノリティの権利と自由主義』晃洋書房，1998 年〕; Kymlicka, ed., *The Rights of Minority Cultures* (New York: Oxford University Press, 1995) を参照。迫力のある（ただしいくつかの点で節度に欠けるが）キムリッカとその同盟者に対する返答としては，Brian Barry, *Culture and Equality: An Egalitarian Critique of Multiculturalism* (Cambridge, MA: Harvard University Press, 2001) を参照。

(43) 慰安婦が経験した苦しみの内容については，Yamashita Yeong-ae, "The Re-Discovery of the 'Comfort Women' Issue in Korea," paper presented at the symposium on "Comfort Women of World War II: Their Suffering Must Not Be Forgotten," University of British Columbia, January 18, 2002, pp. 4–5 を参照。

(44) Minow, *Between Vengeance and Forgiveness*, pp. 100–111 and 184 n77〔ミノウ『復讐と赦しのあいだ』154–169，169 頁注 77〕を参照。Warren Hoge, "A Curator of Lost Artwork and Found Memories," New York Times, May 25, 2002, p. A4 も参照。

(45) この問題については，Barkan, *The Guilt of Nations*, ch. 4 を参照。

(46) Judith H. Dobrzynski, "Russia Pledges to Give Back Some of Its Art Looted in War," *New York Times*, December 3, 1998, p. A9.

(47) Maier, "Overcoming the Past?" in Torpey, ed., *Politics and the Past*, p. 297.

(48) Ruth B. Phillips and Elizabeth Johnson, "Negotiating New Relationships: Canadian Museums, First Nations and Cultural Property," in Torpey, ed., *Politics and the Past*, pp. 149–150.

(49) Barkan, *The Guilt of Nations*, p. 171.

(50) Phillips and Johnson, "Negotiating New Relationships," in Torpey, ed., *Politics and the Past*, pp. 155–159 を参照。

(51) Michael Brown, *Who Owns Native Culture?* (Cambridge, MA: Harvard University Press, 2003); Tiffany Jenkins, "Burying the Evidence," *Spiked Online*, November 24, 2003 を参照。後者は *www.spiked.online.com* で利用可能。

(52) 貴重な議論としては，Ronald Niezen, *The Origins of Indigenism: Human Rights and the Politics of Identity* (Berkeley, CA: University of California Press, 2003) を参照。

(53) この点については，Barry, *Culture and Equality* を参照。

(54) Patrick Wolfe, "Land, Labor, and Difference: Elementary Structures of Race," *American Historical Review* 106, no. 3 (June 2001): 866–905 を参照。

(55) Kymlicka, *Multicultural Citizenship*〔キムリッカ『多文化時代の市民権』〕.

(56) トクヴィルは，征服と植民化に対するアメリカン・インディアンの反応に関するこうした力学を理解していた。Alexis de Tocqueville, *Democracy in America*, trans. George Lawrence, ed. J. P. Mayer (Garden City, NY: Anchor Doubleday, 1969 [1835]), vol. 1, pt. II, ch. 10〔アレクシス・ド・トクヴィル／松本礼二訳『アメリカのデモクラシー』第 1 巻（下），岩波書店，2005 年，「第 10 章　合衆国の国土に住む三つの人種の現状と予想されるその将来に関する若干の考察」264–419 頁〕を参照。

(57) Chris Cunneen, "Reparations, Human Rights, and the Challenge of Confronting a Recalcitrant Government," *Third World Legal Studies*, Special Issue on "Into the 21st Century: Reconstruction and Reparations in International Law" (2000–2003): 183–201.

(58) 文書は，*www.ainc-inac.gc.ca* で利用可能〔ただし訳者が確認時は利用できなかったが，多くのサイトで簡単に入手可能〕。

(59) The RCAP report については，Alan Cairns, "Coming to Terms with the Past," in Torpey, ed., *Politics and the Past*, pp. 77–80 で詳細に議論されている。

(60) "Gathering Strength," *www.ainc-inac.gc.ca*〔註 (58) を参照〕.

(61) このジャンルの例としては，Arthur J. Ray, *I Have Lived Here Since the World Began: An Illustrated History of Canada's Native Peoples* (Toronto: Lester Publishing, 1996) を参照。特定の土地をめぐる宗教的な意義に関するインディアンの主張に対する二つの懐疑的な見解については，Tom Flanagan, *First Nations? Second Thought* (Montreal: McGill-Queen's University Press, 2000); Fergus Bordewich, *Killing the White Man's Indian: The Reinvention of Native Americans at the End of the Twentieth Century* (New York: Doubleday, 1996) を参照。

(62) すでに述べたように〔第 1 章註 (70)〕，「創造的破壊」という言葉はヨーゼフ・シュムペーターの名言であるが，『共産党宣言』に見られるマルクスの資本主義理解の特徴を適切に表した言葉としても用いられる。

(63) Rhéal Séguin, "Cree, Quebec Sign Historic Deal," *The Globe and Mail* (Toronto), February 8, 2002.

(64) 第 5 章を参照。

(65) R. S. Ratner, W. K. Carroll, and Andrew Woolford, "Wealth of Nations: Aboriginal Treaty-Making in the Era of Globalization," in Torpey, ed., *Politics and the Past*, pp. 217–247.

(66) ブリティシュ・コロンビアにおける条約作成の過程を扱った優れた研究としては，Andrew Woolford, “Between Justice and Certainty: Treaty Making in Modern-Day British Columbia,” Ph.D. diss., Department of Anthropology and Sociology, University of British Columbia, 2002 を参照。

(67) 植民地主義の終焉が後の政治に与えた意義をめぐる議論については，Geoffrey Barraclough, *An Introduction to Contemporary History*（New York: Penguin, 1967［1964］), ch. 6, “The Revolt Against the West”〔G. バラクラフ／中村英勝・中村妙子訳『現代史序説』岩波書店，1971 年，第 6 章「西洋への反逆」〕を参照。

(68) 腐敗しているという批判は，Flanagan, *First Nations? Second Thoughts* で示された辟易するほど多くの反対意見のひとつである。

(69) 多くのカナダの政治理論家は，ここしばらくのあいだ，平等な市民権という概念に反対してきた。実際，マイノリティ集団の権利に関する理論は，思想の国際市場におけるカナダの近年の主要な輸出品であった。キムリッカの前掲書〔Kymlicka, *Multicultural Citizenship*『多文化時代の市民権』〕に加えて，チャールズ・テイラーやジェームズ・タリーの著作，とりわけ，James Tully, *Strange Multiplicity: Constitutionalism in an Age of Diversity*（Cambridge: Cambridge University Press, 1995）を参照。集団の権利というパラダイムとそれが支持する「ネイション対ネイション」という見方に強く反対するアプローチとしては，Alan C. Cairns, *Citizens Plus: Aboriginal Peoples and the Canadian State*（Vancouver: University of British Columbia Press, 2000）を参照。

(70) Philip A. Klinkner with Rogers M. Smith, *The Unsteady March: The Rise and Decline of Racial Equality in America*（Chicago: University of Chicago Press, 1999）を参照。

(71) トクヴィルの奴隷制と肌の色の重複がもたらす結果に関する悲観的な分析が，ここでも関係している。Tocqueville, *Democracy in America*, vol. 1 pt. II, ch. 10〔註(56) を参照〕. トクヴィルの悲観主義に関する優れた評価としては，George Fredrickson, “Race and Empire in Liberal Thought: The Legacy of Tocqueville,” in Fredrickson, *The Comparative Imagination: On the History of Racism, Nationalism, and Social Movements*（Berkeley, CA: University of California Press, 1997), pp. 98–116.

(72) Randall Robinson, *The Debt: What America Owes to Blacks*（New York: Dutton, 2000）を参照。

(73) これが合衆国政府に対して賠償金を求める裁判を起こそうとしている弁護士たちのアプローチのように思われる。“Forum: Making the Case for Racial Reparations,” *Harper's*（November 2000): 37–51 を参照。

(74) Karl Marx, *Capital*, vol. 1, ch. 23, “The Genesis of the Industrial Capitalist,” in Robert Tucker, ed., *The Marx-Engels Reader*, 2nd ed.（New York: Norton, 1978), p. 435〔カール・マルクス／資本論翻訳委員会訳『資本論』第 1 巻 b，新日本出版社，1997 年，1280 頁〕.

(75) Ali A. Mazrui, “Who Should Pay for Slavery?” *World Press Review* 40, no. 8（August 1993): 22.

(76) アフリカ賠償運動のウェブサイト *www.arm.arc.co.uk* より。このウェブサイト

には，「バーニー・グラント議員の急死のために，このサイトは現在維持されていない」と記載されている。Barkan, *The Guilt of Nations*, p. 302 も参照。

(77) Mazrui, “Who Should Pay for Slavery?” p. 23.

(78) Wole Soyinka, “Reparations, Truth, and Reconciliation,” in Soyinka, *The Burden of Memory, the Muse of Forgiveness* (New York: Oxford University Press, 1999), pp. 44–46.

(79) Rhoda Howard-Hassmann, “Moral Integrity and Reparations to Africa,” in Torpey, ed., *Politics and the Past*, pp. 193–215.

(80) Walter Rodney, *How Europe Underdeveloped Africa* (Washington, DC: Howard University Press, 1972)〔ウォルター・ロドネー／北沢正雄訳『世界資本主義とアフリカ——ヨーロッパはいかにアフリカを低開発化したか』拓殖書房，1978 年〕.

(81) 「第三世界の第三世界」の評価に関しては，Paul Kennedy, *Preparing for the Twenty-First Century* (New York: Vintage, 1993), pp. 211ff〔ポール・ケネディ／鈴木主悦訳『21 世紀の難問に備えて』下巻，草思社，1993 年，34 頁以下〕. Human Development Report 2002, *Deepening Democracy in a Fragmented World*〔国連開発計画 (UNDP)『人間開発計画書 2002——ガバナンスと人間開発』〕も参照，*www.undp.org* で利用可能。

(82) Howard-Hassmann, “Moral Integrity and Reparations to Africa,” p. 209.

(83) Nacha Cattan, “Restitution Attorneys Plan Lawsuits Backing 3rd World Debt Relief,” *The Forward*, November 30, 2001.

(84) *Rwanda: The Preventable Genocide* は *www.visiontv.ca,* Executive Summary 68 で利用可能〔現在当該のサイトには文書がない。報告書はネット上で容易に検索できる。ただし Executive Summary は付属文書で報告書の本体には含まれていない〕.

(85) 論争の代表的な二つの立場については，Alan J. Kuperman, *The Limits of Humanitarian Intervention: Genocide in Rwanda* (Washington, DC: Brookings Institution Press, 2001); Samantha Power, “Bystanders to Genocide,” *The Atlantic Monthly* (September 2001), *www.theatlantic.com* で利用可能。クーパーマンの冷静な分析は，外部の権力が介入できなかったことへの弁解のように読めるのに対して，パワーズのアメリカ外交政策に対する告発は，ナチスによる多数のユダヤ人の殺害の責任が合衆国（とイギリス）にあるとした人びとが行なった告発と著しく類似している。その主な検察官は，David Wyman, *The Abandonment of the Jews: America and the Holocaust, 1941–1945* (New York: The New Press, 1998 [1984]) におけるデイヴィッド・ワイマンである。この立場に対する批判としては，Peter Novick, *The Holocaust in American Life*, ch. 3; William D. Rubinstein, *The Myth of Rescue: Why the Democracies Could Not Have Saved More Jews from the Nazis* (New York: Routledge, 1997) を参照。Michael Innes, “Ordinary Bystanders?” *SAIS Review* 22, no. 2 (Summer-Fall 2002): 361–366 も参照。

(86) John Dower, *Embracing Defeat: Japan in the Wake of World War II* (New York: Norton/The New Press, 1999), p. 459〔ジョン・ダワー／三浦陽一・高杉忠明・田代泰子訳『敗北を抱きしめて』下，岩波書店，2004 年，253 頁〕.

(87) Daniel Levy and Natan Sznaider, “Memory Unbound: The Holocaust and the Formation

of Cosmopolitan Memory," *European Journal of Social Theory* 5, no. 1 (2002): 87–106.

(88) Stef Vandeginste, "Victims of Genocide, Crimes Against Humanity, and War Crimes in Rwanda: The Legal and Institutional Framework of Their Right to Reparation," in Torpey, ed., *Politics and the Past*, pp. 249–274 を参照。

(89) Power, "Bystanders to Genocide" を参照。

(90) 代表的な例としては，Théo Klein, "Putting a Price on Holocaust Guilt," *New York Times*, December 15, 1998, p. A31 を参照。また Maier, "Overcoming the Past?" in Torpey, ed., *Politics and the Past* も参照。

(91) Laura Hein, "Claiming Humanity and Legal Standing: Contemporary Demands for Redress from Japan for Its World War II Policies," in Torpey, ed., *Politics and the Past*, pp. 127–147 の議論を参照。この物語をさらに幅広く扱ったものとしては，George Hicks, *The Comfort Women* (New York: Norton, 1995)〔ジョージ・ヒックス／濱田徹訳『性の奴隷従軍慰安婦』三一書房，1995 年〕; Yoshimi Yoshiaki, *Comfort Women: Sexual Slavery in the Japanese Military During World War II*, trans. Suzanne O'Brien (New York: Columbia University Press, 2000 [1995])〔吉見義明『従軍慰安婦』岩波書店，1995 年〕を参照。

(92) これらの要求に関しては，「戦争と女性への暴力」日本ネットワーク (Violence Against Women in War Network Japan, VAWW-NET ジャパン)，*www1.jca.apc.org* を参照〔現在サイトでは，当該の項目は見つからない〕。

(93) Roy Brooks, "Reflections on Reparations," in Torpey, ed., *Politics and the Past*, p. 107.

(94) Tavuchis, *Mea Culpa*, p. 49.

(95) Jeffrey K. Olick and Brenda Coughlin, "The Politics of Regret: Analytical Frames," in Torpey, ed., *Politics and the Past*, p. 56 を参照。

(96) E. P. Thompson, *The Making of the English Working Class* (New York: Penguin, 1968 [1963]), p. 12〔エドワード・P. トムスン／市橋秀夫・芳賀健一訳『イングランド労働者階級の形成』青弓社，2003 年，15 頁〕.

(97) Gayatri Chakravorty Spivak, "Can the Subaltern Speak?" in Cary Nelson and Lawrence Grossberg, eds., *Marxism and the Interpretation of Culture* (Urbana: University of Illinois Press, 1988), pp. 271–315〔ガヤトリ・C. スピヴァク／上村忠男訳『サバルタンは語ることができるか』みすず書房，1998 年〕.

(98) Dipesh Chakrabarty, *Provincializing Europe: Postcolonial Thought and Historical Difference* (Princeton, NJ: Princeton University Press, 2000).

(99) マニュエル・カステルの著作，とりわけ Manuel Castells, *The Rise of the Network Society*, vol. 1 of *The Information Age: Economy, Society and Culture* (Oxford: Blackwell, 1996) を参照。

(100) Susan Buck-Morss, *Dreamworld and Catastrophe: The Passing of Mass Utopia in East and West* (Cambridge, MA: MIT Press, 2000)〔スーザン・バック゠モース／堀江則雄訳『夢の世界とカタストロフィー——東西における大衆ユートピアの消滅』岩波書店，2008 年〕.

(101) George Mosse, *Fallen Soldiers: Reshaping the Memory of the World Wars* (New

York: Oxford University Press, 1990), pp. 24–25〔ジョージ・L. モッセ／宮武実知子訳『英霊——創られた世界大戦の記憶』柏書房，2002 年，28–30 頁〕を参照。

(102) Paul Goldberger, "Requiem: Memorializing Terrorism's Victims in Oklahoma," *The New Yorker*, January 14, 2002, p. 91.

(103) Barry Meier, "Chroniclers of Collaboration: Historians Are in Demand to Study Corporate Ties to Nazis," *New York Times*, February 18, 1999, p. C1 を参照。また，Norbert Frei, Dirk van Laak, and Michael Stolleis, eds., *Geschichte vor Gericht: Historiker, Richter und die Suche nach Gerechtigkeit* (München: Verlag C. H. Beck, 2000) に寄稿された Gerald Feldman and Harold James の論文も参照。

(104) Gerald D. Feldman, "Unternehmensgeschichte im Dritten Reich und die Verantwortung der Historiker: Raubgold und Versicherungen, Arisierung und Zwangsarbeit," in Norbert Frei et al., eds., *Geschichte vor Gericht*, p. 119. フェルドマンの論文の英語訳は，"The Business History of the 'Third Reich' and the Responsibilities of the Historian: Gold, Insurance, 'Aryanization,' and Forced Labor" (Occasional Paper of the Center for German and European Studies of the University of California, Berkeley) というタイトルで 1999 年 1 月に刊行されている。

(105) 思慮深い論文，Daqing Yang, "The Challenges of the Nanjing Massacre: Reflections on Historical Inquiry," in *The Nanjing Massacre in History and Historiography*, ed. Joshua Fogel (Berkeley, CA: University of California Press, 2000), p. 151〔楊大慶「第 4 章　南京大虐殺の課題——歴史研究についての考察」ジョシュア・A. フォーゲル編／岡田良之助訳『歴史学のなかの南京大虐殺』柏書房，2000 年，190–191 頁〕を参照。

(106) 引用は，Zygmunt Bauman, *Modernity and the Holocaust* (Ithaca, NY: Cornell University Press, 1989), p. x〔ジークムント・バウマン／森田典正訳『近代とホロコースト』大月書店，2006 年，xv 頁〕からで，アーレントの『イエルサレムのアイヒマン *Eichmann in Jerusalem*』〔ハンナ・アーレント／大久保和郎訳『イエルサレムのアイヒマン——悪の陳腐さについての報告』みすず書房，1969 年〕における，東ヨーロッパのユダヤ人コミュニティの指導者にもホロコーストに対する重大な責任があるという主張に対する応答について論じている。アーレントの議論に対する手短で優れた評価は，Michael Marrus, *The Holocaust in History* (New York: Meridian, 1987), pp. 110–113〔マイケル・R. マラス／長田浩彰訳『ホロコースト——歴史的考察』時事通信社，1996 年，164–167 頁〕を参照。

(107) フランスの独自の役割を発掘した決定的な研究は，Michael R. Marrus and Robert O. Paxton, *Vichy France and the Jews* (New York: Basic Books, 1981) である。

(108) Henry Rousso, "Justice, History and Memory in France: Reflections on the Papon Trial," in Torpey, ed., *Politics and the Past*, p. 284. ルソの画期的な研究，Henry Rousso, *The Vichy Syndrome: History and Memory in France Since 1944*, trans. Arthur Goldhammer (Cambridge, MA: Harvard University Press, 1991 [1987]) も参照。

(109) Cairns, "Coming to Terms with the Past," in Torpey, ed., *Politics and the Past* を参照。

(110) Donald Shriver, *An Ethic for Enemies: Forgiveness in Politics* (New York: Oxford University Press, 1995), p. 91. さらに Minow, *Between Vengeance and Forgiveness*, passim

〔ミノウ『復讐と赦しのあいだ』〕も参照。また，日本人や朝鮮人による類似の活動については，Laura Hein and Mark Selden, eds., *Censoring History: Citizenship and Memory in Japan, Germany, and the United States*（Armonk, NY: M. E. Sharpe, 2000）を参照。

（111）最近の議論については，Yasemin Soysal, "Teaching Europe," Open-Democracy.net を参照，*www.opendemocracy.net* で利用可能。

（112）Susan Dwyer, "Reconciliation for Realists," *Ethics and International Affairs* 13（1999）: 81–98 を参照。

（113）Peter N. Stearns, Peter Seixas, and Sam Wineburg, eds., *Knowing, Teaching and Learning History: National and International Perspectives*（New York: New York University Press, 2000）; Rein and Selden, eds., *Censoring History* を参照。モーリス・アルブヴァクスの集合的記憶の社会的基盤に関する独創的な研究の重要性が近年注目を浴びていることに注意。その研究は，Lewis Coser, ed., *Maurice Halbwachs: On Collective Memory*（Chicago: University of Chicago Press, 1992）に所収。ドイツの歴史哲学者ヨルン・リューゼンの著作，たとえば Jörn Rüsen, *Zerbrechende Zeit: Über den Sinn der Geschichte*（Köln: Böhlau, 2001）も参照。ピーター・セイシャスは近年，ブリティシュ・コロンビア大学歴史意識研究所の設立のために陣頭に立った。また，テルアヴィヴ大学のエヴァ・マルク・ベーゼン歴史意識研究所（the Eva and Marc Besen Institute for the Study of Historical Consciousness）は，この分野の主要な雑誌 *History & Memory* を刊行している。

（114）Novick, *The Holocaust in American Life*; Jeffrey K. Olick, ed., *States of Memory: Continuities, Conflicts, and Transformations in National Retrospection*（Durham, NC: Duke University Press, 2003）を参照。

（115）これらの言葉は，Charles S. Maier, *The Unmasterable Past: History, Holocaust, and German National Identity*（Cambridge, MA: Harvard University Press, 1997［1988］）, p. 32 から借用した。

（116）マイケル・イグナティエフは，トロント大学のムンク国際研究所（the Munk Centre for International Studies）において，2002 年 1 月 23–24 日に開催された，マイケル・マラス自身が主催する "Redressing Historic Injustices: The Holocaust and Other Experiences" に関するシンポジウムの基調講演で，この議論を行なった。

第 3 章　記念・補償・和解

（1）Lily Gardner Feldman, "The Principle and Practice of 'Reconciliation' in German Foreign Policy: Relations with France, Israel, Poland and the Czech Republic," *International Affairs* 75, no. 2（April 1999）: 333–356.

（2）Priscilla Hayner, *Unspeakable Truths: Confronting State Terror and Atrocity*（New York: Routledge, 2001）, p. 135〔プリシラ・B. ヘイナー／阿部利洋訳『語りえぬ真実——真実委員会の挑戦』平凡社，2006 年，179–180 頁〕.

（3）Heribert Adam, "The Presence of the Past: South Africa's Truth Commission as a Model?" in A. Tayob and W. Weisse, eds., *Religion and Politics in South Africa*（Muen-

ster: Waxmann, 2000), pp. 140–158 を参照。

(4) 「一時的収容施設」や「強制収容施設」という用語は，当該の時期の歴史が理解される方法に重要な変化が起こったことを表わしている。また，この過去を議論する際に使うべき適切な用語をめぐる論争は，この争いの主なかけ金である。ここで使用する用語は，「市民的自由公教育基金の用語に関する決議」に準拠している。*www.momomedia.com* を参照。

(5) Roger Daniels, *Concentration Camps, North America: Japanese in the United States and Canada During World War II* (Malabar, FL: Robert E. Krieger Publishing Company, 1981), p. 188; Maryka Omatsu, *Bittersweet Passage: Redress and the Japanese Canadian Experience* (Toronto: Between the Lines, 1992), p. 94〔マリカ・オマツ／田中祐介・田中デアドリ訳『ほろ苦い勝利――戦後日系カナダ人リドレス運動史』現代書館，1994 年，122–123 頁〕を参照。

(6) Daniels, *Concentration Camps*, p. 3.

(7) Paul Spickard, *Japanese Americans: The Formation and Transformations of an Ethnic Group* (London: Prentice Hall International, 1996), p. 135 を参照。

(8) Canadian Race Relations Foundation, "From Racism to Redress: The Japanese Canadian Experience" (1999) at *www.crr.ca.*

(9) Ann Gomer Sunahara, *The Politics of Racism: The Uprooting of Japanese Canadians During the Second World War* (Toronto: James Lorimer & Company, 1981), p. 145.

(10) Roy Miki and Cassandra Kobayashi, *Justice in Our Time: The Japanese-Canadian Redress Settlement* (Vancouver: Talonbooks. 1991), p. 55〔ロイ・ミキ，カサンドラ・コバヤシ／下村雄紀・和泉真澄訳『正された歴史――日系カナダ人への謝罪と補償』つむぎ出版，1995 年，62–63 頁〕.

(11) これらの発展に関しては，Robert Blauner, *Still the Big News: Racial Oppression in America* (Philadelphia: Temple University Press, 2001), ch. 4 を参照。

(12) アート・ミキとのインタヴュー（2003 年 7 月 7 日，マニトバ州ウィニペグ）。

(13) Martha Minow, *Between Vengeance and Forgiveness: Facing History after Genocide and Mass Violence* (Boston: Beacon Press, 1998), p. 104〔マーサ・ミノウ／荒木教夫・駒村圭吾訳『復讐と赦しのあいだ――ジェノサイドと大規模暴力の後で歴史と向き合う』信山社出版，2003 年，159 頁〕を参照。

(14) Charles S. Maier, "Overcoming the Past? Narrative and Negotiation, Remembering and Reparation: Issues at the Interface of History and the Law," in John Torpey, ed., *Politics and the Past: On Repairing Historical Injustices* (Lanham, MD: Rowman & Littlefield, 2003), pp. 297–298.

(15) Nicholas Tavuchis, *Mea Culpa: A Sociology of Apology and Reconciliation* (Stanford, CA: Stanford University Press, 1991), p. 17.

(16) Charles Maier, "Zu einer politischen Typologie der Aussöhnung". *Transit*, no. 18 (Winter 1999–2000), pp. 102–117 を参照。

(17) Judy Balint, "Law's Constitutive Possibilities: Reconstruction and Reconciliation in the Wake of Genocide and State Crime," in E. Christodoulidis and S. Veitch, eds., *Lethe's*

Law: Justice, Law and Ethics in Reconciliation (Oxford: Hart Publishing, 2001), p. 144 を参照。

(18) 「和解」の意味の幅広い議論については，Susan Dwyer, "Reconciliation for Realists," *Ethics and International Affairs* 13 (1999): 81–98 を参照。

(19) Roy Brooks, "Reflections on Reparations," in Torpey, ed., *Politics and the Past*, p. 16 を参照。

(20) ジョン・タテイシとのインタヴュー（2003 年 3 月 3 日，カリフォルニア州サンフランシスコ）。

(21) この異常さを指摘してくれたクリスチャン・ヨプケに感謝する。

(22) Peter Novick, *The Holocaust in American Life* (Boston: Houghton Mifflin, 1999) を参照。

(23) Alejandro Portes and Rubén Rumbaut, *Legacies: The Story of the Immigrant Second Generation* (Berkeley, CA: University of California Press, 2001), p. 59.

(24) Stephen Fujita and David O'Brien, *Japanese American Ethnicity: The Persistence of Community* (Seattle: University of Washington Press, 1991), p. 152 を参照。

(25) Ibid.; Donna Nagata, *Legacy of Injustice: Exploring the Cross-Generational Impact of the Japanese American Internment* (New York: Plenum Press, 1993); Mitchell Maki et al., *Achieving the Impossible Dream: How the Japanese Americans Obtained Redress* (Urbana: University of Illinois Press, 1999); Robert Shimabukuro Sadamu, *Born in Seattle: The Campaign for Japanese American Redress* (Seattle: University of Washington Press, 2001) を参照。

(26) The Symposium on "Reparations for Slavery and Its Legacy," Boalt Hall School of Law, University of California, Berkeley, April 13, 2002 におけるデイル・ミナミの発言。

(27) ジョン・タテイシとのインタヴュー（2003 年 3 月 3 日，カリフォルニア州サンフランシスコ）。

(28) 憲法に向かう愛国心という考え方については，Jürgen Habermas, "Geschichtsbewußtsein und posttraditionale Identität: Die Westorientierung der Bundesrepublik," in Habermas, *Eine Art Schadensabwicklung: Kleine politische Schriften VI* (Frankfurt am Main: Suhrkamp, 1987), p. 173 を参照。

(29) アート・ミキとのインタヴュー（2003 年 7 月 7 日，マニトバ州ウィニペグ）。

(30) Omatsu, *Bittersweet Passage*, p. 151〔オマツ『ほろ苦い勝利』210–211 頁〕.

(31) Tomoko Makabe, *The Canadian Sansei* (Toronto: University of Toronto Press, 1998), p. 149.

(32) オードリー・コバヤシとのインタヴュー（2003 年 2 月 3 日，ブリティッシュ・コロンビア州ヴァンクーヴァー）。

(33) アート・ミキとのインタヴュー（2003 年 7 月 7 日，マニトバ州ウィニペグ）。

(34) 同上。

(35) Nagata, *Legacy of Injustice*, p. 181.

(36) Reported in Lori Aratani, "As Their Numbers Shrink, Japanese American Heritage Thrives," *San Jose Mercury News*, July 6, 2001, *mercurynews.com.* で利用可能。

(37) Makabe, *The Canadian Sansei*, p. 122.

(38) Audrey Kobayashi, "The Japanese Canadian Redress Settlement and Its Implications for 'Race Relations'," *Canadian Ethnic Studies* 24, no. 1 (1992): 1–19.

(39) Maki et al., *Achieving the Impossible Dream*, pp. 182, 240 を参照。

(40) 戦時下の市民の再配置と抑留に関する調査委員会は，行政命令 9066 号に従い居住地を追われ，現在も生存している 6 万人に補償支払い義務が生じうると，その勧告で予想した。この点について，*Personal Justice Denied: Report of the Commission on Wartime Relocation and Internment of Civilians* (Seattle: University of Washington Press, 1997 [1983]), p. 463〔戦時民間人再定住・抑留に関する委員会編／読売新聞社外報部訳編『拒否された個人の正義――日系米人強制収容の記録』三省堂，1983 年，290 頁〕を参照。しかしながら，1992 年までには，司法省は全部で 8 万人が補償金受給資格者になると予測した。この点について，Maki et al., *Achieving the Impossible Dream*, p. 216 を参照。

(41) CLPEF のウェブサイト *www.momomedia.com* を参照。

(42) カナダ人種関係基金のウェブサイト *www.crr.ca* を参照。

(43) ジム・マツオカとのインタヴュー（2003 年 3 月 4 日，カリフォルニア州ロンサンゼルス)。

(44) 日本文化における面目の重要性を論じたものとして，Ruth Benedict, *The Chrysanthemum and the Sword* (Boston: Mariner Books, 1989 [1946])〔ルース・ベネディクト／角田安正訳『菊と刀』光文社，2008 年〕.

(45) ジョン・タテイシとのインタヴュー（2003 年 3 月 3 日，カリフォルニア州サンフランシスコ)。

(46) ハル・クロミヤとのインタヴュー（2003 年 3 月 4 日，カリフォルニア州ロンサンゼルス)。

(47) アート・ミキとのインタヴュー（2003 年 7 月 7 日，マニトバ州ウィニペグ)。

(48) ケイコ・ミキ（全国日系カナダ人協会会長）とのインタヴュー（2003 年 7 月 7 日，マニトバ州ウィニペグ)。

(49) フランク・カミヤとのインタヴュー（2003 年 8 月 6 日，ブリティッシュ・コロンビア州バーナビーの日系カナダ人国立博物館)。

(50) アート・ミキとのインタヴュー（2003 年 7 月 7 日，マニトバ州ウィニペグ)。

(51) Omatsu, *Bittersweet Passage*, p. 171〔オマツ『ほろ苦い勝利』241 頁〕.

(52) ケイコ・ミキとのインタヴュー（2003 年 7 月 7 日，マニトバ州ウィニペグ)。

(53) Omatsu, Bittersweet *Passage*, p. 17l〔オマツ『ほろ苦い勝利』241 頁〕.

(54) John Torpey, "Introduction: Politics and the Past," in Torpey, ed., *Politics and the Past*, p. 17 を参照。

(55) 洞察に満ちた議論として，Jürgen Habermas, "Excursus on Benjamin's Theses on the Philosophy of History," in *The Philosophical Discourse of Modernity: Twelve Lectures*, trans. Frederick Lawrence (Cambridge, MA: MIT Press, 1987), pp. 11–16 を参照。

(56) *Personal Justice Denied*, p. 460.

(57) Minow, *Between Vengeance and Forgiveness*, p. 103〔ミノウ『復讐と赦しのあいだ』

157-158 頁〕を参照。

(58) 上院議員のダニエル・イノウエは，補償運動の議会における中心人物だったが，最終的に彼にこうしたアプローチを思いとどまらせた。

(59) フランク・キタモトとのインタヴュー（2003 年 2 月 15 日，ワシントン州ベインブリッジ島〕。

(60) 賠償要求に対するこうした二つのタイプに関して，John Torpey, "'Making Whole What Has Been Smashed': Reflections on Reparations," *Journal of Modern History* 73, no. 2 (June 2001): 333-358 を参照。

(61) ジョン・タテイシとのインタヴュー（2003 年 3 月 3 日，カリフォルニア州サンフランシスコ）。

(62) アート・ミキとのインタヴュー（2003 年 7 月 7 日，マニトバ州ウィニペグ）。

(63) Jürgen Habermas, *The Theory of Communicative Action*, vol. 2: *Lifeworld and System: A Critique of Functionalist Reason*, trans. Thomas McCarthy (Boston: Beacon Press, 1981), pp. 356-373〔ユルゲン・ハーバーマス／馬場孚瑳江・脇圭平ほか訳『コミュニケイション的行為の理論』下，未來社，1987 年，358-384 頁〕を参照。また，Sarah Lyall, "Britain's Stiff Upper Lip Is Being Twisted into a Snarl," *New York Times*, July 13, 2004, p. A3 も参照。何人かのカナダ人は，この『ニューヨーク・タイムズ』の記事に描かれているようなアメリカ風の訴訟社会に移行することが，カナダでも起りつつあると非公式に私に示唆している。

(64) アート・ミキとのインタヴュー（2003 年 7 月 7 日，マニトバ州ウィニペグ）。

(65) ジョン・タテイシとのインタヴュー（2003 年 3 月 3 日，カリフォルニア州サンフランシスコ）。

(66) Yasuko Takezawa, *Breaking the Silence: Redress and Japanese American Ethnicity* (Ithaca, NY: Cornell University Press, 1995), p. 197 を見よ。

(67) ジム・マツオカとのインタヴュー（2003 年 3 月 4 日，カリフォルニア州ロンサンゼルス）。

(68) Roy L. Brooks, "The Age of Apology," in Brooks, ed., *When Sorry Isn't Enough: The Controversy over Apologies and Reparations for Human Injustice* (New York: New York University Press, 1999), pp. 3-11 を参照。

(69) たとえば，補償と賠償のための国民連合のメンバーは，日系アメリカ人市民連盟のメンバーよりイデオロギー的には明らかに左よりだったが，日系アメリカ人国立博物館の立場には比較的，批判的であった。日系アメリカ人国立博物館が，2004 年 7 月 1 日から 8 月 15 日にかけて，スミソニアン協会の展示「9.11：歴史の証人」を行なったことは注目に値する。議論はあるだろうが，こうした愛国主義的展示は，補償と賠償のための国民連合のメンバーが指導していたとすれば，企画されたとは思われない。

(70) Takezawa, *Breaking the Silence*, p. 210.

(71) Kobayashi, "The Japanese Canadian Redress Settlement," p. 4 を参照。

(72) アート・ミキとのインタヴュー（2003 年 7 月 7 日，マニトバ州ウィニペグ）。マカベの研究から引用されるより小さな数字が示唆するように，日系人以外との

結婚の実際の割合はおそらくむしろ低めであろうが，しかし，それでもまだかなり高いと言えよう。

(73)　オードリー・コバヤシとのインタヴュー（2003年2月3日，ブリティッシュ・コロンビア州ヴァンクーヴァー）。

(74)　フランク・カミヤとのインタヴュー（2003年8月6日，ブリティッシュ・コロンビア州バーナビーの日系カナダ人国立博物館）。

(75)　ジョン・タテイシとのインタヴュー（2003年3月3日，カリフォルニア州サンフランシスコ）。

(76)　Maier, "Overcoming the Past?" p. 296.

(77)　Roger Daniels, "Relocation, Redress and the Report: A Historical Approach," in Brooks, ed., *When Sorry Isn't Enough*, p. 184 を参照。

(78)　Mark Selden, "Confronting World War II: The Atomic Bombing and the Internment of Japanese-Americans in U.S. History Textbooks," in Andrew Horvat and Gebhard Hielscher, eds., *Sharing the Burden of the Past: Legacies of War in Europe, America, and Asia* (Tokyo: The Asia Foundation / Friedrich-Ebert-Stiftung, 2003), p. 65.

(79)　示唆に富む議論として，Jean Comaroff. "The End of History, Again: Pursuing the Past in the Postcolony," in S. Kaul et al., eds., *Postcolonial Studies and Beyond* (Durham, NC: Duke University Press, 2003）を参照。

(80)　Ivan Karpf, "Culture and Representation," in I. Karpf and S. Lavine, eds., *Exhibiting Cultures: The Poetics and Politics of Museum Display* (Washington, DC: Smithsonian Institution Press, 1991）を参照。

(81)　この表現は，Pierre Nora, ed., *Les Lieux de mémoire* (7 vols.) (Paris: Éditions Gallimard, 1984–1992)〔ピエール・ノラ編／谷川稔監訳『記憶の場』全3巻，部分訳，岩波書店，2002–2003年〕の書名から借りたものである。ノラの業績の一部の英語版として，Pierre Nora, ed., *Realms of Memory: Rethinking the French Past* (New York: Columbia University Press, 1992）がある。

(82)　Selden, "Confronting World War II," p. 66 を参照。

(83)　この議論は，ブルデューが「無私無欲」なさまざまな社会実践を強調したことから示唆を得たが，私の「象徴的資本」の理解は，リチャード・ナイスの翻訳によるブルデューの *Outline of a Theory of Practice* のものとは異なっている。Pierre Bourdieu, *Outline of a Theory of Practice*, trans. Richard Nice (New York: Cambridge University Press, 1977 [1972]), pp. 171–183.

(84)　Carol Duncan, "Art Museums and the Ritual of Citizenship," in Karpf and Lavine, eds., *Exhibiting Cultures*, p. 93 を参照。

(85)　Arthur Miki, *The Japanese Canadian Redress Legacy: A Community Revitalized* (Winnipeg: National Association of Japanese Canadians, 2003）を参照。

(86)　オードリー・コバヤシとのインタヴュー（2003年2月3日，ブリティッシュ・コロンビア州ヴァンクーヴァー）。

(87)　Tom Shomaya's address at the opening ceremony, Miki, *The Japanese Canadian Redress Legacy*, p. 75 に引用。

(88) Susan Crane, "On Museums and Memory," in Crane, ed., *Museums and Memory* (Stanford, CA: Stanford University Press, 2000), p. 3 を参照。

(89) Christine Mullen, "Defining Communities Through Exhibiting and Collecting," in I. Karpf, C. Mullen, and S. Lavine, eds., *Museums and Communities* (Washington, DC: Smithsonian Institution Press, 1992), p. 371 を参照。

(90) Novick, *The Holocaust in American Life* を参照。「涙を催させるようなユダヤ人の歴史解釈」という言葉は，それは「ユダヤ教を単なる悲劇と迫害の連続として扱う」と述べた偉大な歴史家サロー・ウィットメイア・バロンの造語である。

(91) フランク・キタモトとのインタヴュー（2003年2月15日，ワシントン州ベインブリッジ島）。

(92) Mary Waters, *Ethnic Options: Choosing Identities in America* (Berkeley, CA: University of California Press, 1990), p. 4 を参照。

(93) *www.janm.org* を参照。

(94) Stan Fukawa, "JCNM President's Report 2000–2002," *Nikkei Images Newsletter* (Winter 2001): 14.

(95) フランク・カミヤとのインタヴュー（2003年8月6日，ブリティッシュ・コロンビア州バーナビー）。

(96) 同上。

(97) Evelyn Hu-DeHart, "Constructions of Asians in the Americas," lecture in the Green College Thematic Lecture Series "Reckoning with Race," University of British Columbia, Vancouver, British Columbia, January 2003.

(98) フランク・キタモトとのインタヴュー（2003年2月15日，ワシントン州ベインブリッジ・アイランド）。

(99) ジョン・タテイシとのインタヴュー（2003年3月3日，カリフォルニア州サンフランシスコ）。

(100) *Banner* [NCRR Newsletter], Winter 2003.

(101) Balint, "Law's Constitutive Possibilities," p. 147 を参照。

(102) Florangela Davila, "Japanese Americans Know How It Feels to Be 'the Enemy'," *Seattle Times*, October 3, 2001 より引用。*www.seattletimes.nwsource.com* で利用可能。

(103) Annie Nakao, "Japanese Americans Can Feel Muslims' Pain," *San Francisco Chronicle*, August 7, 2003 を参照。www.sfgate.com で利用可能。

(104) 2003年3月31日，全国日系カナダ人協会によって，インターネット上で公開された。

(105) アート・ミキとのインタヴュー（2003年7月7日，マニトバ州ウィニペグ）。

(106) John Biles and Humera Ibrahim, "Testing 'the Canadian Model': Hate, Bias and Fear After September 11th," *Canadian Issues* (Ottawa) (September 2002): 58 を参照。

(107) フランク・カミヤとのインタヴュー（2003年8月6日，ブリティッシュ・コロンビア州バーナビー）。

(108) Kobayashi, "The Japanese Canadian Redress Settlement," pp. 13–14.

(109) RCAP の報告書については，Alan Cairns, "Coming to Terms with the Past," in

Torpey, ed., *Politics and the Past*, pp. 77–80 を参照。

(110) Balint, "Law's Constitutive Possibilities," p. 145 を参照。

(111) Daniels, "Relocation, Redress and the Report," p. 189.

(112) ジョン・タテイシとのインタヴュー（2003 年 3 月 3 日，カリフォルニア州サンフランシスコ）。

(113) Biles and Ibrahim, "Testing 'The Canadian Model" を参照。カナダの多文化主義のナショナリスティックで反米的な特徴を強調するより懐疑的見解としては，Will Kymlicka, "Being Canadian," *Government and Opposition* 38, no. 3 (July 2003): 357–385 を参照。

(114) Minow, *Between Vengeance and Forgiveness*, p. 106〔ミノウ『復讐と赦しのあいだ』163 頁〕を参照。

第 4 章　40 エーカー

(1) "Suits Ask Slavery Reparations," *Chicago Tribune*, March 27, 2002, Section 1, p. 9. 訴訟そのものについてはオンライン上，*news.findlaw.com* にて閲覧できる。この訴訟のそれ以降の展開については，Lori Rotenberk, "A Stern Judge Presides as Reparations Fight Begins," *Boston Sunday Globe*, August 24, 2003, p. A17 を参照。

(2) しばしば引用されるトクヴィルのつぎの言葉，「合衆国では，ほとんどどんな政治問題もいずれは司法問題に転化する」，Alexis de Tocqueville, *Democracy in America*, trans. Harvey Mansfield and Delba Winthrop (Chicago: University of Chicago Press, 2000 [1835]), p. 257〔アレクシス・ド・トクヴィル／松本礼二訳『アメリカのデモクラシー』第 1 巻（下），岩波書店，2005 年，181 頁〕を参照。

(3) Linda Greenhouse, "Judges Back Rule Changes for Handling Class Actions," *New York Times*, September 25, 2002, p. A16.

(4) John Locke, *Two Treatises of Government*, ed. Peter Laslett (New York: Mentor, 1965), Treatise II〔ジョン・ロック／加藤節訳『完訳　統治二論』岩波書店，2010 年，後篇「政治的統治について」第 5 章 49，350 頁〕.

(5) 合衆国における黒人住民の進歩に関するさまざまな意見については，第 1 章註 (68) を参照。

(6) Richard J. Herrnstein and Charles Murray, *The Bell Curve: Intelligence and Class Structure in American Life* (New York: Simon & Schuster, 1996). 生物学的議論の論駁に関しては，Joseph L. Graves, Jr., *The Emperor's New Clothes: Biological Theories of Race at the Millennium* (New Brunswick, NJ: Rutgers University Press, 2001) を参照。

(7) Hugh Davis Graham, *Collision Course: The Strange Convergence of Affirmative Action and Immigration Policy in America* (New York: Oxford University Press, 2002); William Julius Wilson, *The Bridge over the Racial Divide* (Berkeley, CA: University of California Press, 1999) を参照。また，ロバート・ブラウナーのアファーマティヴ・アクションに対する意見も注目すべきである。Robert Blauner, *Still the Big News: Racial Oppression in America*, rev. and exp. ed. (Philadelphia: Temple University Press, 2001), pp. 191–192.

(8) Robert Westley, "Many Billions Gone: Is It Time to Reconsider the Case for Black Reparations?" *Boston College Law Review* 40, no. 1 (December 1998): 429, 432.

(9) 第一次世界大戦までの時期における，これらの要求に関する詳細な議論については，John David Smith, "Historicizing the Slave Reparations Debate," paper presented at the conference "Historical Justice in International Perspective: How Societies Are Trying to Right the Wrongs of the Past," German Historical Institute, Washington, DC, March 2003 を参照。スミスは，合衆国の黒人たちの賠償をめぐる思想史について研究している。こうした要求の二つの事例が，J. Clay Smith, Jr., *Emancipation: The Making of the Black Lawyer, 1844–1944* (Philadelphia: University of Pennsylvania Press, 1993) で論じられている。すなわち，1859 年から 1868 年までに奴隷労働によって生み出された歳入として 6800 万ドルを請求する「綿花税」訴訟（pp. 294–295, 303）と，黒人の農地への定住を認める特別軍令 15 号の取り消しに対する異議の申し立て（pp. 191–192）である。この二つの活動は，黒人弁護士たちが主導した。

(10) Eric Foner, *A Short History of Reconstruction* (New York: Harper & Row, 1990), pp. 32, 71–72. 解放民局の失敗に関する議論については，W. E. B. Du Bois, *The Souls of Black Folk* (New York: Dover, 1994 [1903]), ch. 2, "Of the Dawn of Freedom"〔W. E. B. デュボイス／木島始・鮫島重俊・黄寅秀訳『黒人のたましい』岩波書店，1992 年，第 2 章「自由の夜明け」〕を参照。また，その失敗の結果に関しては，Jacqueline Jones, *The Dispossessed: America's Underclasses from the Civil War to the Present* (New York: Basic Books, 1992). ジョン・デイヴィッド・スミスは，土地は解放民に「おそらく」貸し出されたのだが，その命令を黒人たちは「土地財産に対する完全なる所有権の譲渡」だと誤解したと論じている。Smith, "Historicizing the Slave Reparations Debate," p. 7 を参照。

(11) 日系アメリカ人の補償運動における第 442 連隊の重要性については，Mitchell Maki et al., *Achieving the Impossible Dream: How Japanese Americans Obtained Redress* (Urbana: University of Illinois Press, 1999), p. 153 を参照。

(12) ブラウナーによる先駆的な著書における分析を見るには，Robert Blauner, *Racial Oppression in America* (New York: Prentice-Hall, 1972) を参照。また，Blauner, *Still the Big News* において洞察力に満ちた修正や更新が行なわれている。

(13) John David Skrentny, *The Minority Rights Revolution* (Cambridge, MA: Harvard University Press, 2002); Graham, *Collision Course* を参照せよ。

(14) Harvard Sitkoff, *The Struggle for Black Equality, 1954–1980* (New York: Hill and Wang, 1981), p. 228 に引用。

(15) Robin D. G. Kelley, *Freedom Dreams: The Black Radical Imagination* (Boston: Beacon Press, 2002), pp. 118–120; Charles Ogletree, Jr., "Reparations, A Fundamental Issue of Social Justice," *The Black Collegian Online*, undated, *www.blackcollegian.com*; Arthur Serota, *Ending Apartheid in America: The Need for a Black Political Party and Reparations Now!* (Evanston, IL: Troubadour Press, 1996), Acknowledgments を参照。

(16) James Forman, *The Making of Black Revolutionaries* (Seattle: University of Washing-

ton Press, 1997 [1972]), pp. 545, 547. 宣言自体に関しては, Arnold Schuchter, *Reparations: The Black Manifesto and Its Challenge to White America* (Philadelphia: Lippincott, 1970); Rhonda Magee, "The Master's Tools, From the Bottom Up: Responses to African-American Reparations Theory in Mainstream and Outsider Remedies Discourse," *Virginia Law Review* 79, no. 4 (1993): 882–884; Michael Dawson, *Black Visions: The Roots of Contemporary African-American Political Ideologies* (Chicago: University of Chicago Press, 2001), p. 119 を参照せよ。

(17) Charles Willie, "The Black Manifesto: Prophetic or Preposterous?" *The Episcopalian* (September 1969), Schuchter, *Reparations*, p. 11 からの引用。

(18) Dawson, *Black Visions*, p. 206.

(19) Maki et al., *Achieving the Impossible Dream*, pp. 71, 252 n35. 意味があることかどうかはわからないが, ロイ・ウィルキンスの著名な甥, ロジャー・ウィルキンスによる近年の著作, Roger Wilkins, *Jefferson's Pillow: The Founding Fathers and the Dilemma of Black Patriotism* (Boston: Beacon Press, 2001) では, 賠償の理念への言及がない。

(20) Forman, *The Making of Black Revolutionaries*, p. 549 を参照。

(21) マイケル・ドーソンによる, 黒人ナショナリストと教会とのあいだの緊張関係については, Dawson, *Black Visions*, pp. 107–108 の議論を参照。

(22) Alan Feuer, "Bitter Reparations Fight Reignited over Settlement," *New York Times*, November 21, 2000, p. A22; Joseph B. Treaster, "2 Holocaust Survivors to Sue Group Set Up to Collect Insurance," *New York Times*, September 25, 2003, p. A16; William Glaberson, "Judge Rebuffs U.S. Holocaust Survivors on Distribution of a Fund," *New York Times*, November 22, 2003, p. A14.

(23) Boris Bittker, *The Case for Black Reparations* (New York: Random House, 1973). 同時期に, R. S. Browne, "The Economic Case for Reparations to Black America," *American Economic Review* 62, no. 1/2 (1972): 39–46 も発行されている。

(24) ビトカーの著書に関する簡単な議論と, その提案の近年における一部更新については, Darrell L. Pugh, "Collective Rehabilitation:" in Roy Brooks, ed., *When Sorry Isn't Enough: The Controversy over Apologies and Reparations for Human Injustice* (New York: New York University Press, 1999), pp. 372–373 において参照できる。

(25) この話は, Derrick A. Bell, *Confronting Authority: Reflections of an Ardent Protester* (Boston: Beacon Press, 1994) で詳細に語られている。

(26) Derrick A. Bell, *And We Are Not Saved: The Elusive Quest for Racial Justice* (New York: Basic Books, 1987); do., *Faces at the Bottom of the Well: The Permanence of Racism* (New York: Basic Books, 1992)〔デリック・ベル／中村輝子訳『人種主義の深い淵——黒いアメリカ・白いアメリカ』朝日新聞社, 1995 年〕.

(27) Derrick A. Bell, "Dissection of a Dream: " *Harvard Civil Rights-Civil Liberties Law Review* 9, no. 1 (1974): 165.

(28) ロイ・ブルックスは, 賠償請求にとっての憲法上の障害に関するビトカーの分析を, Boris I. Bittker and Roy L. Brooks, "The Constitutionality of Black Reparations,"

in Brooks, ed., *When Sorry Isn't Enough*, pp. 374–389 において更新しようと試みた。

(29) Magee, "The Master's Tools, From the Bottom Up," p. 903.

(30) Lynette Clemetson, "Long Quest, Unlikely Allies: Black Museum Nears Reality," *New York Times*, June 29, 2003, pp. A1, A24; Lynette Clemetson, "Bush Authorizes Black History Museum," New York Times, December 17, 2003, p. A32 を参照。

(31) この解釈は，ダイエット薬「フェンフェン」訴訟で多額の和解金を勝ち取ったミシシッピ州ジャクソンの弁護士，デニス・C. スウィート 3 世が，"Forum: Making the Case for Racial Reparations," *Harper's* (November 2000): 51 で行なったものである。他方で，賠償活動家であり，現在，日系アメリカ人市民連盟の会長でもあるジョン・タテイシは，2003 年 3 月 3 日のサンフランシスコにおける著者とのインタヴューにおいて，賠償法の制定は，けっして既定の結果などではないと主張している。

(32) Joe R. Feagin and Eileen O'Brien, "The Growing Movement for Reparations," in Roy Brooks, ed., *When Sorry Isn't Enough*, p. 343 を参照。

(33) 『フィラデルフィア・インクワイアラ *Philadelphia Inquirer*』紙は，2001 年 5 月 20 日と 21 日に，調査委員会の設置を支持する 2 ページにわたる論説を掲載し，それに対しては読者からの数百通の投稿があった。

(34) カンヤーズ下院議員とのインタヴュー（2003 年 3 月 27 日，ワシントン DC)。

(35) Conrad W. Worrill, "Millions for Reparations Rally: It's Our Turn," *The Black World Today*, April 1, 2002, *www.ncobra.com* で利用可能〔現在は *http://www.highbeam.com/publications/the-new-york-beacon-p5176/april-2002* で参照可能〕。

(36) Salim Muwakkil, "Time to Redress Slavery's Damage," *Chicago Sun-Times*, February 27, 1994, p. 45.

(37) "The Business of Slavery and Penitence," *New York Times*, May 25, 2003, "Week in Review," p. 4.

(38) Randall Robinson, *The Debt: What America Owes to Blacks* (New York: Dutton, 2000).

(39) 会議は 2000 年 1 月 11 日に開催された。*www.transafricaforum.org* を参照せよ。議事録を同じサイトで参照することができる〔現在はできない〕。

(40) *www.transafricaforum.org* を参照。

(41) "Six Meetings Before Lunch," 2000 年 4 月 4 日放送。引用文は NBC から提供を受けた台本による。人びとが南北戦争に参加した理由をめぐる卓越した議論としては，James M. McPherson, *For Cause and Comrades: Why Men Fought in the Civil War* (New York: Oxford University Press, 1997). マクファーソンは，奴隷制を終わらせることを主な目的として戦った北軍兵士は比較的少なかったと主張している。ただし，戦争が終わりに近づくにつれて，この動機が重要性を増していくことは認めている。

(42) "Forum: Making the Case for Racial Reparations," *Harper's* (November 2000): 37–51.

(43) *www.salon.com/* を参照。

(44) Diana Jean Schemo, "An Ad Provokes Campus Protests and Pushes Limits of Expres-

sion," *New York Times*, March 21, 2001, pp. A1, A17; "Rhode Island: Debate Canceled," *New York Times*, April 4, 2001, p. A15 を参照。

(45) 論争の概観については，*www.murchisoncenter.org* を参照〔現在は利用できない〕。

(46) 2001 年 4 月 4 日，マサチューセッツ工科大学におけるホロウィッツと，N'COBRA 代表のドロシー・ルイスとの討論をおさめたビデオテープが，C-SPAN から "Black Reparations Debate" のタイトルで利用できる〔現在は利用不能〕。ホロウィッツによる続編が "My 15 Minutes" のタイトルで，*www.salon.com/* で利用可能。

(47) ホロウィッツの刊行物に関しては，"Frontpage Magazine.Com," *www.frontpagemag.com* を参照。

(48) John McWhorter, "Against Reparations," *The New Republic* (July 23, 2001). pp. 32–38.

(49) 2001 年 7 月 19 日付の文書が，*www.hrw.org* で参照可能。

(50) Jack E. White, "Don't Waste Your Breath," *Time*, April 2, 2001, p. 27.

(51) Adolph L. Reed, Jr., "Class Notes: The Case Against Reparations," *The Progressive* (December 2000) を参照。*www.progressive.org* で利用可能。

(52) ここでリードは，Daryl Michael Scott, *Contempt and Pity: Social Policy and the Image of the Damaged Black Psyche, 1880-1996* (Chapel Hill: University of North Carolina Press, 1997) に言及している。

(53) Danny Postel, "The Awful Truth," *Chronicle of Higher Education*, July 12, 2002, p. A14 からの引用。また，*www.chronicle.com* でも利用可能。

(54) Mahmood Mamdani, "Degrees of Reconciliation and Forms of Justice: Making Sense of the African Experience," paper presented at the conference "Justice or Reconciliation?" at the Center for International Studies, University of Chicago, April 25–26, 1997, p. 6; Priscilla Hayner, *Unspeakable Truths: Confronting State Terror and Atrocity* (New York: Routledge, 2001), p. 164 に引用〔プリシラ・B. ヘイナー／阿部利洋訳『語りえぬ真実——真実委員会の挑戦』平凡社，2006 年，218 頁〕; Mahmood Mamdani, "A Diminished Truth," in Wilmot James and Linda van de Vijver, eds., *After the TRC: Reflections on Truth and Reconciliation in South Africa* (Athens: Ohio University Press, 2001 [2000]), p. 59. 著者が論文 "'Making Whole What Has Been Smashed': Reflections on Reparations" において行なった，記念的賠償と反制度的賠償との区別はこれと類似している。

(55) 以下を参照せよ。Kenneth B. Nunn, "Rosewood," in Brooks, ed., *When Sorry Isn't Enough*, pp. 435–437 and Ross E. Milloy, "Panel Calls for Reparations in Tulsa Race Riot," *New York Times*, March 1, 2001, p. A12. 1921 年のタルサ人種暴動に関するオクラホマ委員会の最終報告書は，*www.okhistory.org/* で利用可能。また，Alfred L. Brophy, *Reconstructing the Dreamland: The Tulsa Race Riot of 1921* (New York: Oxford University Press, 2002); James S. Hirsch, *Riot and Remembrance: The Tulsa Race War and Its Legacy* (Boston: Houghton Mifflin, 2002) も参照。

(56) Lyle Denniston, "Judge Dismisses Riots Reparations Suit," *Boston.com*, March 23, 2004 を参照。*www.boston.com* で利用可能。

(57) Ben Dalby, "Slavery and the Question of Reparations," *International Socialist Review*, no. 26 (November-December 2002): 74–80.

(58) Charles J. Ogletree, Jr., *All Deliberate Speed: Reflections on the First Half Century of* Brown v. Board of Education (New York: Norton, 2004) には明らかなフラストレーションが見られる。

(59) Charles J. Ogletree, Jr., "Litigating the Legacy of Slavery," *New York Times*, March 31, 2002, p. 9.

(60) こうした主張は，*www.ag-east.org* で確認できる〔現在は確認できない〕。

(61) Barry Meier, "Lawyer in Holocaust Case Faces Litany of Complaints," *New York Times*, September 8, 2000, pp. A1, A21.

(62) 第5章を参照。

(63) チャールズ・オーグルトゥリーとのインタヴュー (2002年8月21日，マサチューセッツ州オーク・ブラフス)。

(64) 2002年4月16日付の文書が，*www.ncobra.com* で利用可能，著者の手元にもある。

(65) Adamma Ince, "No Masses, No Movement: Black Boomers Shout Reparations in the Court—But Go Silent in the Hood," *Village Voice*, May 22–28, 2002, *www.villagevoice.com* で利用可能。

(66) 声明については，*www.thedrammehinstitute.org* で利用可能〔現在はリンク切れ〕。

(67) チャールズ・オーグルトゥリーとのインタヴュー (2002年8月21日，マサチューセッツ州オーク・ブラフス)。また，"Slavery Reparations Advocates Voice Demands in Washington," *New York Times*, August 18, 2002, p. 23 も参照。2003年3月23日に行なった著者との電話でのインタヴューで，かつては労働運動の活動家であり，現在はトランスアフリカ・フォーラムの代表を務め，賠償運動を支援する現実主義者でもある，ビル・フレッチャーは，皮肉交じりに「賠償を要求する集会に数十人」と8月のこの出来事に言及した。

(68) 新ブラック・パンサー党と本来この名を冠していた集団との対立をありのままに描写したものとしては，Dean E. Murphy, "Black Panthers, Gone Gray, Fight Rival Group," *New York Times*, October 8, 2002, pp. A1, A21 を参照。

(69) これらのさまざまな組織の発表は，*www.nbufront.org* および *www.ag-east.org* で利用可能。

(70) Dawson, *Black Visions*, p. 308. ガーヴィーとガーヴィー主義に関しては，Judith Stein, *Marcus Garvey: Race and Class in Modern Society* (Baton Rouge: Louisiana State University Press, 1986).

(71) Ibid., p. 60.

(72) Ince, "No Masses, No Movement." 映画『バーバーショップ』〔2002年公開。日本では劇場未公開だが，DVDで観ることができる〕で，賠償について議論されるシーンを見ると，この概念は広く知れ渡っているが，それに対する熱意がほとんどないことが見てとれる。

(73) しかし，R. Feagin & Eileen O'Brien, "The Growing Movement for Reparations," p. 343 によれば，全米有色人向上協会 (NAACP) は，賠償理念を支援するようになっ

た。だが，マサチューセッツ州オーク・ブラフスで2002年8月26日に開かれた，NAACPが後援するイヴェントに私が参加したときには，NAACP弁護基金の法廷代理人のテッド・ショーは，NAACPは賠償追求をいまだに承認したことがないと述べている。

(74) *www.naacp.org* (July 20, 2004 アクセス) を参照。

(75) この点に関しては，Felicia R. Lee, "Hip-Hop Is Enlisted in Social Causes," *New York Times*, June 22, 2002, pp. A13, A15 を参照。

(76) 1950年代が見たところ惰眠をむさぼっていたとの見解があてにならないことに関しては，Todd Gitlin, *The Sixties: Years of Hope, Days of Rage* (New York: Bantam, 1987), ch. 1, "Cornucopia and Its Discontents"〔トッド・ギトリン／疋田三良・向井俊二訳『60年代アメリカ——希望と怒りの日々』彩流社，1993年，第1部第1章「豊穣の小槌と内在する不満」〕を参照。

(77) たとえば，William H. Chafe, *Civilities and Civil Rights: Greensboro, North Carolina and the Black Struggle for Freedom* (New York: Oxford University Press, 1980), pp. 13, 42–44; Harvard Sitkoff, *The Struggle for Black Equality, 1954–1980* (New York: Hill and Wang, 1981), *passim* を参照。

(78) これらの点については，Gerald N. Rosenberg, *The Hollow Hope: Can Courts Bring about Social Change?* (Chicago: University of Chicago Press, 1991), Part I を参照。

(79) 2002年8月21日のインタヴューで，チャールズ・オーグルトゥリーは後者の解釈を示した。

(80) この訴訟の主要な弁護士のひとりであったチャールズ・オーグルトゥリーは，この判決に対しては控訴が行なわれる。「これはいつも短距離走ではなくマラソンだとみなされてきた。私たちの顧客には十分な闘争心が残っている」と述べた。Lyle Denniston, "Judge Dismisses Riots Reparations Suit," *Boston.com*, March 23, 2004.

(81) Dalton Conley, "Calculating Slavery Reparations: Numbers, Theory, and Implications," in John Torpey, ed., *Politics and the Past: On Repairing Historical Injustices* (Lanham, MD: Rowman & Littlefield, 2003), pp. 117–125 を参照。

(82) Charles J. Ogletree, Jr., *All Deliberate Speed*, pp. 292–293; なお，Ogletree, "The Case for Reparations," *USA Weekend*, August 18, 2002 も参照。*www.usaweekend.com* で利用可能。

(83) Ogletree, *All Deliberate Speed*, p. 290.

(84) Chris Burrell, "Forum Explores Issue of Reparations," *(Martha's) Vineyard Gazette*, September 4, 2002.

(85) オーク・ブラフスで2002年8月26日に開かれた賠償に関するNAACPのイヴェントでの発言。

(86) Jennifer Hochschild, "The Price of Reparations," *Contexts* 1, no. 4 (Fall/Winter 2002): 4.

(87) Carol Swain, *The New White Nationalism in America: Its Challenge to Integration* (New York: Cambridge University Press, 2002), p. 181.

(88) この類いの議論の例としては，Wilson, *The Bridge over the Racial Divide* がある。また，The Report of the American Political Science Association Task Force on Inequali-

ty and American Democracy, *American Democracy in an Age of Inequality*, released June 2004 も参照。報告書は，*www.apsanet.org* で利用可能。

(89) Diana Jean Schemo. “U. of Michigan Draws a New Type of Recruit,” *New York Times*, February 21, 2003, p. A18; Diana Jean Schemo, “Doctors, Soldiers, and Others Weigh in on Campus Diversity,” *New York Times*, February 23, 2003, “Week in Review,” p. 7 を参照。

(90) Nicholas Lemann, “A Decision that Universities Can Relate To,” *New York Times*, “Week in Review,” June 29, 2003, p. 14 を参照。

(91) Michael T. Martin and Marilyn Yaquinto, “Reparations for ‘America’s Holocaust’: Activism for Global Justice,” *Race & Class* 45, no. 4 (April-June 2004): 1–25; Sam Anderson and Muntu Matsimela, “The Reparations Movement: An Assessment of Recent and Current Activism,” *Socialism & Democracy* 17, no. 1 (2003): 270–273 を参照。

第5章　ポストコロニアルな賠償

(1) 筆者の個人所蔵史料から。

(2) Jan-Bart Gewald, *Herero Heroes: A Socio-Political History of the Herero of Namibia, 1890–1923* (Athens: Ohio University Press, 1999), pp. 141–171 を参照。ジャーナリストによる報道は一様に，ドイツ人による襲撃は，ヘレロ人の反乱計画によって引き起こされたとしている。しかし，この地域に関する代表的歴史家であるゲヴァルトによれば，「ヘレロ・ドイツ戦争は，ドイツの植民地統治に対するヘレロ人の計画的反乱によって起こったのではない。全国的な反乱は，ドイツ人の入植者の心だけに存在した幻想だった……ヘレロ・ドイツ戦争は，ドイツ人将校の無能さと，パニックと結びついた入植者の妄想の結果である」(p. 191)。

(3) Casper W. Erichsen, “A Forgotten History,” *Mail & Guardian* (Johannesburg), August 17, 2001.

(4) AFP, “Germany Expresses ‘Regret’ over Genocide in Colonial Africa,” January 12, 2004, *www.channelnewsasia.com* で利用可能。

(5) 第一次世界大戦中にドイツ人からナミビアの支配権を奪った南アフリカ政府もまた，賠償の支払いを求められたが，この要求をほとんど無視してきた。Jeremy Sarkin, “Holding Multinational Corporations Accountable for Human Rights and Humanitarian Law Violations Committed During Colonialism and Apartheid,” in Eva Brems, ed., *In Bedrijven en Mensenrechten* (Maklu, 2003), p. 30 n148; Warren Buford and Hugo van der Merwe, “Reparation in Southern Africa,” *Cahiers d'études africaines* 44, no. 1–2 (2004); manuscript pp. 33–41 を参照。この論文の原稿を提供してくれた暴力・和解研究センター（Centre for the Study of Violence and Reconciliation, 以下，CSVR）のヒューゴ・ファン・デル・メルヴェ，私たちを引き合わせてくれたCSVRの研究者ナーラ・ヴァルジに感謝する。

(6) ヘレロの最高首長クアイマ・リルアコとのインタヴュー（2003年1月3日，ナミビアのウィントフックにて）。

(7) Gewald, *Herero Heroes*, p. 288.

(8) Sidney Harring, “The Legal Claim for German Reparations to the Herero Nation,”

www.academic.udayton.edu〔*http://academic.udayton.edu/front/*〕で利用可能。これは Sidney Harring, "German Reparations to the Herero Nation: An Assertion of Herero Nationhood in the Path of Namibian Development?" *West Virginia Law Review* 104 (Winter 2002) からの抜粋である。

(9) その結果，地元のドイツ人入植者の子孫たちは，ドイツ政府からの賠償支払いにはあまり関心を払っていない。子孫たちが恐れているのは，自らがナミビアに所有する何百万エーカーもの牧場に，ヘレロ人が侵入するかもしれないことである。

(10) F. Bridgland, "Germany's Genocide Rehearsal," *The Scotsman*, September 26, 2001; T. Bensman, "Tribe Demands Holocaust Reparations: Germany's Genocidal War Against Namibia's Herero Was Rehearsal for World War II Atrocities," *The Salt Lake Tribune*, March 18, 1999; いずれも，Sarkin, "Holding Multinational Corporations Accountable," p. 31 n152 and p. 34 n164 に引用。

(11) ヘレロの最高首長クアイマ・リルアコとのインタヴュー (2003 年 1 月 3 日，ナミビアのウィントフックにて)。フォン・トロータの命令の関係箇所は，つぎのとおりである。「ヘレロ人は……土地を去らなければならない。もし住民が去らなければ，私は彼らに大砲 (*Groot Rohr*) を向けるだろう。ドイツ領内では，銃を持とうと持つまいと，家畜を持とうと持つまいと，すべてのヘレロ人が射殺されるだろう。私はもはや女性や子どもを受け入れず，ヘレロ人のもとに追い返すか，射殺させるだろう」(Gewald, *Herero Heroes*, pp. 172-173 より引用)。

(12) その過程についての的確な概要については，Francis Jennings, "Appendix: The Formative Period of a Large Society: A Comparative Approach," in his *The Invasion of America: Indians, Colonialism, and the Cant of Conquest* (New York: Norton, 1976), pp. 327-335 を見よ。

(13) ユダヤ人に対する大量殺戮の実行命令が存在しないことの，研究史上の問題については，Michael Marrus, *The Holocaust in History* (New York: Meridian, 1987), pp. 32-34〔マイケル・R. マラス／長田浩彰訳『ホロコースト——歴史的考察』時事通信社，1996 年，58-62 頁〕を参照。

(14) Frank Chalk, "The Implementation of the Persecution of the Jews, the 'Gypsies' (Sinti and Roma), People of Color and Others in Germany, 1933-1940," *www.google.de* で利用可能。Michael Burleigh and Wolfgang Wippermann, *The Racial State: Germany, 1933-1945* (New York: Cambridge University Press, 1991), pp. 38, 52〔M. バーリー，W. ヴィッパーマン／柴田敬二訳『人種主義国家ドイツ—— 1933-45』刀水書房，2001 年，36-37，47 頁〕も見よ。フィッシャーの著作については，Eugen Fischer, *Die Rehobother Bastards und das Bastardierungsproblem beim Menschen* (Jena: Gustav Fischer, 1913) を参照。ナミビア史における多くの皮肉のひとつは，レホボス地域の「混血人」が今もこの名前で呼ばれており，それがそもそも同語源の英語の言葉と基本的に同じであるにもかかわらず，これらの人びとがその呼び名を恥と思っていないらしいことである。

(15) Hannah Arendt, *The Origins of Totalitarianism* (New York: Harcourt, Brace, 1973 [1951]), Part II, "Imperialism"〔ハナ・アーレント／大島通義・大島かおり訳『全

体主義の起原』第2巻（『帝国主義』）みすず書房，1981年〕.

（16） こうした恐怖は現在，痛ましいフィクションのかたちで，André Brink, *The Other Side of Silence*（London: Seeker & Warburg, 2002）のなかで紹介されている。

（17） Donald G. McNeil, Jr., "Its Past on Its Sleeve, Tribe Seeks Bonn's Apology," *New York Times*（West Coast edition）, May 31, 1998, p. A3.

（18） Susanne Bittorf, "Fischer verspricht Namibia Hilfe," *Süddeutsche Zeitung*, October 30, 2003, p. 7. フィッシャーの正確な言葉は，「それが補償に関連するのであれば，一切の発言を行なわない」だろうというものであった。

（19） AFP, "Germany Expresses 'Regret' over Genocide in Colonial Africa." "Namibia: Germany Regrets Colonial Massacre," *New York Times*, "World Briefing," January 13, 2004, p. A15も参照。

（20） BBC News, "Germany Avoids Herero Reparations," July 18, 2004, *www.news.bbc.co.uk*〔*http://www.bbc.co.uk/news/?*〕で利用可能。

（21） ンブルンバ・ケリーナ教授とのインタヴュー（2003年1月3日，ナミビアのウィントフックにて）。

（22） "Namibia: Tensions Revealed in Swapo," *SouthScan* 19, no. 11（May 28. 2004）: 6を参照。

（23） ンブルンバ・ケリーナ教授とのインタヴュー（2003年1月3日，ナミビアのウィントフックにて）。

（24） Warren Buford and Hugo van der Merwe, "Reparation in Southern Africa," *Cahiers d'études africaines* 44. no. 1–2（2004）: manuscript pp. 33–41を参照（引用はp. 40から）。

（25） Bittorf, "Fischer verspricht Namibia Hilfe," p. 7から引用。

（26） ヘレロの最高首長クアイマ・リルアコとのインタヴュー（2003年1月3日，ナミビアのウィントフックにて）。

（27） Harring, "The Legal Claim for German Reparations to the Herero Nation."

（28） Ludolf Herbst and Constantin Goschler, *Wiedergutmachung in der Bundesrepublik Deutschland*（München: R. Oldenbourg, 1989）を参照。

（29） McNeil, "Its Past on Its Sleeve, Tribe Seeks Bonn's Apology," p. A3を参照。

（30） フィリップ・ムソリーノとの電話インタヴュー（2002年9月6日）。

（31） Superior Court of the District of Columbia, Civil Division, Case No. 01-0004447, September 18, 2001, p. 21.

（32） J. R. Paul, "Holding Multi-National Corporations Responsible Under International Law," *Hastings International and Comparative Law Review*（Spring 2001）. Sarkin, "Holding Multinational Corporations Accountable," p. 9から引用。

（33） U.N. Integrated Regional Information Networks, "Hereros Claim Against Berlin," September 21, 2001, *www.namibia.de*で利用可能。

（34） Sarkin, "Holding Multinational Corporations Accountable," p. 32から引用。

（35） AFP, "Germany Expresses 'Regret' over Genocide in Colonial Africa."

（36） 日系アメリカ人市民連盟会長ジョン・タテイシとのインタヴュー（2003年3月3日，カリフォルニア州サンフランシスコ）。

(37) "Namibia: A Century Later, Tribe Sues," *New York Times*, September 7, 2001, p. A8.

(38) B. Stephens, "Translating *Filartiga*: A Comparative and International Law Analysis of Domestic Remedies for International Human Rights Violations," vol. 27 (2002), p. 1; Sarkin, "Holding Multinational Corporations Accountable," p. 20 から引用。

(39) Sarkin, "Holding Multinational Corporations Accountable," pp. 16–17. この種の訴訟において，合衆国裁判所が中心となる法的背景の詳細な分析についても同書を参照。

(40) "'Historische Verantwortung'," *Frankfurter Allgemeine Zeitung*, October 31, 2003, p. 6.

(41) Harring, "The Legal Claim for German Reparations to the Herero Nation."

(42) "Brandenburg schließt Vertrag mit dem Vatikan," *Süddeutsche Zeitung*, November 6, 2003, p. 8. 原著からの英訳および強調は著者による。

(43) Erichsen, "A Forgotten History" を参照。

(44) ここでの論点は，「外部の煽動者」を非難することではなく，賠償の概念が拡散した過程を理解することにある。

(45) Christopher J. Colvin, *Overview of the Reparations Programme in South Africa* (Centre for the study of Violence and Reconciliation, n.p. [Cape Town?], n.d. [2003]), p. 29.

(46) Arthur Serota, *Ending Apartheid in America: The Need for a Black Political Party and Reparations Now* (Evanston, IL: Troubadour Press, 1996).

(47) Harvard Sitkoff, *The Struggle for Black Equality, 1954–1980* (New York: Hill and Wang, 1981); George Fredrickson, *Black Liberation: A Comparative History of Black Ideologies in the United States and South Africa* (New York: Oxford University Press, 1995) を参照。

(48) 真実委員会の広がり全般については，Priscilla Hayner, *Unspeakable Truths: Confronting State Terror and Atrocity* (New York: Routledge, 2001)〔プリシラ・B. ヘイナー／阿部利洋訳『語りえぬ真実――真実委員会の挑戦』平凡社，2006 年〕を参照。

(49) TRC に対する批判的見方については，Heribert Adam, "The Presence of the Past: South Africa's Truth Commission as a Model?" in A. Tayob and W. Weisse, eds., *Religion and Politics in South Africa* (Münster: Waxmann, 2000), pp. 140–158; Richard Wilson, *The Politics of Truth and Reconciliation in South Africa: Legitimating the Post-Apartheid State* (New York: Cambridge University Press, 2001) を参照。

(50) Mahmood Mamdani, "A Diminished Truth," in Wilmot James and Linda van de Vijver, eds., *After the TRC: Reflections on Truth and Reconciliation in South Africa* (Athens: Ohio University Press, 2001), pp. 58–61.

(51) Colvin, *Overview*, p. 29.

(52) Ibid., p. 1.

(53) メアリ・バートンとのインタヴュー（2003 年 1 月 8 日，南アフリカのケープタウンにて）; ジュビリー南アフリカの書記長ジョージ・ドアとのインタヴュー（2003 年 1 月 16 日，南アフリカのヨハネスブルグにて）。ビュフォードとファン・デル・メルヴェは，緊急暫定賠償は 2,000 から 7,500 ラントだったと述べている。Buford and van der Merwe, "Reparation in Southern Africa," manuscript p. 13 を参照。

(54) Colvin, *Overview*, p. 21.

(55) 記憶の癒やし研究所所長マイケル・ラプスリー牧師とのインタヴュー（2003年1月9日，南アフリカのケープタウンにて）。この点に関しては，Heribert Adam, Frederik Van Zyl Slabbert, and Kogila Moodley, *Comrades in Business: Post-Liberation Politics in South Africa*（Cape Town: Tafelberg, 1997）を参照。

(56) メアリ・バートンとのインタヴュー（2003年1月8日，南アフリカのケープタウンにて）。

(57) ソウェト蜂起は，教育上の公用語としてアフリカーンス語を強制しようとする政府に対する抗議として始まった。生徒たちが事件の中心にいたのは，そのためである。この少年を記憶する証として，2002年にソウェトでヘクター・ピーターセン・アパルトヘイト博物館が開設された。

(58) Sarkin, "Holding Multinational Corporations Accountable," p. 36から引用。

(59) BBC News, "Apartheid Victims File Suit," June 19, 2002, *www.news.bbc.co.uk*〔現在リンク切れ，*http://www.bbc.co.uk/news/* を参照〕で利用可能。

(60) その背景報告書，Jubilee 2000 South Africa, "Apartheid-Caused Debt: The Role of German and Swiss Finance" は，*aidc.org.za*, あるいは Aktion Finanzplatz Schweiz, *www.aktionfinanzplatz.ch* より利用可能〔現在リンク切れ〕。印刷されたものとしては，Mascha Madörin et al., do.,（South Africa: Jubilee 2000 South Africa［1999］）を参照。これはもとはドイツ語で，1999年2月，シュトゥットガルトの世界にパンを（Bread for the World）によって出版された。

(61) Nacha Cattan, "Restitution Attorneys Plan Lawsuits Backing 3rd World Debt Relief," *The Forward*, November 30, 2001, *www.forward.com* で利用可能。

(62) Gail Appleson, "Apartheid Victims Sue Citigroup, Others," *Reuters*, June 19, 2002, *www.siliconvalley.com* で利用可能。クルマニ・サポート・グループとジュビリー2000南アフリカと協力して，ハウスフェルドが準備していた訴訟は，2002年11月12日に提訴された。次節と *www.google.ca* を参照。

(63) "Reparations Cases May Reopen Macro-Economic Debate," *SouthScan* 18, no. 22（October 31, 2003）: 6.

(64) Hlengiwe Mkhize, "Reparation Issue Needs Political Solution," *Sunday Times*（Johannesburg）, July 7, 2002, *www.suntimes.co.za* で利用可能〔現在リンク切れ〕。

(65) Colvin, *Overview, passim*; クルマニ・サポート・グループのウェブサイト *www.khulumani.net* を参照。

(66) *SouthScan* 17, no. 23 (November 15, 2002): 8から引用。

(67) ジュビリー南アフリカの書記長ジョージ・ドアとのインタヴュー（2003年1月16日，南アフリカのヨハネスブルクにて）。

(68) "Briefing on the Apartheid Debt and Reparations Campaign," n.d. [November 12, 2002]; Apartheid Debt and Reparations Campaign, "Media Statement," November 12, 2002を参照。どちらも筆者の個人所蔵。

(69) "Swiss Corporations Manoeuvre to Avoid Apartheid Compensation Claims," *SouthScan* 17, no. 23（November 15, 2002）: 8.

(70) ジュビリー南アフリカの書記長ジョージ・ドアとのインタヴュー (2003年1月16日, 南アフリカのヨハネスブルクにて)。

(71) 賠償訴訟に関して南アフリカ政府が直面する, 解決が困難ないくつかの問題をめぐる議論については, "Reparations Action May Throw Spanner in the NEPAD Works," *SouthScan* 17, no. 13 (June 28, 2002): 1–2; "Swiss Corporations Manoeuvre to Avoid Apartheid Compensation Claims," *SouthScan* 17, no. 23 (November 15, 2002): 6–7を参照。

(72) Christelle Terreblanche, "Nobel Laureate Endorses Apartheid Reparations," *Independent On Line* (Johannesburg), August 13, 2003, *www.iol.co.za* で利用可能。

(73) Buford and van der Merwe, "Reparation in Southern Africa," manuscript p. 4; 引用は Ginger Thompson, "South Africa to Pay Reparations to Victims of Apartheid Crimes," *New York Times*, April 16, 2003, p. A7から。

(74) "Reparations Cases May Reopen Macro-Economic Debate," *SouthScan* 18, no. 22 (October 31, 2003): 6.

(75) "Government Dismisses Tutu's Reparations Support," *SouthScan* 19, no. 3 (February 6, 2004): 7.

(76) 南アフリカ賠償運動 (SARM) の書記長フレリモ・パカとのインタヴュー (2003年1月15日, 南アフリカのヨハネスブルクにて)。

(77) SARM, "Summary of Recent Activities," n.d. [December 2002]. 筆者の個人所蔵。

(78) 筆者が個人所蔵するSARMの史料から。

(79) ジュビリー南アフリカの書記長ジョージ・ドアとのインタヴュー (2003年1月16日, 南アフリカのヨハネスブルクにて)。1977年のポート・エリザベス刑務所収監中のビコの死は, ピーター・ガブリエルの不朽のエレジー「ビコ」に歌われている。"Biko" ("Peter Gabriel," Geffen Records, 1980より).

(80) Ronald Niezen, *The Origins of Indigenism: Human Rights and the Politics of Identity* (Berkeley, CA: University of California Press, 2003) を参照。

(81) Anne M. Simmons, "A Tribe Makes a Waterfront Claim," *Los Angeles Times*, October 14, 2001.

(82) Sharon LaFraniere and Michael Wines, "Africa Puzzle: Landless Blacks and White Farms," *New York Times*, January 6, 2004, pp. A1, A10を参照。

(83) 南アフリカ賠償運動 (SARM) の書記長フレリモ・パカとのインタヴュー (2003年1月15日, 南アフリカのヨハネスブルクにて)。

(84) SARM, "Summary of Recent Activities," n.d. [December 2002]. 筆者の個人所蔵。

(85) 南アフリカ賠償運動 (SARM) の書記長フレリモ・パカとのインタヴュー (2003年1月15日, 南アフリカのヨハネスブルクにて)。

(86) Mike Cohen, "Indigenous S. Africans Demand Rights," *Associated Press*, April 1, 2001. おそらくここでの意図は, 自分たちをその国の「最初の国民」と宣言した, カナダの「先住」の人びとを模倣することにあった。カナダの先住民はそうすることで, 国家の成立をイギリス系とフランス系という「二つの民族」に帰する建国神話を掘り崩そうとした。

(87) Simmons, "A Tribe Makes a Waterfront Claim."
(88) "Richtersveld Case Highlights Racial Discrimination in Botswana," News Release, Survival International, October 30, 2003.
(89) "Bushmen's Court Case Against Botswana to Be Heard," News Release, Survival International, January 24, 2003.
(90) Sharon LaFraniere and Michael Wines, "Africa Puzzle: Landless Blacks and White Farms," *New York Times*, January 6, 2004, p. A10.
(91) *SouthScan* 19, no. 11 (May 28, 2004): 8.
(92) 記憶の癒やし研究所所長マイケル・ラプスリー牧師とのインタヴュー（2003年1月9日，南アフリカのケープタウンにて）。
(93) ジュビリー南アフリカの書記長ジョージ・ドアとのインタヴュー（2003年1月16日，南アフリカのヨハネスブルクにて）。

結　論

(1) この点に関しては，Carol Gluck, "The 'End' of the Postwar: Japan at the Turn of the Millennium," in Jefferey K. Olick, ed., *States of Memory: Continuities, Conflicts, and Transformations in National Retrospection* (Durham, NC: Duke University Press, 2003), p. 312〔キャロル・グラック／梅崎透訳『歴史で考える』岩波書店，2007年，第10章「戦後50年——記憶の地平」，348頁〕を参照。Wendy Brown, *Politics Out of History* (Princeton, NJ: Princeton University Press, 2001) も参照。
(2) Robert Hughes, *The Culture of Complaint: The Fraying of America* (New York: Oxford University Press, 1993); Jean-Michel Chaumont, *La concurrence des victimes: Génocide, identité, reconnaissance* (Paris: Éditions La Decouverte, 1997).
(3) David Garland, *The Culture of Control: Crime and Social Order in Contemporary Society* (Chicago: University of Chicago Press, 2001), pp. 11–12.
(4) 有益な議論としては，Jean Comaroff, "The End of History, Again: Pursuing the Past in the Postcolony," in S. Kaul et al., eds., *Postcolonial Studies and Beyond* (Durham, NC: Duke University Press, 2005) を参照。
(5) Charles S. Maier, *The Unmasterable Past: History, Holocaust, and German National Identity* (Cambridge, MA: Harvard University Press, 1997 [1988]), p. 32.
(6) Todd Gitlin, *The Twilight of Common Dreams: Why America Is Wracked by Culture Wars* (New York: Metropolitan Books, 1995)〔トッド・ギトリン／疋田三良・向井俊二訳『アメリカの文化戦争——たそがれゆく共通の夢』彩流社，2001年〕を参照。
(7) この点は，Peter Novick, *The Holocaust in American Life* (Boston: Houghton Mifflin, 1999) の主な論点である。また，ノヴィックに対する批判的な意見については，Jeffrey Alexander, "On the Social Construction of Moral Universals: The Holocaust from War Crime to Trauma Drama," *European Journal of Social Theory* 5, no. 1 (February 2002): 5–85 を参照。
(8) Joshua Fogel, "Introduction: The Nanjing Massacre in History," in Fogel, ed., *The Nanjing Massacre in History and Historiography* (Berkeley, CA: University of Califor-

nia Press, 2000), pp. 3–4〔ジョシュア・A. フォーゲル「第 1 章　序論——歴史のなかの南京大虐殺」ジョシュア・A. フォーゲル編／岡田良之助訳『歴史学のなかの南京大虐殺』柏書房，2000 年，24–26 頁〕; Ian Buruma, "Commentary," in Andrew Horvat and Gebhard Hielscher, eds., *Sharing the Burden of the Past: Legacies of War in Europe, America, and Asia* (Tokyo: The Asia Foundation/Friedrich-Ebert-Stiftung, 2003), p. 139 を参照。

(9)　たとえば，William Kornhauser, *The Politics of Mass Society* (Glencoe, IL: Free Press, 1959)〔ウィリアム・コーンハウザー／辻村明訳『大衆社会の政治』東京創元社，1961 年〕; Richard Hofstadter, *Anti-Intellectualism in American Life* (New York: Vintage, 1962)〔リチャード・ホーフスタッター／田村哲夫訳『アメリカの反知性主義』みすず書房，2003 年〕を参照。

(10)　1994 年に共和党が連邦議会の多数派に返り咲いた「共和党革命」の直後，私が当時勤めていた合衆国平和研究所のようなアメリカの政府機関は，その広報媒体に「顧客サーヴィス」に関する用語を導入することを強いられた。

(11)　この論議に関するおそらく代表的な見解は，Will Kymlicka, *Multicultural Citizenship: A Liberal Theory of Minority Rights* (New York: Oxford University Press, 1995)〔ウィル・キムリッカ／角田猛之・石山文彦・山崎康仕監訳『多文化時代の市民権——マイノリティの権利と自由主義』晃洋書房，1998 年〕であろう。

(12)　The Report of the American Political Science Association Task Force on Inequality and American Democracy, *American Democracy in an Age of Rising Inequality*, issued June 2004 を参照。*www.apsanet.org* で利用可能。

(13)　私たちがいっそう文明化したかどうかという問題に関しては，現代のサーカスの変容について興味深い議論をしてくれたアンディ・マルコヴィッツに感謝したい。動物を食することに関する道徳性については，Peter Singer, *Animal Liberation* (New York: Ecco, 2001 [1975])〔ピーター・シンガー／戸田清訳『動物の解放』技術と人間，1988 年〕が念頭にある。全般的な問題に関しては，Ariel Colonomos and John Torpey, eds., "World Civility?" special issue of *Journal of Human Rights* 3, no. 2 (2004) を参照。

(14)　Adam Liptak, "Court Dismisses Claims of Slave Laborers: California Law Allowing World War II Reparations Is Struck Down," *New York Times*, January 22, 2003, p. A12.

(15)　Linda Greenhouse, "Justices Take Case on Nazi-Looted Art," *New York Times*, October 1, 2003, p. A20.

(16)　Linda Greenhouse, "Reviewing Foreigners' Use of Federal Courts," *New York Times*, December 2, 2003, p. A22 を参照。

(17)　Linda Greenhouse, "Human Rights Abuses Worldwide Are Held to Fall Under U.S. Courts," *New York Times*, June 30, 2004, p. A19.

(18)　The "Basic Principles and Guidelines," *www.unhchr.ch* で閲覧可能〔国際連合人権高等弁務官事務所のサイト *www.ohchr.org* に入り，*http://ap.ohchr.org/documents/alldocs.aspx?doc_id=13200* から閲覧およびダウンロードするほうが容易〕。Stephan Parmentier et al., eds., *Reparation for Victims of Gross and Systematic Human Rights Vio-*

lations (Antwerp: Intersentia, 2006) も参照。

(19) Rolf Tiedemann, *Dialektik im Stillstand: Versuche zum Spätwerk Walter Benjamins* (Frankfurt am Main: Suhrkamp, 1983), p.107 にある，1937 年のヴァルター・ベンヤミンへの手紙から引用。原文の英訳は著者。

訳　註

〔1〕 ヴァルター・ベンヤミン「歴史哲学テーゼⅨ」野村修訳『ヴァルター・ベンヤミン著作集 1　暴力批判論』晶文社，1969 年，119–120 頁。

〔2〕 白人と黒人の学校や公共機関などにおける社会的分離を認める法律。

〔3〕 1885 年から中国人移民制限法によって課された人頭税の問題。

〔4〕 訴状の表紙では NOS.1-1000 となっているが，訴状の本文の説明では NOS.#1-100 となっており，1,000 社ではなく 100 社に及ぶというほうが正しいことになる。

〔5〕 アメリカの主要大学には，かつてユダヤ人の入学者を一定以下に制限する制度があった。

〔6〕 家族による申告によれば，名字の綴りはピーターソン。彼らは黒人の出自を隠すため，もともとのピツォという名字をヨーロッパ風に改めていた。